애자일 프로젝트 관리 실무

Project Management

PROJECT MANAGEMENT

애자일 리더의 실무 경쟁력!

안재성 지음

애자일 프로젝트 관리 실무

저　　자	안재성
초판 1쇄 인쇄	2022년 10월 10일
초판 1쇄 발행	2022년 10월 15일
발 행 처	JSCAMPUS
발 행 인	안재성
기　　획	JSCAMPUS
편　　집	JSCAMPUS
제　　작	JSCAMPUS
등 록 번 호	제 16-4125호
등 록 일 자	2021년 5월 10일

출판사업부 02)538-5301 팩시밀리 02)538-0546

글·그림 저작권 JSCAMPUS
이 책의 저작권은 저작권자에게 있습니다. 저작권자와 출판사의 허락없이 내용의 일부를 인용하거나 발췌하는 것을 금합니다.

* 책값은 뒤표지에 있습니다.

ISBN 979-11-974712-8-5

JSCAMPUS는 독자 여러분을 위한 좋은 책 만들기에 정성을 다하고 있습니다.

독자의견 전화	02)538-5301
홈 페 이 지	www.jscampus.co.kr
이 메 일	jsc@jscampus.co.kr

**AGILE PROJECT
SCRUM KANBAN JIRA**

저자서문

"Agile"은 한국어로 번역하면 '민첩한, 기민한, 머리의 회전이 빠른'이라는 뜻입니다.

무엇인가를 개발할 때 비즈니스 환경과 요구사항의 변화에 빠르고 민첩하게 대응할 수 있다면 더 없이 좋은 일입니다. 그래서 많은 사람들은 애자일 프로젝트 관리 기법에 대하여 많은 관심을 가지고 있습니다.

그러나 세상의 모든 일은 빠르고 신속하게할 일과 천천히 내실있게 해야할 일로 나누어져 있습니다.

제품 개발, 게임 개발, 솔루션 개발, E-커머스 사이트 구축과 같은 시간적인 신속성과 변화하는 요구사항의 즉각적인 반영이 중요한 개발에는 애자일 방법론이 전통적 개발 방법론에 비하여 확실히 효과적인 방법입니다.

그러나 공항 운영시스템 구축, 은행 차세대시스템 구축, 공공사업 프로젝트와 같은 복잡하고 신뢰성이 중요한 시스템 개발과 대형 프로젝트에서는 애자일 방법론이 부분적으로 사용은 가능하나 핵심 개발 방법론으로 사용되기에는 부적절합니다.

프로젝트 실무에서 개발 방법론의 결정은 프로젝트의 성패를 좌우합니다.

애자일 방법론은 적합한 곳에 정확히 쓰인다면 효율적이고 가장 생산적인 개발 방법론입니다. 그리고 전통적 개발 방법론에 비하여 이해하기도 쉽고 단순한 방법론입니다.

이 책을 쓰면서 생각한 집필 방향은 아래 세 가지입니다.

첫째는 프로젝트 이론, 애자일 이론과 용어해설, 스크럼, 칸반, JIRA 사용법과 같은 애자일 실무 프로젝트를 수행하기 위해 반드시 알아야 할 정보를 모두 한권에 담으려 노력했습니다.

둘째는 애자일 개발 방법론 중 스크럼과 칸반을 중심으로 애자일 실무 개발 프로젝트를 수행하는 방법을 최대한 쉽고 간단하게 익힐 수 있도록 집필하였습니다.

셋째는 애자일이 국내에 도입된 것은 꽤 오랜 시간이 지났으나 성공사례를 찾기 어려운 이유를 생각해보고 애자일 프로젝트 성공 방법을 제시해 보았습니다.

이 책이
애자일 프로젝트 수행 방법을 알고자 하는 분들과
프로젝트 현장에서 프로젝트 성공을 위해 노력하시는 모든 분들에게
많은 도움과 힘이 되었으면 하는 바람입니다.

2022년 10월   안재성

Contents

017

PART 1. 프로젝트 관리 개론

Chapter-01. 프로젝트 관리 지식 ································· 19

1. 프로젝트의 이해 / 20
   - 1-1. 프로젝트 정의 / 20
   - 1-2. 프로젝트 특징 / 22
   - 1-3. 프로젝트 환경 요인 / 25
   - 1-4. 프로젝트 조직 자산 / 26
   - 1-5. 프로젝트 거버넌스 / 28
   - 1-6. 프로그램 관리 (Program Management) / 29
   - 1-7. 포트폴리오 관리 (Portfolio Management) / 31
   - 1-8. 이해관계자 (Stakeholder) / 32
   - 1-9. 프로젝트 팀 (Project Team) / 35
   - 1-10. PMO (Project Management Office) / 37
   - 1-11. 프로젝트 사례 / 39

2. 프로젝트 관리란 무엇인가? / 39
   - 2-1. 프로젝트 관리의 이해 / 39
   - 2-2. 프로젝트 관리의 필요성 / 40
   - 2-3. 프로젝트 관리의 중심가치와 업무원칙 / 41

3. 프로젝트 라이프사이클(Life cycle)과 개발방식 / 42
   - 3-1. 프로젝트 라이프사이클 / 42
   - 3-2. 예측형 개발방식(Predictive Approach) / 43
   - 3-3. 적응형 개발방식(Adaptive Approach) / 44
   - 3-4. 혼합형 개발방식(Hybrid Approach) / 45

4. 프로젝트 관리 수행 / 46
   - 4-1. 프로젝트 이해관계자 관리 / 46
   - 4-2. 프로젝트 팀 관리 / 48
   - 4-3. 개발방식 및 라이프사이클 관리 / 52
   - 4-4. 프로젝트 관리 계획 수립 / 53
   - 4-5. 프로젝트 작업 수행 / 59
   - 4-6. 프로젝트 인도물 확인 / 60
   - 4-7. 프로젝트 성과측정 / 64
   - 4-8. 프로젝트 위험 관리 / 68

Contents

PART 2. 애자일 프로젝트 관리 개론

Chapter-02. 애자일 프로젝트 관리 지식 · 79

5. 애자일의 이해 / 80
   5-1. 애자일 개념 / 80
   5-2. 애자일 선언의 4대 가치와 12가지 원칙 / 81
   5-3. 애자일 프로젝트 관리 방식의 종류 / 86
   5-4. 애자일 기본 용어 정리 / 91

6. 애자일 팀 만들기 / 93
   6-1. 애자일 팀 환경 구축 / 93
   6-2. 애자일 팀 리더 되기 / 94
   6-3. 애자일 팀 빌딩 절차 / 95
   6-4. 애자일 팀 구성 및 역할 / 96

7. 애자일 프로젝트의 성공방법 / 97
   7-1. 애자일 프로젝트 실패 원인 / 97
   7-2. 애자일 팀 동기부여 / 100
   7-3. 애자일 방식 적용 / 101
   7-4. 애자일 프로젝트 수행 원칙 / 102

8. 애자일 용어 해설 / 111
   8-1. 프로덕트 비전 (Product Vision) / 111
   8-2. 프로덕트 로드맵 (Product Roadmap) / 112
   8-3. 프로덕트 백로그 (Product Backlog) / 113
   8-4. 사용자 스토리 (User Story) / 114
   8-5. 스토리 점수 (Story Point) / 115
   8-6. 버전 (Version) / 116
   8-7. 릴리즈 (Release) / 117
   8-8. 번 다운 차트 (Burn Down Chart) / 118
   8-9. 누적흐름도표 (Cumulative Flow Diagram) / 119
   8-10. 데일리 스탠드업 미팅 (Daily Stand-Up Meeting) / 120
   8-11. 리뷰 (Review) / 121
   8-12. 회고 (Retrospectives) / 122
   8-13. 완료의 정의 (Definition of Done) / 123
   8-14. 증분 (Increment) / 124
   8-15. 이터레이션 (Iteration) / 125

8-16. 백로그 그루밍 (Backlog Grooming) /126
8-17. 플래닝 포커 (Planning Poker) /127
8-18. 속도 (Velocity) /128
8-19. 스프린트 (Sprint) /129
8-20. 기술적 부채 (Technical Debt) /130
8-21. 케이던스 (Cadence) /131
8-22. 자기조직화 팀 (Self-organizing Project Team) / 132
8-23. 기본 규칙 (Ground Rules) / 133
8-24. 동일장소 배치 (Co-location) /134
8-25. 3점 추정 (Three-point Estimates) / 135
8-26. 품질 비용 (Cost Of Quality) / 136
8-27. 당김방식 (Pull System) / 138
8-28. MVP (Minimum Viable Product) / 139
8-29. 카이젠 이벤트 (Kaizen Event) / 140
8-30. 작업 시간 (Work Time) / 141

PART 3. 스크럼(Scrum) 프로젝트 관리 실무

Chapter-03. 스크럼 프레임워크 (Scrum Famework) · 145

9. 스크럼(Scrum)의 이해 / 146
9-1. 스크럼 정의 / 146
9-2. 스크럼 특징 / 147
9-3. 스크럼 팀 구성 / 148
9-4. 프로덕트 오너의 역할 및 필요역량 / 149
9-5. 스크럼 마스터의 역할 및 필요역량 / 150
9-6. 개발자들의 역할 및 필요역량 / 151
9-7. 스크럼 이벤트 및 산출물 / 152
9-8. 스크럼 프로젝트 수행절차 / 154

Chapter-04. 스크럼 프로젝트 ································· **159**

    10. 스크럼 (Scrum) 계획수립 / 160

        10-1. 프로젝트 헌장 (Project Chapter) 작성 / 160

        10-2. 프로젝트 계획 (Project Plan) 수립 / 165

        10-3. 릴리즈 계획 (Release Plan) 수립 / 169

        10-4. 프로덕트 로드맵 (Product Roadmap) 작성 / 172

        10-5. 프로덕트 백로그 (Product Backlog) 작성 / 177

    11. 스프린트 (Sprint) 수행 / 183

        11-1. 스프린트 (Sprint) / 183

        11-2. 스프린트 계획 (Sprint Plan) 수립 / 187

        11-3. 데일리 스크럼 (Daily Scrum) / 191

        11-4. 스프린트 리뷰 (Sprint Review) / 196

        11-5. 스프린트 회고 (Sprint Retrospective) / 199

PART 4. 칸반 (Kanban) 프로젝트 관리 실무

Chapter-05. 칸반방법 (Kanban Method) ································· **205**

    12. 칸반 (Kanban)의 이해 / 206

        12-1. 칸반 정의 / 206

        12-2. 칸반 특징 / 207

        12-3. 칸반의 수행원칙 / 208

        12-4. 칸반 팀 구성 / 209

        12-5. 칸반보드 / 210

        12-6. 칸반보드 만들기 / 211

        12-7. 칸반 이벤트 및 산출물 / 212

        12-8. 칸반 프로젝트 수행절차 / 213

Chapter-06. 칸반 프로젝트 217

13. 칸반(Kanban) 계획수립 / 218
   13-1. 프로젝트 헌장 (Project Chapter) 작성 / 218
   13-2. 프로젝트 계획 (Project Plan) 수립 / 223
   13-3. 릴리즈 계획 (Release Plan) 수립 / 227
   13-4. 프로덕트 로드맵 (Product Roadmap) 작성 / 230
   13-5. 프로덕트 백로그 (Product Backlog) 작성 / 235

14. 칸반 (Kanban) 작업수행 / 242
   14-1. 칸반 (Kanban) 작업 / 242
   14-2. 칸반 계획 (Kanban Plan) / 246
   14-3. 칸반 보드 (Kanban Board) 제작 / 250
   14-4. 데일리 스탠드업 미팅 (Daily Stand-Up Meeting) / 256
   14-5. 리뷰 (Review) / 262
   14-6. 회고 (Retrospective) / 265

PART 5. JIRA Project 애자일 실무

Chapter-07. JIRA 애자일 프로젝트 271

15. Jira Software 이해 / 271
   15-1. Jira Software 활용 이유 / 271
   15-2. Jira Software 소개 / 272

16. Jira Scrum Project 사용법 / 274
   16-1. Jira Software 스크럼 화면구성 / 274
   16-2. 이슈 (Issue)의 정의 / 278
   16-3. Jira Software 스크럼 사용 절차 / 281
      16-3-1. 프로젝트 만들기 / 282
      16-3-2. 로드맵 작성 / 284
      16-3-3. 백로그 등록 / 286
      16-3-4. 스프린트 생성 / 289
      16-3-5. 스프린트 수행 / 292
      16-3-6. 스프린트 완료 / 293

17. Jira Kanban Project 사용법 / 295
　17-1. Jira Software 칸반 화면구성 / 295
　17-2. 이슈 (Issue)의 정의 / 299
　17-3. Jira Software 칸반 프로젝트 사용절차 / 302
　　17-3-1. 프로젝트 만들기 / 303
　　17-3-2. 로드맵 작성 / 305
　　17-3-3. 백로그 등록 / 307
　　17-3-4. 칸반보드 제작 / 310
　　17-3-5. 작업 수행 / 313
　　17-3-6. 작업 완료 / 314

찾아보기 ·· 322

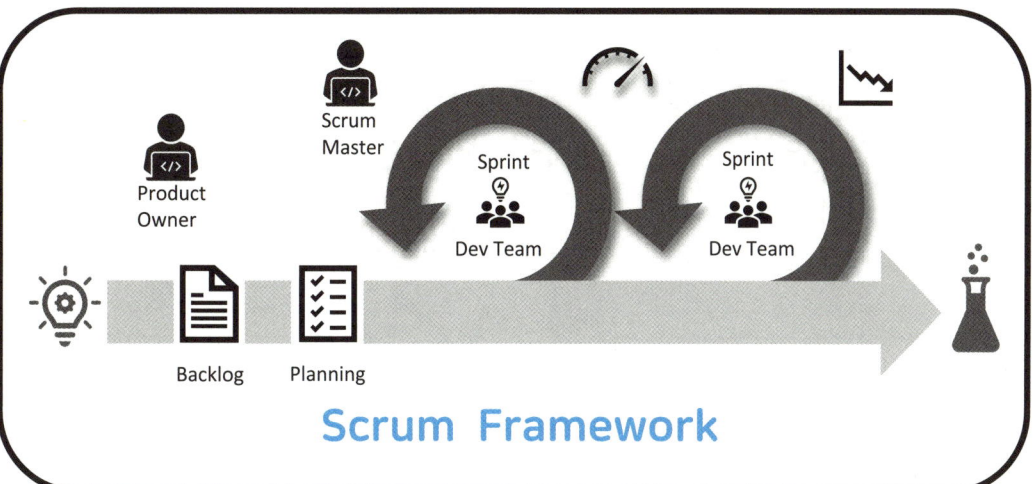

Scrum Framework

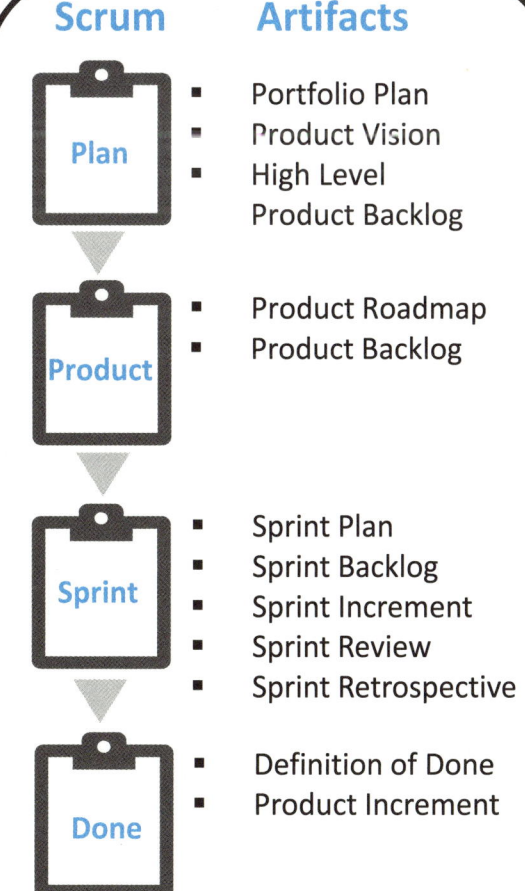

Scrum Artifacts

Plan
- Portfolio Plan
- Product Vision
- High Level Product Backlog

Product
- Product Roadmap
- Product Backlog

Sprint
- Sprint Plan
- Sprint Backlog
- Sprint Increment
- Sprint Review
- Sprint Retrospective

Done
- Definition of Done
- Product Increment

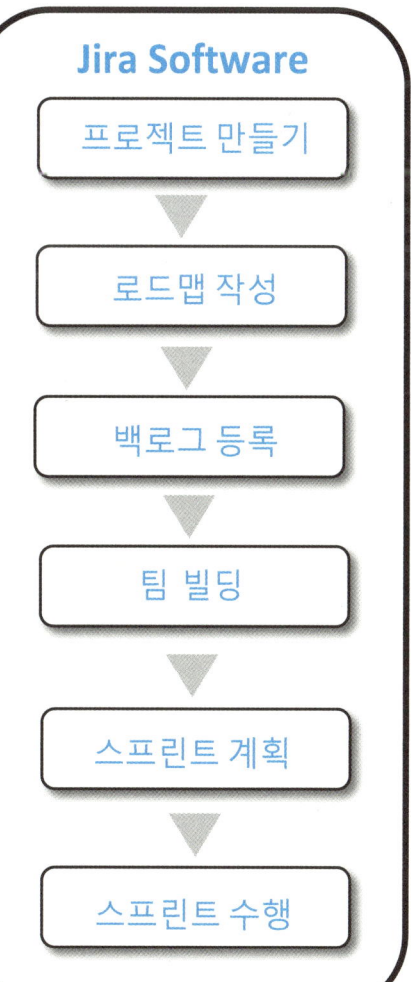

Jira Software

- 프로젝트 만들기
- 로드맵 작성
- 백로그 등록
- 팀 빌딩
- 스프린트 계획
- 스프린트 수행

Scrum Project Map

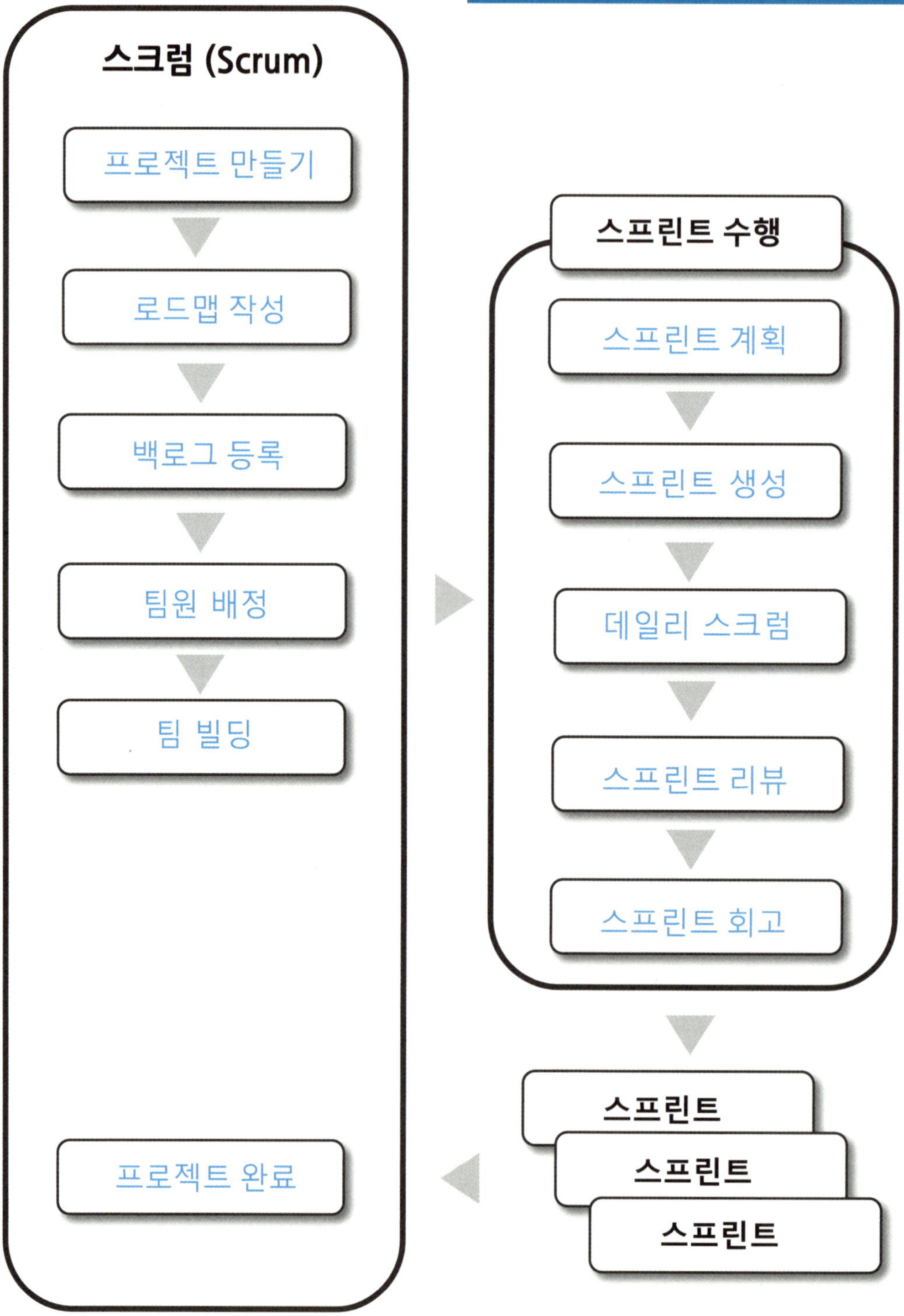

스크럼 (Scrum)

- 프로젝트 만들기
- 로드맵 작성
- 백로그 등록
- 팀원 배정
- 팀 빌딩

스프린트 수행

- 스프린트 계획
- 스프린트 생성
- 데일리 스크럼
- 스프린트 리뷰
- 스프린트 회고

스프린트
스프린트
스프린트

프로젝트 완료

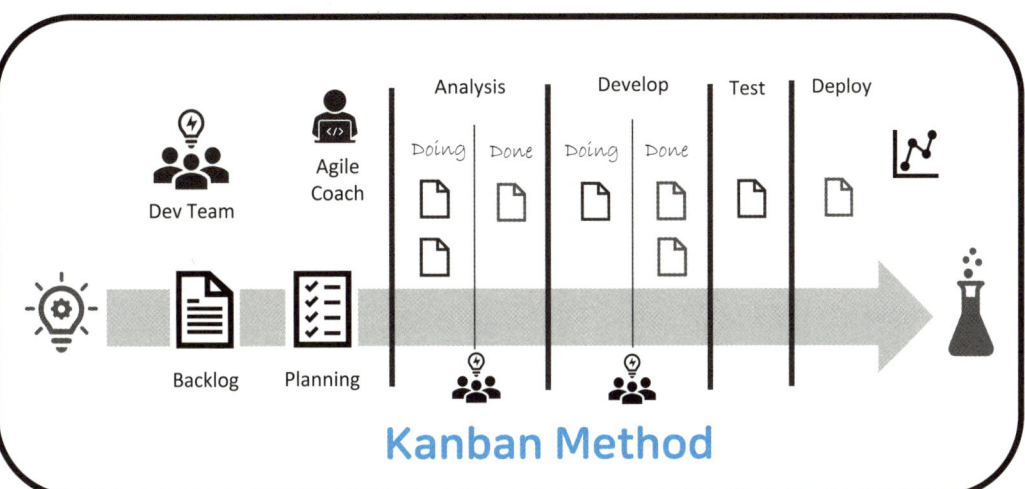

Kanban Method

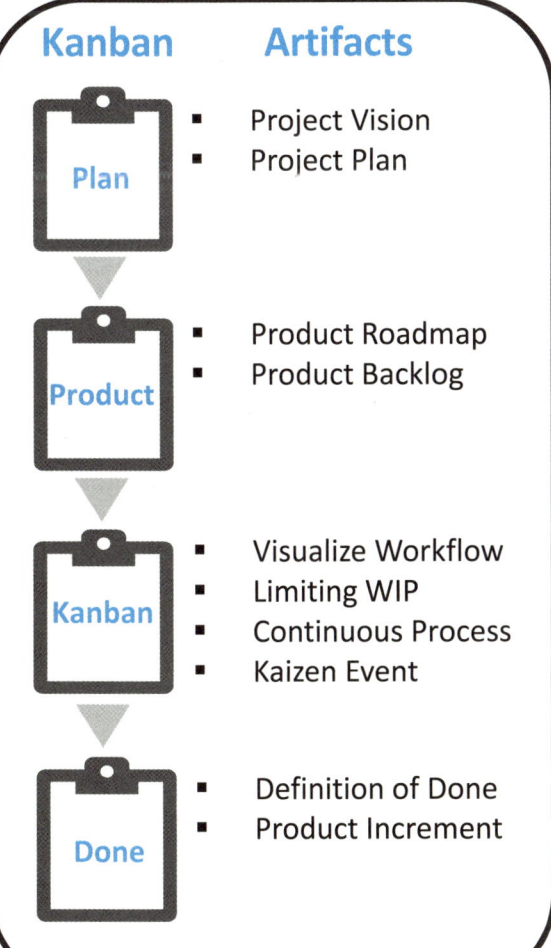

Kanban Artifacts

- **Plan**
  - Project Vision
  - Project Plan
- **Product**
  - Product Roadmap
  - Product Backlog
- **Kanban**
  - Visualize Workflow
  - Limiting WIP
  - Continuous Process
  - Kaizen Event
- **Done**
  - Definition of Done
  - Product Increment

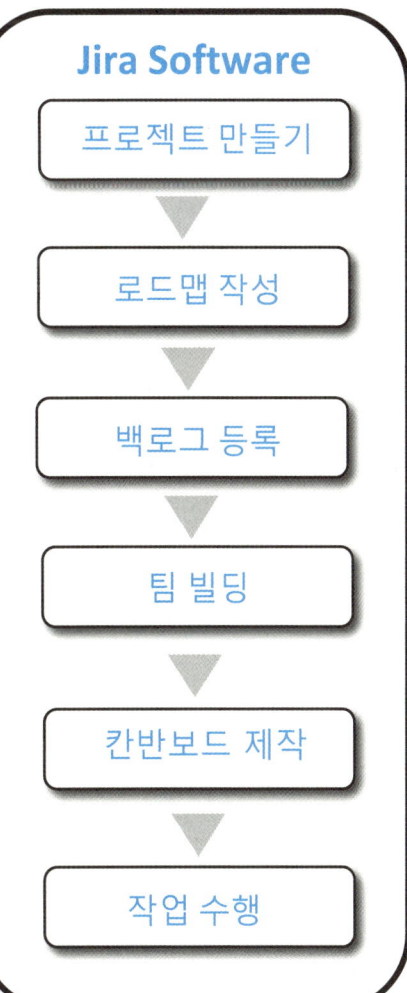

Jira Software

- 프로젝트 만들기
- 로드맵 작성
- 백로그 등록
- 팀 빌딩
- 칸반보드 제작
- 작업 수행

Kanban **P**roject **M**ap

칸반 (Kanban)

- 프로젝트 만들기
- 로드맵 작성
- 백로그 등록
- 팀원 배정
- 팀 빌딩
- 프로젝트 완료

Kanban수행

- 작업 계획 수립
- Kanban Board 제작
- WIP 제한 설정
- 작업 Pull
- Daily Stand-Up
- Delivery
- Retrospective

Project Management

PART 01

프로젝트 관리 개론

Chapter 01 — 프로젝트 관리 지식

Chapter 01 프로젝트 관리 지식

Project Management Situation

박PM과 차PM이 로비에서 커피를 마시고 있다.

차 PM 박PM, 지금 하고 있는 프로젝트는 잘 진행되고 있어?

박 PM 내가 맡고 있는 프로젝트는 우리회사가 수행사례도 풍부하고 경험있는 팀원들도 많아 순조롭게 풀릴거라 예상했는데, 예기치 않은 상황이 자꾸 발생해서 좀 어렵게 됐네. 매번 프로젝트를 하지만 한번도 예상대로 된 적이 없어. 조금 있다가 본부장님께 보고를 해야 하는데 참 걱정이야.

차 PM 무슨 문제가 발생했는데 그래?

박 PM 아, 글쎄 중요한 장비를 납품하기로 되어 있던 업체가 부도가 나는 바람에 일정에 차질이 생기게 되었지 뭐야. 프로젝트를 할 때마다 이렇게 예기치 않은 상황이 발생하니 이제는 PM하기도 싫어졌네.

차 PM 아니 프로젝트가 원래 그런 건데 뭐 새삼스럽게 그러나.

박 PM 물론 그렇긴 한데, 요즘 들어 더욱 예상 밖의 상황이 자꾸 벌어지니 그러지.

차 PM 내가 이번에 교육을 받고 보니, 프로젝트는 일반 업무와 다르게 독특한 특성이 있다는 것을 알게 되었네. 우리는 흔히 쉽게 쉽게 프로젝트란 말을 쓰지만, 가만 살펴보면 뭔지 목표가 있고 그것을 구성하고 있는 환경이나 내용은 아주 다르단말일세. 그러니까 프로젝트는 이 세상에서 똑같은 것이 하나도 없고 그래서 더욱 어려운 업무라고 한다네.

박 PM 아, 생각해 보니 자네 말이 맞네. 프로젝트를 그렇게 많이 하면서 미쳐 생각하지 못했는데, 결국 모든 프로젝트가 내용에서 다르고 그렇기 때문에 이렇게 어려운 것이었군.

차 PM 하지만 어렵다고 해서 프로젝트가 나쁜 것만은 아니네. 자네도 잘 알다시피 이렇게 고생고생하며 프로젝트를 잘 끝내면 많은 보람과 성과가 돌아오지 않나. 그게 바로 프로젝트의 매력이라고 할 수 있지. 자 너무 고민하지 말고 프로젝트가 원래 그러려니 하고 가서 본부장님과 잘 상의해서 대응하도록 하게. 자네는 잘 할 수 있을거야.

☑ Check Point

- 프로젝트는 어떠한 특징을 갖고 있습니까?
- 프로젝트 관리는 어떠한 점에서 꼭 필요한 것일까요?
- 프로젝트, 프로그램, 포트폴리오는 무엇을 말하는 것입니까?
- 프로젝트 라이프사이클과 관리 프로세스는 무엇입니까?

Part 1 프로젝트 관리 개론

N.O.T.E

1 프로젝트의 이해

1-1. 프로젝트 정의

프로젝트란 단어가 현대에 우리가 쓰는 의미로 전환된 것은 불과 반세기 전이었다. 1950년대에 'Project Management'가 나온 후부터 'project'와 'object'의 의미가 바뀌어 'object'를 위한 활동들이 'project'가 되었다. 단지 계획만을 뜻했던 의미에서 더 많은 역할을 하게 되었고, 이는 뒤에 나온 관리(management)란 단어에 힘입은 바가 크다. 즉, 현재 우리가 쓰는 프로젝트의 의미가 이처럼 관리라는 단어와 밀접한 관련이 있다는 것은 놀라운 일이 아닐 수 없다.

현대에 이르러 변화된 프로젝트에 대해 정확한 정의를 살펴보자. 먼저 Project'란 말의 어원은 'projicere'란 단어에서 유래한 라틴어 'Projectum'이다. 이 단어를 분해하면 'pro'는 앞으로 나아가는 것을 뜻 하는 단어이며, '던지다'란 뜻을 가진 'jacere'가 나머지를 구성한다. 때문에 원래의 뜻은 이전의 성과로부터 나오는 무언가를 뜻하는 단어였다. 그리고 그것은 단지 계획을 말하는 것이었지 실제 실행은 아니었다고 한다. 'object'가 바로 계획에 따른 결과를 뜻하는 단어였다.

PMBOK(A Guide to the Project Management Body of Knowledge)

PM(Project Management) 수행 기법의전반적 내용이 수록되어 있는 대표적인 사업 관리 총괄 도서이다. 프로젝트 관리에 대한 연구의 집대성으로, 4년마다 연구내용이 추가되어 갱신되고 있다.

「Welcome PM Glossary」에서는 "전체적인 목적을 향한 일련의 활동들, 또는 그 목적의 달성과 관련한 정보의 수집(A set of activities directed to an overall goal, Also, the collection of data relating to the achievement of that goal)"이라고 했다. 하지만 이것만으로는 불충분하다. 왜냐하면 모든 목적성을 가진 활동이 프로젝트라고 하기 어렵기 때문이다. 「PMBOK」에서는 "유일한 제품, 용역, 또는 결과를 창출하기 위해 투입되는 일시적인 노력(A temporary endeavor undertaken to create a unique product, service, or result)"이라고 설명하고 있다. PMBOK의 정의는 현대에 사용되는 프로젝트의 정의를 좀 더 명확하게 보여주고 있다. 우리는 두 정의에서 예전의 'project'와 'object'가 포함되어 있음을 발견할 수 있으며, 더불어 시간과 대상이 좀 더 구체적으로 정의가 되었음을 알 수 있다. 즉, 프로젝트는 목적을 향한 인간의 행위이며, 유한하며 더불어 정해진 목표가 있다는 것이다.

Chapter 1 프로젝트 관리 지식

바로 이러한 의미에서 프로젝트는 반복되지 않으며, 일상적이지 않고, 관료적이지 않다. 다음의 프로젝트의 특징을 분해하여 살펴보면 프로젝트에 대해 더 잘 이해할 수 있다.

여기서 한 가지 의문을 가질 수 있다. '프로젝트란 말이 1950년대부터 사용되었다면 인류가 프로젝트를 수행한 것이 1950년대부터인가?' 역사 속의 프로젝트를 찾아보면 원자폭탄을 개발한 맨하탄 프로젝트가 1939년부터였고, 잠수함에서 발사하는 미사일을 개발한 폴라리스 프로젝트가 1956년부터였으며, 인간을 달에 보내는 아폴로 프로젝트는 1961년부터였다. 하지만 그 전에도 프로젝트는 항상 있어왔다. 과거로 가면 지금으로부터 약 4,500년 전으로 추정되는 피라미드 건축 공사도 프로젝트임에 틀림없다.

그렇다면 거꾸로, 왜 수천 년 혹은 그 이전부터 수행해 온 프로젝트를 20세기 중반이나 되어서 관심 갖게 되었는가? 프로젝트가 존재한 시점부터 존재했을 프로젝트 관리자들이 모든 프로젝트를 성공시켰다면 아직까지도 관심이 없었을지 모른다. 역설적으로, 프로젝트 관리는 상당수의 대규모 프로젝트가 납기 혹은 원가등의 면에서 실패했기 때문에 관심을 갖게 되었다. 그래서 혹자는 프로젝트 관리가 '더 성공하기 위한 관리'가 아니라 실패를 피하기 위한 관리라고도 말한다.

우리는 우리의 프로젝트를 실패로부터 구출하기 위해 프로젝트의 특성부터 알아보기로 한다.

N.O.T.E

1-2. 프로젝트 특징

프로젝트의 정의를 통해 프로젝트가 가지는 특징을 살펴보면 다음과 같다.

- **명확한 목적과 목표를 가진다** : 목표가 있다는 것은 프로젝트의 가장 큰 특징이다. '던지는' 행위가 대상을 전제로 하고 있음을 상기할 때 이는 프로젝트의 첫번째 특징으로 전혀 손색이 없는 것이다.
목표가 달성되었을때 프로젝트는 소멸하게 된다. 흔히 프로젝트 조직을 논할 때 프로젝트를위한 조직은 임시 조직으로 분류되는데, 이는 프로젝트 자체가 목표 달성후 소멸되기 때문이다. 그 후 프로젝트는 과거의 사례나 경험으로 남아있게 되는데, 물론 현재에도 영향을 주는 것이 사실이지만, 프로젝트 자체는 과거라 할 수 있다. 때문에 프로젝트의 본질은 목표에 있다라고 말할 수있다.
목표는 성과로 나타나고 평가된다. 매일 무슨 일을 하지만 아무런 성과가 없고 그것을 측정하기도 어려운 운영 업무에 반해 프로젝트는 명확한 결과물을 보여준다. 현재 프로젝트가 주목받는 이유는 바로 이러한 점 때문이며, 정부/공공기관이나 경영혁신에 관심을 갖는 기업 등이 프로젝트에 관심을 갖고 있다.

- **한시적이다(Temporary)** : 시간이 정해진 것이 아니라면 프로젝트라고 부르기 어렵다. 비록 그것이 몇 백년, 몇 천년이라 하더라도 엄밀히 말해서 시간적인 제한이 있어야 비로소 프로젝트라고 부르는 것이 가능하다. 물론 일반적으로 몇 백년 단위로 가면 그것을 하나의 단위 프로젝트로 묶는 것이 쉽지 않을 수 있다. 하지만, 어떤 건축물들은 짓는데만 몇 백년이 소모된 경우가 있으며, 이를 프로젝트라고 부르는 것 또한 가능하다. 때문에 한시적이라는 프로젝트의 특징은 오히려 시작과 끝이 있다다는 개념으로 이해하는 것이 더 적합할 것이다.

- **유일하다(Unique)** : 목적과 시간으로 프로젝트를 이해하기에는 그 범위가 너무 커진다. 세상에는 목표를 갖고 시간을 할애하여 노력하는 것들이 너무 많기 때문이다. 하지만 유일하다라는 특징은 프로젝트를 다른 보편적인 것들과 구분하는 중요한 특징이 된다. 여기서 말하는 유일하다는 점은 PMBOK에서 말하는 결과의 유일함보다 프로젝트 그 자체, 즉, 환경, 행위, 내용, 결과를 모두 다 고려한 유일하다는 특징을 말하는 것임을 잊지 말아야 한다. 결과가 같은 프로젝트는 얼마든지 비슷하다고 생각할 수 있다. 하지만 그 결과를 위해 투입되는 노력이나 환경 등은 모두 다른 것이다. 이는 세상의 모든 프로젝트는 다르다고 선언적으로 말할 수 있는 특징이며, 일반적으로 프로젝트에 대해 알게 모르게 인식되고 있는 내용이다. 그리고 이러한 특성이 프로젝트가 늘 새롭고 흥미로우며 보람된 이유가 되기도 한다.

- **점진적으로 상세화 된다(Progressive Elaboration)** : 위의 세가지 특징이 프로젝트의 규범적 속성이라고 한다면, 점진적 상세화의 특징은 프로젝트의 구체적 내용 상의 특징이라고 할 수 있다. 그리고 이 특징이 바로 프로젝트를 가장 어렵게 하는 특징이기도 하다. 많은 PM들이 프로젝트에서 가장 어렵다고 느끼는 것이 고객의 요구사항을 관리하는 것이다. 흔히 고객은 모호하며 의존적인 요구를 하게 마련이다. 즉, "마당이 넓고 예쁜 집이었으면 좋겠어요"라고 한다면 설계자는 구체적으로 어떠한 집이냐 묻기 마련이다. 그럼 고객은 일반적으로 이렇게 대답한다. "제가 그것을 잘몰라서 전문가인 당신께 맡기는 거잖아요. 그러니 알아서 해주세요." 이는 전형적인 우문우답의 현실이지만, 가장 많이 겪는 현실이기도 하다. 그렇다고 알아서 해줘서 고객이 한번에 만족하는 경우는 별로 없다. 많은 PM들이 고객의 요구가 정확하지 않고 자주 바뀌어서 프로젝트가 어렵다고 얘기한다. 이러한 것은 바로 프로젝트가 점진적 상세화의 특징을 갖고 있기 때문이다. 따라서 계획 단계에서 그 내용을 되도록 구현가능한 범위내에서 상세하게 파악하고 준비하는 것이 필요하며, 이러한 여러가지 이유로 요구사항공학이나 PM의 경험 등이 필요하게 된다.

N.O.T.E

N.O.T.E

• **변화를 수반한다** : 프로젝트는 현재의 개선활동이기 때문에 필연적으로 변화를 수반한다. 프로젝트가 만드는 변화는 기업이나 조직에 많은 영향을 주며 이러한 영향 때문에 소속원들의 여러가지 형태의 저항도 발생하는 경우가 있다. 프로젝트 관리자는 이러한 변화에 대한 저항을 극복하는 능력을 반드시 갖추어야 한다.

• **가치를 창출한다** : 프로젝트는 가치를 창출하기 위해 수행된다. 프로젝트 결과물은 가치를 가져야 하며 그러한 가치를 가지기 위해서 모든 프로젝트는 재무적, 사회적, 환경적 가치를 충분히 고려하여 수행하여야 한다.

• **고유한 제품, 서비스, 결과물을 만든다** : 프로젝트는 산출물을 만들기 위한 행위이다. 따라서 프로젝트마다 고유한 제품을 만들거나 서비스를 만든다. 이러한 프로젝트 결과들은 이해관계자들에게 산출물 형태로 제공된다.

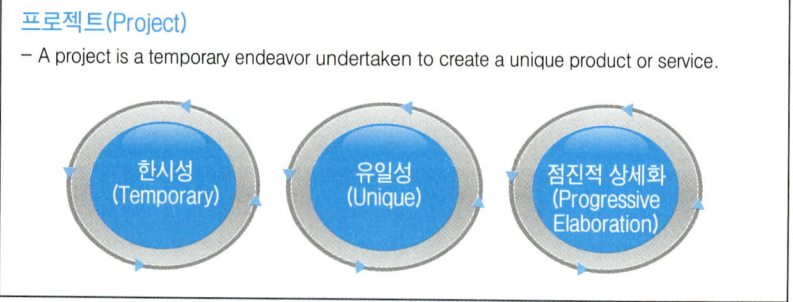

[프로젝트의 특성]

1-3. 프로젝트 환경 요인

프로젝트 환경 요인 (Project Environmental Factors)은 프로젝트 성공에 영향을 미치거나 성공을 둘러싼 내 외부 환경을 말한다. 이러한 프로젝트 환경 요인은 프로젝트에 참여하는 기업에서 비롯되는 것으로, 프로젝트 관리와 프로젝트의 결과물에 영향을 미치게 된다. 그리고 이러한 프로젝트 환경 요인은 계획수립 시 주요한 정보로 활용된다.

프로젝트 환경 요인 (Project Environmental Factors)에는 다음과 같은 내용이 포함된다.

- 조직의 문화, 조직 구조 및 프로세스
- 정부 또는 산업의 표준(제품 표준, 품질 표준 등)
- 인프라
- 인사 관리(인적 자원 투입 및 시간 외 근무 정책 등)
- 작업 인가 시스템
- 시장 조건
- 위험 허용 한도
- 정치 풍토
- 조직의 의사소통 채널
- 원가 산정 자료, 리스크 정보 등
- 프로젝트 관리 정보 시스템 등

1-4. 프로젝트 조직 자산

프로젝트 조직 프로세스 자산 (Project Organizational Process Assets) 프로젝트의 성공에 영향을 미칠 수 있는 프로젝트 조직의 프로세스 관련 자산을 의미하며, 공식적이거나 비공식적인 계획, 정책, 절차 및 지침이 모두 포함된다. 물론 프로젝트의 교훈, 이력 정보와 같은 지식의 토대가 되는 것은 중요한 프로젝트 조직 프로세스 자산들이다. 필요에 따라 프로젝트 조직의 프로세스 자산을 업데이트 하는 일은 일반적으로 프로젝트 팀 모두의 책임이다.

프로젝트 조직 프로세스 자산에는 다음과 같은 세 가지 관점의 내용이 포함된다.

▶ **프로세스 및 절차** : 작업을 수행하는 프로세스 및 절차 관점
  - 조직의 표준 프로세스에 해당되는 여러 사항들로, 표준과 정책, 절차들이 포함된다.(예, 프로젝트 관리 정책, 품질 정책및 절차, 표준 프로세스 등)
  - 표준화된 가이드라인, 제안서 평가 기준 및 성과 측정 기준
  - 템플릿(WBS, PSND, contract)
  - 조직 의사소통 요구사항(기록 보존 정책, 보안 요구사항 등)
  - 종료 지침이나 요구사항
  - 재무 통제 절차
  - 이슈 및 결함 관리 절차
  - 변경 통제 절차
  - 위험 통제 절차
  - 작업 승인 절차

▶ 프로세스 및 절차(Processes and Procedure)
- 착수 및 기획
- 실행, 감시 및 통제
- 종료

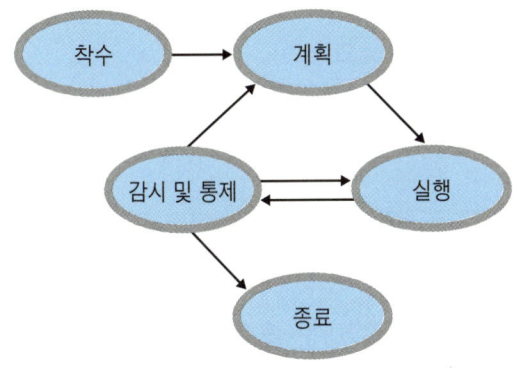

▶ 조직 지식 기반(Corporate Knowledge Base)

- 형상 관리 관련 데이터베이스
- 재정 관련 데이터베이스(근무 시간, 비용, 프로젝트의 초과원가)
- 과거 정보와 교훈
- 이슈와 결함 관련 데이터베이스
- 프로세스 측정 데이터베이스
- 이전 프로젝트들의 파일(범위, 원가, 일정, 수행 측정 기준선, 위험 등록부 등)

1-5. 프로젝트 거버넌스 (Project Governance)

프로젝트 거버넌스 프레임워크란 프로젝트 관리자와 팀에게 구조, 프로세스, 의사결정 모델, 도구 등을 제공하는 역할을 한다. 그 안에 포함되는 내용은 다음과 같다.

- 프로젝트 성공과 인도물의 수용기준
- 프로젝트 시행 동안에 이슈를 식별하고 분석하며 해결하는 프로세스
- 프로젝트 팀, 조직의 그룹, 그리고 외부 이해관계자들의 관계
- 프로젝트 역할의 식별에 대한 프로그램 차트
- 정보에 대한 의사소통을 위한 프로세스 및 절차
- 프로젝트 의사결정 프로세스
- 프로젝트 거버넌스와 조직 전략 일치를 위한 가이드라인
- 프로젝트 라이프 사이클 접근법
- 단계 검토 또는 단계별 점검 과정을 위한 프로세스
- 변경에 대한 승인과 검토 절차
- 프로젝트 프로세스 요구사항을 가진 내부 이해관계자들을 이해시키기 위한 프로세스

1-6. 프로그램 관리(Program Management)

조직의 구성은 업계를 막론하고 하부 조직이나 단위에 대한 통합 관리를 필요로 한다. 프로젝트 단위 역시 마찬가지이다. 프로그램(program)은 성격이 비슷하고 관련 있는 복수의 프로젝트를 묶어 놓은 그룹을 말한다. 프로젝트를 묶어서 관리하는 이유는 간단하게 통합 관리를 통해 추가적인 효과를 얻기 위해서이다. 즉, 프로그램 단위의 관리는 조직차원에서 새로운 역량을 개발할 수 있도록 하고, 그를 통해 개별적인 프로젝트 관리로는 얻을 수 없는 이득이나 통제를 얻게 할 수 있는 것이다. 궁극적으로 조직은 프로그램들을 통해서 조직의 목표 및 목적 또는 전략적 계획을 달성하게 된다.

프로그램 관리(program management)에서는 각 프로그램의 목적과 이득을 달성하기 위해서 크게 프로그램 거버넌스(governance), 이해관계자 관리(stakeholders management), 이익 관리(profit management)로 나누어 볼 수 있다. 잘 관리되는 프로그램은 원가, 일정 또는 노력을 최적화하여 점차 수익이 증가하도록 하고, 프로그램 전체 관점에서 자원을 최적화하게 된다.

프로그램 관리에 대하여 한 가지 더 살펴볼 수 있는 것은 프로그램은 프로젝트의 특성처럼 항상 명확한 시작과 끝이 존재하는 것이 아니므로 프로젝트처럼 관리할 수 없다는 점이다. 이는 복수의 프로젝트로 구성되어 있기 때문이며, 이러한 특징으로 말미암아 대부분의 프로그램은 항상 새로운 목적을 채택하고 이를 달성하면 다시 목적을 설정하는 식으로 지속적인 작업 진행 속성을 가지고 있다는 점이다. 프로젝트는 타 프로젝트와 많은 상호 작용을 통해 영향을 주고 받는다. 특히 자원 점유 부분에서 다양한 이슈들이 발생한다. 따라서 조직의 전략적 차원에서 우선 순위가 높은 프로젝트에 할당 우선 순위를 부여하고, 자원의 복수 프로젝트 할당에 대한 관리를 위해 프로젝트들을 프로그램으로 묶어서 관리할 필요가 있다.

N.O.T.E

프로그램과 서브 프로젝트

- 프로그램(Program) : 여러 프로그램의 집합으로서, 하나의 그룹으로 관리된다.
- 서브 프로젝트(Subproject) : 한 프로젝트의 일부분을 분리한 것이며, 하나의 프로젝트는 여러개의 하위 프로젝트로 구분될 수 있다.

프로그램 그룹핑 예

- 조직에 따른 그룹핑 : 공공 사업부, 금융 사업부, 제조 사업부, 유통 사업부
- 고객에 따른 그룹핑 : A사, B사, C사
- 지역에 따른 그룹핑 : 아시아, 미주, 유럽

N.O.T.E

간단하게 예를 들어 공공 사업부에서 새로운 프로젝트를 수주하였는데, 예상되는 경상 이익이 상당히 높고 파급 효과 때문에 반드시 성공으로 이끌어야 하는 프로젝트이다. 이 경우 양질의 프로젝트 팀원을 확보하여 프로젝트의 성공을 높이기 위하여 타 프로젝트들과 trade-off 하였다. 이처럼 양질의 인적 자원을 조정하는 방법(프로젝트 팀원간의 직무이동) 등으로 복수의 프로젝트 단위들 간의 통합 관리를 시행하는 것을 프로그램 관리라고 하는 것이다.

프로그램의 예

다음과 같이 묶음으로서 관리한다면, 이들을 프로그램으로 분류할 수 있다. 물론 각 구분단위가 프로그램이라면 그 하부를 구성하는 단위는 프로젝트가 될 것이다.

- 조직에 따른 그룹핑 : 공공 사업부, 금융 사업부, 제조 사업부

- 고객에 따른 그룹핑 : A 사, B 사, C 사, D 사

- 지역에 따른 그룹핑 : 아시아, 미주, 유럽

1-7. 포트폴리오 관리 (Portfolio Management)

포트폴리오(portfolio)는 전략적 목표 달성을 위해서 프로젝트나 프로그램들을 효율적으로 관리할 수 있도록 적절히 묶어 놓은 그룹을 말한다. 이때 프로그램과 포트폴리오의 개념을 혼동하기 쉬운데, 간단하게 프로그램이 어떻게 유기적인 프로젝트들을 잘 관리할 것인가에 대한 관점이라면 포트폴리오는 어떻게 올바른 일을 선택할 것인가의 관점에 초점을 맞춘다는 점에서 차이가 있다.

프로젝트를 그룹화하여 포트폴리오로 관리하는 것은 모든 프로젝트에 대하여 조직 차원에서 조망할 수 있는 보고 자료나 통계 분석을 통하여 조직의 특정 목표를 달성하는 데에 중점을 두기 위함이다. 또한 조직의 전략적 목표에 부합하는 프로젝트를 수주하는 것이나, 반대로 부합하지 않는 프로젝트를 적시에 제외시킴으로써 조직 전체의 전략적 목표달성을 꾀하는 것이 포트폴리오 관리의 핵심 목표이다.

더불어 하나의 프로젝트가 다른 프로젝트에 미치는 영향을 분석하고 자원의 효율적인 사용을 위하여 복수 프로젝트가 하나의 인적 자원 집단(resource pool)에서 인적 자원들을 공유할 때의 자원 사용도를 측정하고 분석하는 것 등은 모두 포트폴리오 관리의 목표에 해당한다.

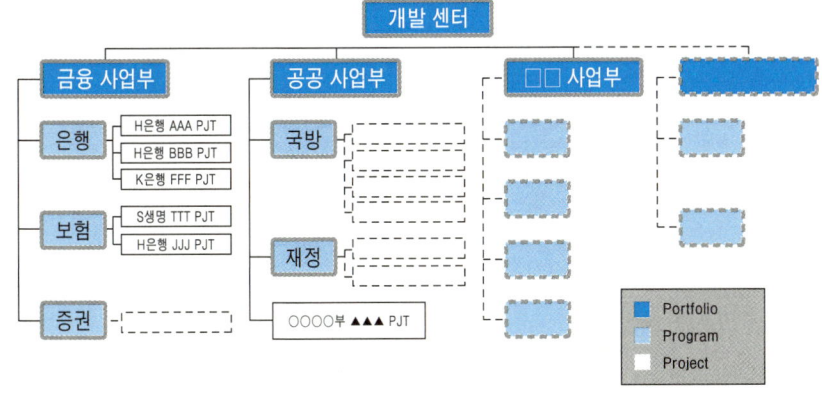

[프로젝트, 프로그램, 포트폴리오 예]

Part 1 프로젝트 관리 개론

1-8. 이해관계자 (Stakeholder)

N.O.T.E

프로젝트 관리를 이해하기 위해서는 프로젝트 이해관계자에 대하여 정확하게 알고 있을 필요가 있다.

PMBOK(A Guide to the Project Management Body of Knowledge)

PMBOK에서는 이해관계자에 대하여 다음과 같이 정의하고 있다.

PM(Project Management) 수행 기법의전반적 내용이 수록되어 있는 대표적인 사업 관리 총괄 도서이다. 프로젝트 관리에 대한 연구의 집대성으로, 4년마다 연구 내용이 추가되어 갱신되고 있다.

Stakeholders are persons or organizations (e.g., customers, sponsors, the performing organization, or the public), who are actively involved in the project or whose interests may be positively or negatively affected by the performance or completion of the project.

이해관계자(Stakeholder)

즉, 이해관계자란 프로젝트에 적극적으로 참여하거나 프로젝트의 성과 또는 완료결과에 긍정적 또는 부정적인 영향을 받을 수 있는 개인이나 조직을 말하고 있다. 때문에 필자는 항상 프로젝트의 이해관계자란 프로젝트에 직·간접적인 긍정적·부정적 영향력을 미칠 수 있는 대상이라고 정의한다. 또한 이해관계자의 사전적 정의(stake=이해관계, holder=붙잡는 사람)를 보면 쉽게 알 수 있듯이, 이해관계자는 프로젝트에서 이해관계를 가지고 있기 때문에 프로젝트의 실패와 성공에 많은 영향을 주고받는 것이다.

프로젝트 수행, 성공 여부와 관련하여 긍정적, 부정적으로 영향을 받는 개인 혹은조직

이해관계자의 사전적 정의

※ 어원 : Stake(지주, 막대기) + Holder(떠받치는 사람) → Stakeholder(지주나 막대기가 무너지지 않게 떠받치는 사람들)

- 게임이나 경쟁에서 돈을 건 사람(One who holds the bets in agame or contest)
- 기업체와 같은 곳에서 이익이나 공유된 부분을 갖는 사람(One who has a share or an interest, as in an enterprise)

실제의 프로젝트에는 수 많은 이해관계자들이 존재한다. 고객, 스폰서, 프로젝트 팀원, 관련 타 프로젝트 팀원 등이 그들이다. 결국 프로젝트의 성공은 이들의 요구를 만족시킬 수 있느냐 없느냐에 따라 결정된다고 볼 수 있다. 따라서 프로젝트를 진행할 때 프로젝트 관리자는 해당 프로젝트에 이해 관계를 갖고 있는 수 많은 이해관계자를 관리해야 한다.

그러면 이해관계자가 프로젝트에 영향력을 행사한다는 사실을 염두에 두고, 아래에 나열된 이해관계자별 역할과 책임을 살펴 보도록 하자.

프로젝트 관리자(Project Manager)
: 프로젝트 수행에 대한 전반적인 책임과 권한을 갖고 있다.

고객(Customers)/사용자(Users)
: 결과물을 사용하게 될 개인 또는 조직을 포함한다. 고객과 사용자는 같을 수도 다를 수도 있는데, 만일 다른 경우라고 본다면 고객은 프로젝트의 결과물을 인수하는 주체이고, 사용자는 이러한 결과물을 사용할 사람들이다.

기능 부서 관리자(Functional Manager)
: 프로젝트 팀원이 속한 부서의 관리자이다. 프로젝트 관리자와 함께 프로젝트 팀원에 대한 권한을 갖고 있다.

스폰서(Sponsor)
: 프로젝트에 자금을 투자하는 사람 혹은 조직을 말한다. 스폰서는 프로젝트에 대한 지원 및 홍보도 하게 되며, 초기 범위 및 헌장 개발의 주요 역할을 담당하고 있는 사람이다. 그리고 프로젝트가 진행 중일 때 PM의 범위를 벗어나는 이슈들은 스폰서에게 이관되며, 각 단계별 주요 이슈에 대한 의사결정 권한 또한 갖고 있다. 일반적으로는 수행 조직 안에 있는 사람으로 프로젝트 작업에 권한을 부여하고 승인하는 파워를 갖고 있는 사람이다.

프로젝트 팀(Project Team)
: 프로젝트를 실질적으로 수행하는 사람 혹은 조직이다.

PMO(Project Management Office)
: 프로젝트를 위한 조직으로, PMO의 역할과 기능은 조직 내에서 허용 수준에 따라 달라지는 것이 보통이다. PMO의 권한이 약할 때에는 단순히 프로젝트를 지원하는 데서 그치게 되며, 만일 프로젝트 성공에 대한 책임까지 주어질 경우에는 직접적인 관리까지 할 수 있는 조직 구조이다.

N.O.T.E

스폰서

A사에서 발주된 프로젝트를 B사가 수주해 실행한다면 스폰서는 B사의 PM의 상관인 사업부장이 된다.

포트폴리오 관리자(Portfolio Manager)/포트폴리오 검토 위원회 (Portfolio Review Board)

: 포트폴리오 관리자는 포트폴리오를 관리하는 책임자이며, 포트폴리오 검토 위원회는 조직의 상위 경영진들로 구성된 위원회로, 프로젝트 선정에 주요 역할을 담당하는 조직이다. 이 위원회를 통하여 프로젝트에 대한 가치를 판단하여 투자 여부를 결정하게 되는 것이다.

프로그램 관리자(Program Manager)

: 프로그램을 관리하는 책임자를 의미하여, 개별 프로젝트들을 지원하고 가이드라인을 제공하기 위하여 프로젝트 관리자와 밀접한 관계에 있게 된다.

운영 관리자(Operations Manager)

: 운영관리자는 기업의 핵심(core) 사업 영역을 관리하고 있는 사람들이다. 이들이 기능 관리자와 다른 점은 기업의 핵심 사업 영역(연구/개발, 디자인, 제조, 공급 등)에서 제품 생산 및 관리 업무를 직접 수행하게 된다.

판매자/비즈니스 파트너(Sellers/Business Partners)

: 판매자는 프로젝트에 필요한 제품 또는 서비스를 공급해 주는 사람을 말한다.

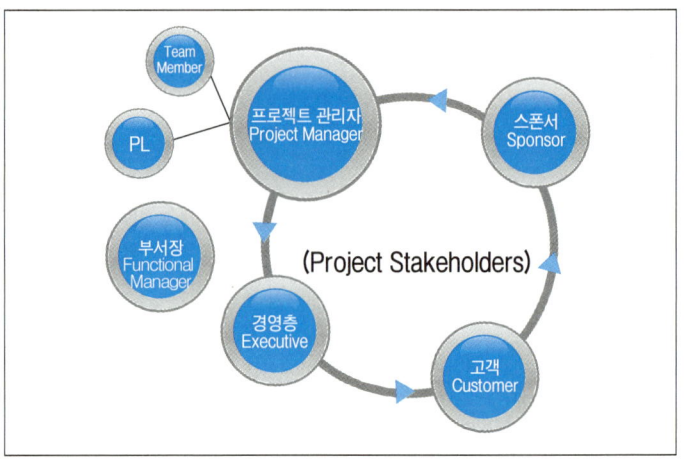

[이해관계자의 예]

1-9. 프로젝트 팀 (Project Team)

프로젝트 팀은 프로젝트 관리자와, 프로젝트를 성공으로 이끌기 위해 함께 일하는 개인으로 이루어져 있다. 프로젝트 팀은 프로젝트 관리자, 프로젝트 관리 스태프, 그리고 다른 팀 멤버로 이루어져 있다. 이들의 역할과 구성은 다음과 같다.

프로젝트 관리 스태프(Project Management Staff)
: 일정 작업, 예산 관리, 보고와 통제, 의사소통, 위험 관리 등 프로젝트 관리 관련 지원사항을 수행. 이 역할은 PMO(Project Management Office)에 의해 지원을 받는다.

프로젝트 스태프(Project Staff)
: 프로젝트 인도물을 만들고 그 작업을 돕는 일을 수행

서포트 전문가(Support Expert)
: 서포트 전문가는 프로젝트 관리 계획을 수행하고 개발하는 데 요구되는 활동을 수행

사용자 또는 고객 대표(User or Customer Representative)
: 인도물과 제품을 받아들이는 조직의 구성원

판매자(Sellers)
: 납품처, 공급자 등으로 불린다. 프로젝트를 위한 제품이나 서비스를 제공한다는 법적인 계약을 맺은 외부의 회사들

비즈니스 파트너 멤버(Business Partner Member)
: 적절한 협력을 보장하기 위한 비즈니스 파트너 조직의 구성원

비즈니스 파트너(Business Partners)
: 외부의 회사들을 말한다. 비즈니스 파트너들은 기업과 특별한 관계를 가지고 있으며 어떤 프로세스를 통해 얻는 것을 갖고 있다.

프로젝트 팀의 구성 (Composition of Project Teams)

조직의 문화, 범위, 그리고 지역 같은 요소에 기초하여 프로젝트 팀의 구성은 다양하게 나뉜다. 프로젝트 관리자와 팀 사이의 관계는 프로젝트 관리자의 승인에 따라 나뉘는데 이러한 경우 대부분 프로젝트 관리자는 팀 안에서 결정능력을 가지고 있는 매니저일 가능성이 높다. 다른 경우로는 프로젝트 관리자가 팀 멤버들 사이에서 적거나 아주 적은 권위를 가지고 있는 경우가 있으며 이런 경우는 팀 구성이 파트타임(part-time)일 경우가 많다.

팀 구성을 나누는 예는 두 가지가 있다.

Full-time
: 프로젝트 전담 참여자

Part-time
: 프로젝트 일부 참여자

가상 팀(Virtual teams)

> **가상팀(virtual team)**
> 프로젝트 내부의 동일한 부분을 함께 수행하되, 원거리거나 다른 이유 등으로 대면하지 않고 프로젝트를 수행하는 팀

프로젝트를 수행하는 팀원들이 같은 지역과 공간에서 함께 있는 것만은 아니다. 프로젝트 자체가 지리적으로 넓은 수행 지역을 가지고 있거나 배치된 인적자원의 근무지나 근무조건 등의 차이로 인하여 멀리 떨어져서 작업을 해야 하는 경우도 있기 때문이다. 이때 동일한 프로젝트의 수행 목적을 가지고 있으며 각자 배정된 역할을 가지고 서로 떨어져서 프로젝트를 수행하는 팀을 가상 팀이라고 한다. 이러한 가상 팀의 구축이 가능한 이유는 이메일이나 화상회의 등의 전자통신의 발달에 기인한다. 하지만 가상팀에서는 그 무엇보다도 의사소통에 더욱 주의를 기울이는 것이 필요하다.

1-10. PMO (Project Management Office)

작은 규모의 회사에서는 PMO 조직을 따로 두지 않고 팀이나 사업부 단위로 프로젝트들을 관리하거나, 유능한 프로젝트 관리자에게 맡겨 둔 채 종료 시점과 손익 예측 등만 관리하는 경우를 보게 된다. 하지만 조직 내에서 체계적인 프로그램 관리, 포트폴리오 관리, 전사 차원의 프로젝트 관리(EPM)를 위해서는 추진을 담당할 조직이 반드시 필요하며, 이러한 PMO를 통하여 포트폴리오 기초 자료 수집이나 포트폴리오 항목 선택, 포트폴리오에 맞는 프로그램 착수~종료, 전략 변경에 따른 프로그램 변경, 프로그램 운영을 통한 프로젝트 성과 향상 등을 수행할 수 있다. 또한 PMO는 조직 내의 다양한 프로젝트 관리에 있어서 방법론 제정, 소프트웨어 적용 및 관리, 템플릿 등을 지원하며 프로젝트 관리의 전사적 관점에서의 접근을 이룰 수 있도록 도와준다.

PMO의 유형

지원형(Supportive)
: 템플릿, 베스트 프랙티스, 교육, 다른 프로젝트들로 부터 얻은 정보와 교훈 사항을 통해 상담 역할을 한다.

통제형(Controlling)
: 프로젝트 관리 프레임웍, 방법론, 템플릿 사용, 양식과 도구 등을 통해 프로젝트를 지원하고 프로젝트 관리 프로세스 준수를 요구한다.

지시형(Directive)
: 프로젝트를 직접 관리함으로써 프로젝트를 통제한다.

PMO의 주요 역할

PMO의 주요 역할에 대하여 간략하게 살펴보면 다음과 같다.

- 프로젝트 관리 방법론, 프로세스, 실무 관행, 표준 개발
- 프로젝트 간의 전반적인 자원 공유, 의사소통 및 조율
- 모든 프로젝트에 대한 형상관리(configuration management)
- 프로젝트의 수행을 위한 도구에 대한 운영 및 관리의 지원
- 전사적 차원에서 프로젝트의 일정과 예산에 대한 감시
- 프로젝트 수행 능력 향상을 위한 훈련 프로그램 개발
- 기존의 프로젝트 수행 방법에 대한 개선
- 지속적인 벤치마킹

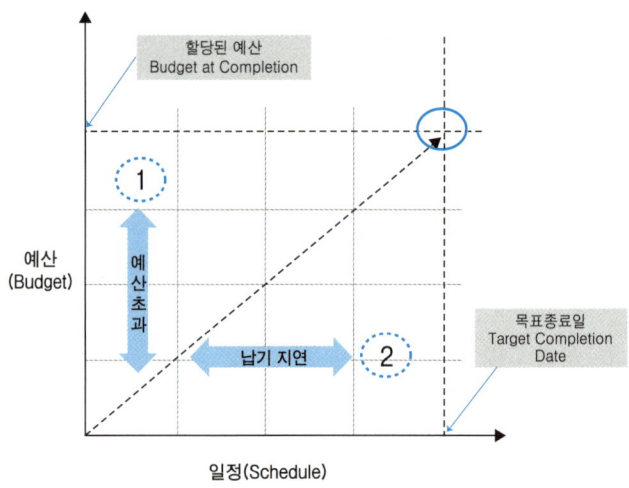

[실제 프로젝트 진행 시 일정과 예산의 관계]

1-11. 프로젝트 사례

프로젝트는 다양한 분야에서 여러가지 형태로 나타난다. 가장 오래된 프로젝트의 사례는 건축이다. 건축은 인간의 기본인 의식주 가운데 하나로 고대로 부터 인간이 가장 우선순위를 두고 실행한 프로젝트 가운데 하나이다. 현대에도 건축분야는 프로젝트가 가장 잘 적용되며, 실제로 방법론이나 기법 등에서 가장 발달한 분야이기도 하다. 여러 산업분야에서 프로젝트는 그 예를 찾기쉬운데, 신제품 혹은 서비스의 개발 프로젝트로 부터 조직의 프로세스 개선활동, 전산 시스템개발 등에 적용된다. 또한 조직 혁신 프로젝트(CMMI 5등급 달성프로젝트, 6 Sigma 현장 적용 프로젝트), 이벤트 프로젝트(컨퍼런스 개최 프로젝트, 선거운동 프로젝트), 교육 프로젝트(신규 커리큘럼의 개발, 교육 워크샵의 조직) 등이 프로젝트의 좋은 예라고 하겠다.

2 프로젝트 관리란 무엇인가

2-1. 프로젝트 관리의 이해

앞서 우리는 프로젝트가 현대적 의미를 가지게 된 것이 'management'란 개념과 연합한 이후라는 것을 살펴보았다. 많은 이들이 일상적으로 프로젝트라는 용어를 사용하면서 관리라는 개념을 염두에 두지 않는다. 하지만 계획부터 실행하여 목표를 달성해 가는 과정에 수 많은 자원과 시간 그리고 노력이 필요하다는 점을 상기한다면 관리는 필수적이라는 점에 동의할 것이다. 그리고 구체적 업무 방법론으로 프로젝트 관리는 '프로젝트'와 '관리'가 별개의 것이 아닌 하나의 단어로 '프로젝트 관리'라고 인식해야 할것이다.
PMBOK에서는 프로젝트 관리를 다음과 같이 정의하고 있다.
"프로젝트 관리는 지식(Knowledge), 기술(Skills), 도구(Tools), 기법(Techniques)을 프로젝트의 요구를 만족시키기 위한 프로젝트 활동들에 사용하는 것이다."

요구사항은 대개 이해관계자로부터 나오므로 요구사항을 충족시키는 것은 이해관계자를 만족시키는 가장 중요한 활동이다.

N.O.T.E

CMMI(Capability Maturity Model Integration)

정보 시스템을 구축하는 기업의 능력 수준을 나타내는 기준으로, 최근 국제 정보통신 프로젝트의 입찰 가격 기준으로 활용되고 있다.
기존 CMM에 프로젝트 관리(PM), 프로큐어먼트(procurement), 시스템 엔지니어링(SE)등의 요소를 통합한 것으로서 시스템과 소프트웨어 영역을 통합시켜 기업의프로세스 개선 활동을 지원하는 것이 특징이다.

6 Sigma

모든 품질 수준을 정량적으로 평가히 고효율적인 품질 문화와 고객 만족을 달성하기 위해 전사적으로 실행하는 21세기형기업 경영 전략이다. 전통적 품질관리법이 공장 중심의 방법이었다면 6 시그마는전사적 경영 혁신 운동이다. 전통적 품질관리 기법에서는 고객에 인도되는 최종생산품의 불량을 줄인데 반해, 6시그마는원인을 제거하는 방법으로 기업 내 전 부문의 오류가 발생할 수 있는 구조를 수정한다는 장점을 갖고 있다.

Part 1 프로젝트 관리 개론

N.O.T.E

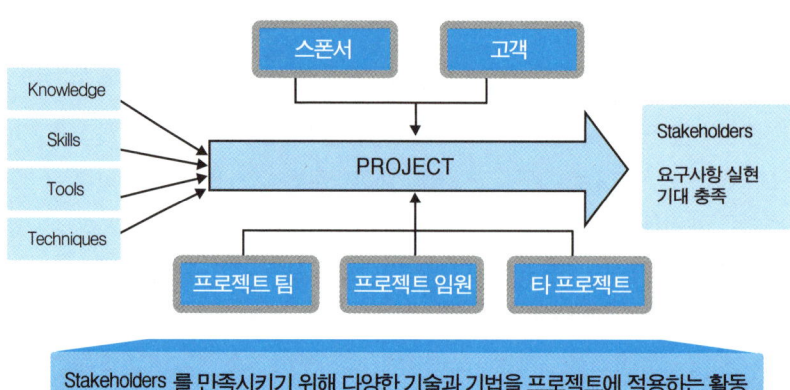

[프로젝트 관리의 정의]

Standish Group

미국 매사추세츠주 웨스트 야마우스(West Yarmouth) 소재 리서치 컨설팅 회사이다. 1994년 8000개 이상의 소프트웨어 개발프로젝트를 조사한 뒤 최종 사용자를 참여시키는 게 성공의 가장 중요한 요소이며 사용자의 의견을 반영하지 않은 것이프로젝트 실패의 빈번한 요인이라고 발표한 바 있다.

위 그림에서 보이는 것처럼 프로젝트에 투입되고 또한 관계되는 모든 요소를 잘 이해하고 관리하여 목적하는 바를 달성해 나가는 것이 바로 프로젝트 관리라고 하겠다.

2-2. 프로젝트 관리의 필요성

Standish Group의 조사 결과에 따르면 IT 프로젝트의 74%가 실패한다고 한다. 이러한 프로젝트의 주요 실패 요인으로는 ① 부정확한 요구 사항 ② 사용자 환경에 대한 이해 부족 ③ 불충분한 자원 ④ 비현실적인 사용자의 기대치 ⑤ 관리 자원의 부족 ⑥ 변경 관리의 부족 ⑦ 불충분한 프로젝트 계획 등을 들 수 있다. 이는 체계적인 관리 부재에 따른 결과로, 프로젝트 관리자 개인의 경험과 노력으로 모든 프로젝트가 성공하기 어렵다는 것을 단적으로 보여준다고 하겠다.

프로젝트 관리의 목표

프로젝트 관리는 하나의 프로젝트의 성공적인 완료를 위한 관리에서 더 나아가 체계적이고 일관적인 방법에 의한 관리를통해 조직의 역량(Capability)을승화시켜야 한다.

중요한 것은 프로젝트의 요구사항이 무엇인지 정확히 파악하고 가용한 자원을 효율적으로 사용하며 예기치 않은 상황에 능동적으로 대응하는 자세가 필요하다는 것이다.

이것이 프로젝트 관리라고 할 수 있으며, 프로젝트에서 관리가 필요한 이유가 된다. 이에 따라 프로젝트 관리자는 자신의 역할과 프로젝트 관리 방법론의 체계적인 습득을 통해 실제 프로젝트에 적용함으로써 프로젝트의 성공을 높이고자 노력해야 할 것이다.

2-3. 프로젝트 관리의 중심가치와 업무원칙

PMI(Project Management Institute)에서 제공하는 PMBOK(Project Management Body of Knowledge)에서 제시하고 있는 프로젝트 관리 실무자의 윤리 및 전문가로 추구해야할 가치와 프로젝트 관리 업무 원칙은 다음과 같다.

> ### 프로젝트 관리자의 윤리 및 전문직 행동 강령 중심 가치

- 책임
- 존중
- 공정성
- 정직

> ### 프로젝트 관리의 업무 원칙

- 성실하고 존경할 만하고 배려심 있는 관리자되기
- 협력적 프로젝트 팀 환경형성
- 이해관계자와의 효과적 관계 형성
- 가치중심
- 시스템 상호작용에 대한 인식, 평가 및 대응
- 리더십 행동 보여주기
- 상황에 따른 조정
- 프로세스 및 품질체계 구축
- 복잡성 탐색
- 리스크 대응 및 최적화
- 적응력 및 복잡성 탐색
- 계획한 향후 상태 달성을 위한 변화

N.O.T.E

PMBOK(A Guide to the Project Management Body of Knowledge)

PM(Project Management) 수행 기법의 전반적 내용이 수록되어 있는 대표적인 사업 관리 총괄 도서이다. 프로젝트 관리에 대한 연구의 집대성으로, 4년마다 연구내용이 추가되어 갱신되고 있다.

프로젝트 이해관계자

프로젝트 이해관계자는 프로젝트의 수행이나 완료 결과에 따라 영향을 받는, 또는 그래서 프로젝트에 영향력을 행사하려고하는 개인 혹은 조직을 말한다. 프로젝트 인수책임자와 사용자, 경영층, 스폰서는 물론이고 프로젝트 팀원, 지원 부서, 협력업체 직원 등 다양한 계층을 포함하고 있다. 이해관계자 간에는 상반된 요구사항을 갖는 경우도 많으므로 프로젝트 관리자는 프로젝트에 어떤 이해관계자들이 있는지 식별하고, 그들의 요구사항을 파악하고 조정해야 한다.

Part 1 프로젝트 관리 개론

N.O.T.E

03 프로젝트 라이프사이클과 개발방식

3-1. 프로젝트 라이프사이클

프로젝트 라이프사이클
(Project Life Cycle)

프로젝트를 수행하기 위한 프로젝트의 탄생에서부터 소멸에 이르는 전체 과정

프로젝트 라이프사이클은 프로젝트의 여러 단계(Phase)를 통합적으로 지칭하는 용어이다. 프로젝트를 수행하는 조직은 하나의 프로젝트를 다시 여러개의 단계로 구분하여 관리한다. 이 중에서 프로젝트 단계(Project Phase)는 프로젝트를 구성하는 단위이며, 중요한 산출물이 완료되는 시점을 기준으로 한다. 단계 종료 검토(Phase-end Reviews)는 프로젝트의 다음 단계로 넘어갈 것인지를 결정하는 것으로, 각 단계별로 산출물이 성공적으로 완성되었는지 확인하는 업무이다. 모든 프로젝트는 단계로 나누어지며, 큰 프로젝트이던 작은 프로젝트이던 일정한 생애주기 구조를 갖는다. 프로젝트는 최소한 시작 또는 착수 단계, 중간 단계와 종료 단계를 거치며, 각 단계의 개수는 프로젝트의 복잡성이나 그것의 산업 특성에 의존한다. 이처럼 프로젝트가 진행되는 모든 단계를 프로젝트 라이프사이클(프로젝트 생애 주기)라고 한다. 프로젝트 라이프사이클은 업종마다 다르다. 건설 업체의 라이프사이클은 실행 가능성을 분석하는 일로 부터 계획, 설계, 건설, 인수, 스타트업에 이르는 과정을 갖는다. IT 프로젝트의 라이프사이클은 요구 사항을 분석하는 일로 부터 개략 설계, 상세 설계, 코딩, 테스팅, 설치, 컨버젼, 운영의 단계를 거친다.

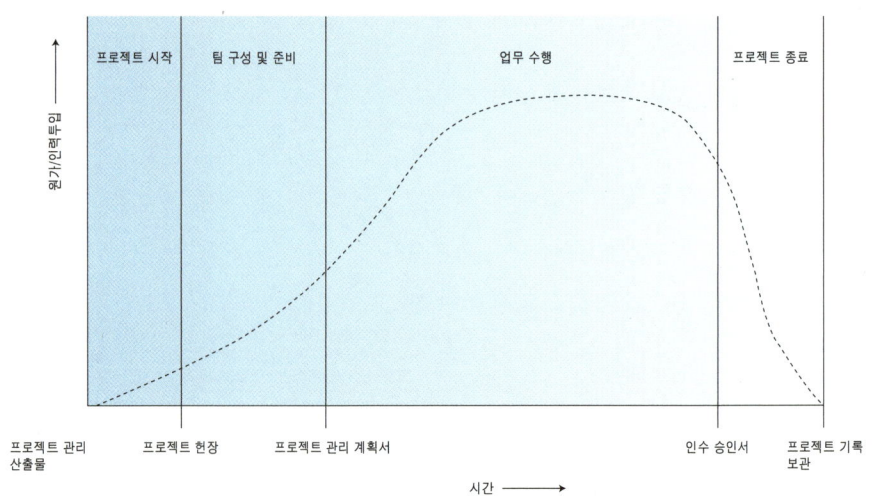

Chapter 1 프로젝트 관리 지식

개발방식은 프로젝트 라이프사이클 동안 프로젝트 주요 산출물을 만드는 방법을 말하며 예측형, 적응형, 혼합형 방식으로 크게 구분하고 있다.

3-2. 예측형 개발방식(Predictive Approach)

예측형 개발방식은 과거 유사한 프로젝트 수행의 반복으로 프로젝트 이력 정보와 수행경험이 축적된 경우 많이 사용하는 방식이다.

프로젝트 초기에 명확한 요구사항 정의와 범위 및 품질 수준에 대한 목표 정의가 되어 예측 가능하며 정확한 프로젝트 계획 수립 및 수행이 가능한 프로젝트에 적용된다.

건축, 조선, IT System 등 규모가 크거나 명확한 프로젝트 목적물을 제시할 수 있는 프로젝트에 주로 활용되는 방식이며 IT 프로젝트 SW개발 방법론인 폭포수 모델(Waterfall Model)이 예측형 개발 방식의 대표적 유형이다.

예측형 개발방식의 성패는 명확한 요구사항의 도출, 세밀한 계획 수립과 정확한 실행이며 착수, 계획, 실행, 통제의 프로젝트 관리 프로세스가 적용 가능해야 한다.

N.O.T.E

프로젝트 개발방식
(Project Develop Approach)

프로젝트 주요 산출물(서비스, 제품, 결과물)을 만드는 방식 혹은 방법론

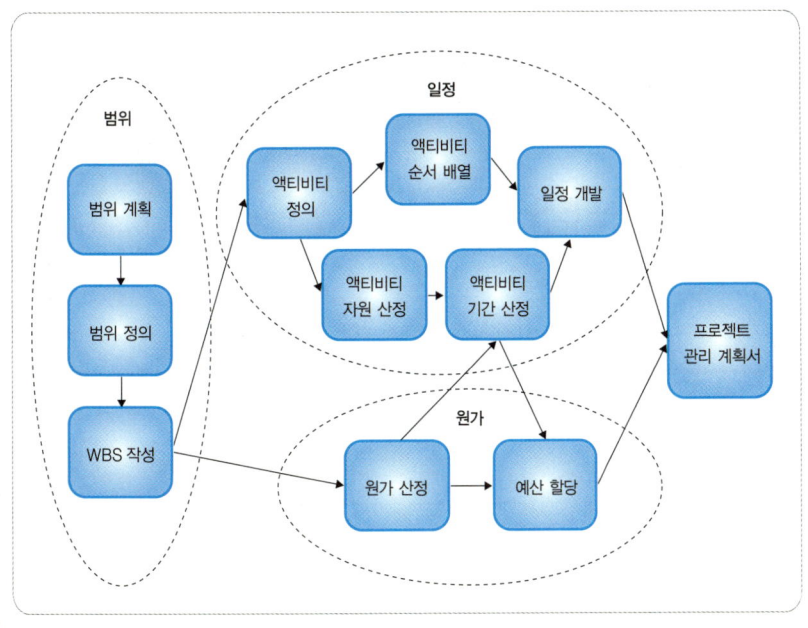

43

Part 1 프로젝트 관리 개론

N.O.T.E

3-3. 적응형 개발방식(Adaptive Approach)

적응형 개발방식은 프로젝트 요구사항과 범위와 품질기준의 변동성이 크고 만들고자하는 프로젝트 목적물의 불확실성이 높은 프로젝트 수행 시 적합한 방식이다.

명확한 프로젝트 비전은 설정하지만 확정적이지 않은 계획을 통해 프로젝트를 진행하면서 발생하는 프로젝트 변경과 추가되는 요구사항을 융통성 있게 관리하며 변화하는 프로젝트 환경요소에 민첩하게 적응하며 프로젝트를 수행하는 방식이다.

짧은 개발주기의 반복형(Iterative) 개발방식과 요구사항, 범위 및 품질에 대한 증분형(Incremental) 개발방식을 사용하는 애자일 개발방식이 대표적 적응형 개발방식에 속한다.

적응형 개발방식의 성패는 명확한 비전을 기반으로 한 수평적 조직문화와 프로젝트 참여자들의 자발적이고 능동적인 협업이 가능한가 여부에 달려 있다.

반복형 개발방식
(Iterative Development)

분석 -> 설계-> 개발 사이클을 반복적으로 수행하면서 프로젝트 목적물의 완성도를 높이는 개발방법

증분형 개발방식
(Incremental Development)

분석->설계->개발 사이클을 반복적으로 수행하면서 요구사항을 추가하거나 개발범위를 늘려가는 개발방법

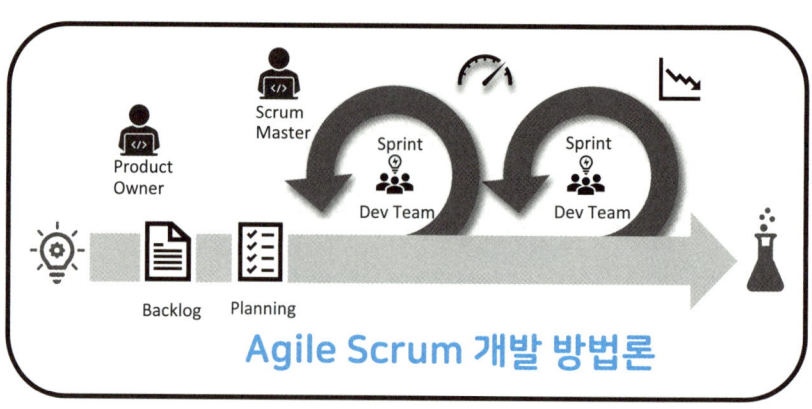

3-4. 혼합형 개발방식 (Hybrid Approach)

혼합형 개발방식은 말그대로 앞에서 소개한 예측형 개발방식과 적응형 개발방식을 프로젝트 내에서 혼합하여 사용하는 방식이다.

혼합형 방식의 사례는 전체 프로젝트 진행은 예측형 방식으로 하되 일부 모듈 개발은 적응형 방식으로 진행하는 사례와 프로젝트의 복수의 서브프로젝트를 예측형 방식과 적응형 방식으로 각각 나누어 진행하는 사례가 있다.

또 다른 사례로 업무적으로 불확실하거나 변동가능성이 높은 업무는 적응형 방식으로, 확실하거나 변동가능성이 적은 업무는 예측형 방식으로 분리하여 진행하는 사례도 있다.

IT 개발프로젝트에서는 단계별 수행 및 고객과의 의사소통은 예측형 방식인 폭포수 모델(Waterfall) 개발방법론을 사용하면서 개발단계 부문만 적응형 방식인 애자일 프레임워크를 사용하는 Water-Scrum-Fall(ScrumFall) 같은 혼합형 개발방식도 존재한다.

N.O.T.E

4 프로젝트 관리 수행

4-1. 프로젝트 이해관계자 관리

프로젝트 이해관계자 관리는 프로젝트에 의해 영향을 끼치는 사람, 그룹, 조직을 알아가며, 이해관계자의 기대와 프로젝트에 대한 그들의 영향력을 분석하여 이해관계자들의 기대를 충족시키기 위하여 적절한 관리 전략을 개발하고 이해관계자들의 참여를 효과적으로 이끌어내어 수행하는 것이다.

이해관계자 분석은 프로젝트 착수 시점에 이해관계자의 기대사항 및 이들의 영향력을 분석하기 위한 것으로, 일반적으로 몇 가지 단계에 의해서 분석이 이루어진다.

1단계 : 이해관계자를 식별하기 위해서 관련 정보를 수집한다. 이해관계자 식별(identify) 단계는 잠재적인 이해관계자가 누구인지 파악하기 위해서 브레인스토밍(brainstorming) 등을 통해서 이해관계자 정보를 수집하는 것이다.

2단계 : 식별한 이해관계자를 분류하여, 각각 접근 방식을 다르게 추진한다. 이해관계자를 식별한 후에는 여러분의 프로젝트에 영향을 미치는 사람이나 조직을 나열한 후, 이들을 분석하고 카테고리를 구성해야 한다.

3단계 : 분류된 이해관계자들이 어떤 식으로 반응하는지에 대한 정보를 파악하고 프로젝트에 긍정적인 효과를 낼 수 있도록 노력한다.

> **N.O.T.E**
>
> **이해관계자(Stakeholder)**
>
> 프로젝트 수행, 성공 여부와 관련하여 긍정적, 부정적으로 영향을 받는 개인 혹은 조직
>
> 이해관계자의 사전적 정의
> ※ 어원 : Stake(지주, 막대기) + Holder(떠받치는 사람) → Stakeholder(지주나 막대기가 무너지지 않게 떠받치는 사람들)
> - 게임이나 경쟁에서 돈을 건 사람 (One who holds the bets in a game or contest)
> - 기업체와 같은 곳에서 이익이나 공유된 부분을 갖는 사람(One who has a share or an interest, as in an enterprise)

프로세스 그룹	프로세스	설명
착수 프로세스 그룹	1 이해관계자 식별 (Identify Stakeholder)	프로젝트에 관여되는 다양한 이해관계자들에 대해 미리 파악하는 프로세스이다.
계획 프로세스 그룹	2 이해관계자 분석 (Stakeholder Analysis)	프로젝트 이해관계자들의 정보와 그들의 요구사항을 파악하여 의사소통 계획을 수립한다.
실행 프로세스 그룹	3 이해관계자 참여 관리 (Manage Stakeholder)	이해관계자들의 요구사항을 만족 시킬 수 있도록 의사소통을 관리한다.
감시 및 통제 프로세스 그룹	4 이해관계자 모니터링 (Monitoring Stakeholder)	성과 정보를 수집하여 배포한다.

이해관계자 식별 (Identify Stakeholders)

이해관계자 식별 프로세스의 핵심은 프로젝트 착수 시점에 프로젝트에 관여되는 다양한 이해관계자들에 대해서 미리 파악함으로써, 프로젝트가 순항할 수 있는 기초를 마련하는 것이다. 프로젝트마다 key가 되는 주요 이해관계자들이 있는데, 이들은 프로젝트 결과물의 승인 및 프로젝트에 관련하여 직접적인 영향력을 행사할 수 있으므로, 이들에 대한 사전 분석은 프로젝트를 성공으로 이끄는데 그 무엇보다 중요하다고 할 수 있을 것이다. 프로젝트 관리자는 이러한 분석에 기초하여 이후 의사소통 관리 계획을 수립하는 것이 바람직할 것이다.

이해관계자 관리 계획 (Plan Stakeholder Management)

이해관계자 관리 계획은 이해관계자를 관리하는 적절한 전략을 개발하고 효율적으로 이해관계자를 프로젝드에 침여시킬 수 있도록 하는 프로세스이다. 프로젝트 라이프 사이클을 포함하며 그들의 요청사항과 관심 등에 대한 분석을 기초로 한다.

이해관계자 참여 관리 (Manage Stakeholder Engagement)

이해관계자 참여 관리는 이해관계자들의 요구와 기대를 충족시키기 위해 의사소통을 하는 프로세스라고 볼 수 있다. 프로젝트의 성공을 성취하기 위해 눈에 띌 정도로 변화를 시키거나 이해관계자들에게 적게나마 저항을 하는 것은 프로젝트 관리자에게 허락된 일이다.

이해관계자 모니터링 (Monitoring Stakeholder)

이해관계자 모니터링은 전체적으로 프로젝트 이해관계자들의 관계와 참여를 모니터링하는 프로세스이다. 프로젝트가 전개됨에 따라 효과적인 이해관계자의 참여를 증가시키고 그 환경을 변화시키려는 목적이다.

4-2. 프로젝트 팀 관리

프로젝트 팀 관리는 PM의 주요 역할 중의 하나이다. PM은 팀원들과 밀접하게 일하면서 그들의 개인적·업무적 요구 사항을 파악하여 적절한 대응을 해야 할 필요가 있다. 이에 대한 PM의 적극적·열정적인 배려는 프로젝트 팀의 사기를 향상시키며 프로젝트 진척을 방해하는 인력자원적 요소에 대한 이슈를 해결할 수 있다. PM은 프로젝트 전체를 조율할 뿐만 아니라 팀에 대한 리더십을 제공해야한다. 강력한 리더십은 일관적인 의사소통, 일정/예산 준수와 팀원들에 대한 업무 의욕과 사기를 고취시킨다.

> **Motivation**
>
> 개인이나 집단이 자발적, 적극적으로 책임을 지고 일을 하고자 하는 의욕이 생기도록 행동 방향에 영향력을 제시하는 것이다. 일반적으로 동기 유발, 동기 참여, 혹은 동기화라고 하는데, 산업에서 노동의 동기 유발로서 임금 체계나 지불 방법을 정하는 경우에 쓰인다. 자발적인 업무 수행 노력을 촉진하여 개인의 직무 만족과 생산력을 높이고 나아가 조직 유효성을 제고시키는 데 기여한다는 점에서 중요성이 강조되고 있다.

▶ 개인적 역량

팀원 개인이 스스로에게 할당된 업무를 수행할 수 있는 지식과 기술을 가지고 있는가의 문제이다. 역량이 높은 사람은 할당된 작업에 대한 정의와 어떻게 해야 하는지에 대해 이해하는 시간이 비교적 짧고, 예상되는 결과에 대해 프로젝트 매니저는 높은 확신을 가질 수 있다. 따라서 리뷰와 검사하는 빈도를 줄일 수 있음은 자명하다. 반면 그렇지 못한 사람에 대해 프로젝트 매니저는 보다 많은 리뷰와 조언을 통해 제대로 업무를 수행할 수 있도록 도와주어야 한다.

▶ 조직적 역량

팀워크, 즉 함께 일하는 팀원 전체의 역량이다. 아무리 개인적 역량이 뛰어난 사람이라도 조직적으로 함께 일할 수 없는 사람이라면 소용이 없다. 프로젝트 구성원들은 목표를 달성하기 위하여 함께 일할 수 있는 역량이 있어야 한다. 좋은 프로젝트 매니저는 팀원들 간의 개인적인 차이를 조율하고 개인간의 의사소통을 활성화시키며, 기술과 경험을 함께 공유할 수 있도록 환경을 제공해야 한다. 프로젝트 관리자의 많은 역할들 중에 가장 중점을 두어야 하는 영역 중의 하나이다.

프로세스 중심적으로 살펴 보았을 때 프로젝트 관리자가 수행하여야할 팀 관리 프로세스는 사실 아래와 같이 굉장히 간단하다.

- 프로젝트의 수행에 함께할 팀원에 대한 계획(Human resource planning)
- 팀 구성(Acquire project team)
- 팀 개발(Develop project team)
- 팀 관리(Manage project team)

인적 자원 관리 계획 (Plan Human Resource Management)

프로세스 차원에서의 인적 자원 관리 계획은 간단하게 프로젝트의 수행 주체인 인적 자원 즉, 프로젝트의 팀원에 대한 제반 관리 사항을 계획하기 위한 프로세스로서 프로젝트의 성격과 역할, 목적을 분석하여 필요한 인적 자원들에 대한 계획을 세우는 것을 말한다. 물론 이 계획에는 팀원을 어떻게 확보할 것인지, 팀원들이 따라야 하는 규칙은 무엇인지, 역할과 책임은 무엇인지 등에 대한 내용이 포함될 것이며 그 수위는 프로젝트 관리자의 판단하에 결정될 사안이다.

프로젝트 팀 확보 (Acquire Project Team)

프로젝트 팀 구성을 위해서는 자원 요구 사항을 결정하는 일로부터 프로젝트 팀 구성원 대상자들에 대한 인터뷰를 하여 팀원을 선정한 후 착수 회의(Kick-off Meeting)를 개최하여 역할과 책임을 명확하게 하고, 관리 프로세스를 설명하며, 의사소통 계획을 세우는 일들을 수행해야 하는 것이다.

프로젝트 팀 개발 (Develop Project Team)

팀 개발은 프로젝트를 성공으로 이끌기 위하여 필요한 개인 역량의 향상(to increase personal ability)과 전체 생산성의 향상(to raise productivity)을 이루고자 하는 것이며, 이러한 활동은 프로젝트 수행 기간 중 지속적으로 이루어져야 바람직한 결과를 얻을 수 있다. 또한 개인적인 차원과 조직적 차원의 역량 개발이 균형을 이룰 수 있도록 하는 것 역시 중요하다.

프로젝트 팀 관리 (Manage Project Team)

팀원들의 개인적인 성과(performance)와 팀원 전체의 성과에 대한 관리가 프로젝트의 수행에서 얼마만큼 좋은 성과로 현실화 되었는가에 대한 평가와 프로젝트 팀의 갈등 관리(conflict management)를 포함한 내용이다.

물론 어느 프로젝트 관리영역이든 마찬가지이지만 이 프로세스 역시 간결하면서도 당연한 절차임에는 틀림없다. 하지만 실제의 프로젝트 관리자가 당면할 수 있는 팀 관리 분야에서의 문제들은 그리 간단하지 않다.

프로젝트 관리자(PM)는 저마다 다양한 개성을 가진 팀원들에 대한 역량과 책임을 철저하게 고려한 계획부터 출발하여 이들을 적임(Role)에 배치하고, 부족하거나 필요한 역량을 채울 수 있도록 교육(Training)의 기회를 제공해야 하며, 올바른 동기부여(Motivation)를 통하여 팀원들이 처음에 예상하고 계획했던 성과를 달성할 수 있도록 해야 한다.

결국 팀원들 간에 서로의 신뢰를 바탕으로 결속함으로써 상호간 협력(Cooperation)할 수 있는 프로젝트의 수행 환경을 조성하고, 발생한 여러 갈등들을 효과적으로 통제할 수 있는 팀원에 대한 통합 관리가 프로젝트 관리자의 중요한 역할이자 책임인 것이다.

프로젝트 팀 관리와 관련된 프로젝트에 긍정적인 효과를 유도하기 위한 방법으로 PMBOK 가이드에서는 다음과 같은 사항을 강조하고 있다. "Team members should be involved in much of the project's planning and decision-making. Early involvement of team members adds expertise during the planning process and strengthens commitment to the project." 즉, 팀원들이 프로젝트의 계획과 의사결정에 가능한 많이 참여할 수 있도록 기회를 주는 것과, 빠른 프로젝트의 참여를 통해 보다 높은 관심과 프로젝트 성취의욕을 유도해야 한다는 것이다. 이는 프로젝트의 팀원들이 소위 주인의식을 가지고 프로젝트에 헌신할수록, 보다 빨리 전문성을 갖출수록 프로젝트에 긍정적인 효과를 가져올 것임을 말하는 것이다.

N.O.T.E

리더십

리더십은 조직의 비전과 전략을 개발하여 전략의 실행과 비전의 실행을 위해 적합한 사람들을 배치하고 그들 각자에게 권한과 책임을 위임하는 활동을 통해 조직의 목표를 달성하는 지도력이라고 할 수 있다. 리더십은 목표 달성의 성과를 통해 평가받을 수 있으며 이는 프로젝트 관리자의 평가요소와 일치한다.

프로젝트 관리자의 권한

프로젝트 관리자의 권한(Project Manager Power)은 PM의 공식적인 권한인 "지위적 권한(Positional power)"과 "개인적 권한(Personal Power)"으로 나눌 수 있다.

▶ 지위적 권한
- 합법적 권한(formal power)
- 강제적 권한(penalty power)
- 보상적 권한(reward power)

▶ 개인적 권한
- 추종적 권한(referent power)
- 전문가적 권한(expert power)

팀 빌딩 활동 (Team building activities)

팀 빌딩 활동이란 팀원들간의 협업을 유도하고 시너지를 일으킬 수 있는 팀 퍼포먼스 향상을 도모하는 것이라고 간단하게 이해할 수 있다.

팀원들 간의 비공식적인 의사소통, 체계적인 업무 협업의 경험들은 조직적인 역량향상에 기여할 수 있는 팀 빌딩 활동 행위들이다. 전체 팀 성과의 향상을 목표로 하는 프로젝트 관리자는 이러한 긍정적인 면을 좀 더 장려할 수 있어야 하겠다. 긍정적인 팀 빌딩 활동이 필요하고, 강조되는 경우가 애자일 방식의 자기조직화 팀의 경우일 것이다.

프로젝트 팀원들이 거쳐갈 수 있는 5단계를 살펴보면, 아래와 같이 Forming - Storming - Norming - Performing - Adjourning 이라고 볼 수 있다. 프로젝트 관리자는 각 단계별로 필요한 리더십을 발휘하여 팀의 성과를 극대화 할 수 있도록 노력해야 한다.

구 분	형성기 (Forming)	혼돈기 (Storming)	규범기 (Norming)	성취기 (Performing)	휴지기 (Adjourning)
주요 내용	서로에 대한 인식	갈등 처리	협력 구축	생산성 향상	프로젝트 해산
리더십	지시	지도	참여	위임	
필요한 방향	팀 방향성 정립	역할 명료화	업무 및 역할 몰입	수행관리 및 평가	작업완료 및 해산

N.O.T.E

Team Building Activities
다양한 환경과 배경, 동기를 가진 프로젝트 구성원을 이끌어 프로젝트를 성공적으로 완수하기 위한 일련의 과정

Tuckman의 팀 발달 5단계
① 형성기 (forming) : 리더의 인도와 지시에 의존하는 단계

② 혼돈기 (storming) : 의사결정이 잘 받아들여지지 않으며 리더와 팀원, 또는 팀원 간에도 갈등이 발생하는 단계

③ 규범기 (norming) : 팀원간의 합의와 컨센서스가 형성되면서 리더의 지원에 잘반응하는 단계

④ 성취기 (performing) : 팀이 전략적으로 깨어 있어서 해야 할 일과 이유를 잘알고 있고 비전을 공유하는 단계

⑤ 휴지기 (adjourning) : 임무가 성공적으로 완수되고 목적이 이루어져서 팀원들이 새로운 작업으로 이동하는 단계

4-3. 개발방식 및 라이프사이클 관리

프로젝트 개발방식의 결정은 프로젝트 인도물의 유형 및 특성에 적합한 방식을 결정해야 한다. 프로젝트 개발방식이 결정되면 프로젝트 인도물이 고객에게 전달되는 방식과 활동주기 즉, 케이던스(Cadence)도 결정 된다.

새로운 제품을 개발하는 경우, 요구사항이 초기에 불확실한 경우, 변경이 개발 중간에 필요하다 예상되는 경우, 인도물의 전달 케이던스가 많다면 개발방식을 예측형보다는 적응형 개발방식을 고려해야 한다.

반대로 요구사항 도출과 정의가 쉽다거나, 프로젝트 수행의 본질적 리스크가 크다거나, 엄격한 규제 및 프로젝트 수행절차 준수가 요구되거나 필수적이고 철저한 사전계획 수립을 필요로 하는 프로젝트는 예측형 개발방식을 고려해야 한다.

앞에서 언급한 경우 이외에도 프로젝트 개발방식을 결정하는 다양한 요소로는 이해관계자, 프로젝트 환경, 제약, 가정, 문화적 요소 등이 있다.

프로젝트 라이프사이클은 자원 상황이나 외부 일정 등에 따라 여러 단계(Phase)로 나누어져 진행할 수도 있다. 단계가 여러 개인 경우는 하나의 단계가 마무리된 후에 다음 단계가 시작되는 것이 일반적이나, 경우에 따라서는 두단계가 중첩되거나, 중간에 작업이 수행되지 않는 기간이 존재할 수 있다.

N.O.T.E

케이던스 (Cadence)

케이던스(Cadence)는 주기적인 리듬 혹은 비트를 뜻하는 단어이다.

제품 출시를 위한 릴리즈, 스크럼에서 하는 스프린트와 같은 이벤트 또한 케이던스(Cadence)를 가지고 있는 대표적인 행위이다.

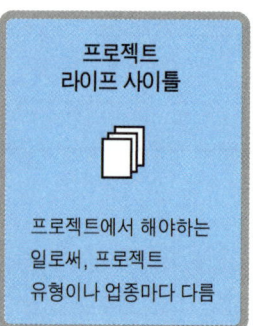
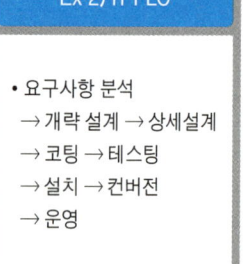

[프로젝트 라이프사이클의 단계 사례]

4-4. 프로젝트 관리 계획수립

프로젝트 관리 계획수립의 목적은 "프로젝트의 결과물을 목표한 기간 내에 정해진 예산 안에서 높은 수준의 품질을 가지고 달성하기 위한 모든 활동의 표준 절차"를 정하는 것이다. 따라서 프로젝트를 수행하는 시작단계에서 가장 중요한 프로세스이며, 이 계획수립은 프로젝트가 종료되는 순간까지 통제하기 위한 지침으로 활용되는 실무에서도 매우 중요하다. 세부적인 목적을 기술하자면 다음과 같다.

▶ **프로젝트 관리 계획수립의 목적**
- 중복되거나 누락된 업무 방지
- 프로젝트 기간 준수
- 승인된 예산 내의 지출
- 요구되는 수준의 품질 유지
- 프로젝트 목표 달성을 위한 일관성 있는 개별 업무 활동
- 위험 사건의 최소화
- 의사소통의 기준
- 용어 및 기준 지표에 대한 정의

▶ **프로젝트 관리 계획수립의 구성 요소**

프로젝트 관리 계획수립은 프로젝트가 정해진 목표를 향해 나가는 과정에 대한 절차행위라고 할 수 있다. 따라서 프로젝트 생명주기 동안의 모든 영역에 대한 활동 계획을 수립하고 있어야 하며 프로젝트의 목표를 달성하기 위한 역할, 책임, 절차, 수행 활동, 템플릿, 기준지표에 대한 문서 역할을 하게 된다. 프로젝트 관리 계획수립은 다음과 같은 프로세스들을 담게 된다

- 프로젝트 팀에 의해 선정된 프로젝트 관리 프로세스
- 선택된 프로세스의 구현 단계
- 프로세스를 완수하는 데 사용할 도구와 기법 설명
- 프로세스 간 의존도 및 상호작용을 포함하여 특정 프로세스를 프로젝트관리에 사용할 프로세스 선정 방법 및 필수 입력물과 산출물의 선택 방법
- 변경사항 감시 및 통제 방법
- 형상 관리(configuration management) 수행 방법
- 성과 평가 기준선 적용 및 관리 방법
- 이해관계자 사이의 의사소통 필요성 및 기법
- 현안 및 중단된 의사결정을 해결하기 위한 내용, 범위, 시간에 대한 주요 관리사항

N.O.T.E

프로젝트 기준선(Baseline)

프로젝트 기준선(Baseline)은 관리 통제를 위해 프로젝트 수행을 계획과 비교하고 차이를 측정할 것을 승인한 계획서이다. 따라서 프로젝트 관리 계획서가 변경되어 승인되면 기준선도 바뀌게 된다. 프로젝트기준선은 통제 도구의 역할을 하게되며프로젝트의 수행 감독 및 관리와 작업 결과는 기준선에 대비하여 측정되게 된다.

N.O.T.E

프로젝트 관리 계획수립의 영역은 다음과 같다.

- 프로젝트 범위 관리 계획(project scope management plan)
- 요구사항 관리 계획(requirements management plan)
- 일정 관리 계획(schedule management plan)
- 원가 관리계획(cost management plan)
- 품질 관리 계획(quality management plan)
- 프로세스 개선 계획(process improvement plan)
- 인적 자원 관리 계획(human resource management plan)
- 의사소통 관리 계획(communication management plan)
- 위험 관리 계획(risk management plan)
- 조달 관리 계획(procurement management plan)
- 이해관계자 관리 계획(stakeholder management plan)

그 밖에도 프로젝트 관리 계획수립은 다음과 같은 사항을 포함한다.
- 프로젝트와 각각의 단계에 적용될 프로세스를 위해 선택된 라이프 사이클(Life cycle selected for the project and the process that will applied to each phase)
- 프로젝트 관리 팀에 의해 구체화된 tailoring decisions 의 세부 사항
- 프로젝트 관리 팀에 의해 선택된 프로젝트 관리 프로세스

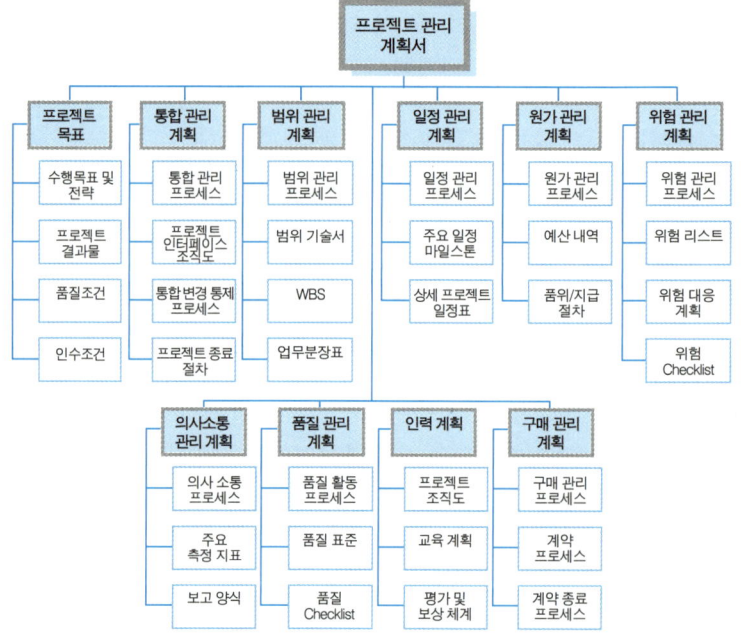

Chapter 1 프로젝트 관리 지식

프로젝트 관리 계획수립의 주요 구성물은 다음과 같다

N.O.T.E

▶ 범위 관리 계획

프로젝트 범위 기술서(Project scope statement)

프로젝트 헌장과 여러 제약에 대한 분석을 바탕으로 프로젝트 범위에 대한 의사 결정과 이해관계자간의 상호 이해를 위한 기준 문서이다. 프로젝트의 범위에 대한 합의의 기준, 프로젝트와 관련된 의사 결정의 기준, 프로젝트 종료 여부를 판단하는 기준을 마련하는 것이 그 목적이며 프로젝트 미션, 최종 제품/서비스 설명, 프로젝트 목적, 프로젝트 산출물, 그 밖의 필요에 따라 기술되는 요소를 포함한다.

범위 기술서

프로젝트가 무엇을 만들어낼 것인가에 대해 요약한 설명서로서, WBS보다 상위 레벨의 문서이다.

WBS(Work Breakdown Structure)

WBS는 프로젝트 팀이 프로젝트 목적과 요청된 인도물을 만들어내기 위해 수행할 작업을 산출물 위주로 계층적으로 분화하는 것이다. WBS는 프로젝트의 전체 범위를 조직하고 정의한다. 프로젝트 작업을 작고 관리하기 쉬운 단위인 작업 패키지(work package)로 나누어서 일정, 원가 관리, 감시 및 통제를 한다. WBS는 현재 승인된 프로젝트 범위 기술서에 명시된 작업을 나타낸다. 이해관계자는 WBS 구성요소를 사용해서 프로젝트 산출물을 파악할 수 있다.

WBS

Work Breakdown Structure = 작업분할 구조

Work Package

해당 업무의 담당자를 할당할 수 있을 정도로 작게 나눈 WBS의 최소 단위이다. Earned Value Management기법을 사용하는 조직에서는 특히 그렇게 부른다. 통상 WBS의 최하위 단계에 위치한다. 워크 패키지의 도출은 일정을 설계하는 업무가 된다.

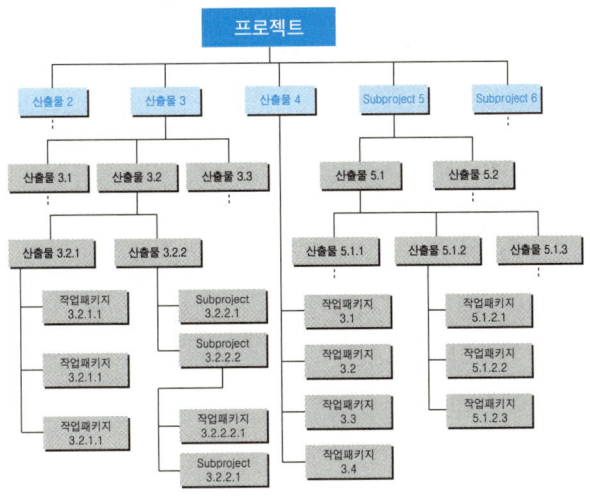

[WBS 템플릿 예]

N.O.T.E

Work Package

해당 업무의 담당자를 할당할 수 있을정도로 작게 나눈 WBS의 최소 단위이다. Earned Value Management기법을 사용하는 조직에서는 특히 그렇게 부른다. 통상 WBS의 최하위 단계에 위치한다. 워크 패키지의 도출은일정을 설계하는 업무가 된다.

▶ 일정 관리 계획

액티비티 정의(Define Activities)

액티비티 정의란 WBS에서 정의된 최하위 단위의 산출물인 워크패키지(Work package)를 파악하여, 자원과 기간 등을 산정하고 순서를 배열할 수 있는 일정 액티비티(Schedule Activity)를 도출하는 프로세스를 의미한다. 즉 수행작업을 확인하고 문서화하는 것을 의미하는 것으로써, 이를 일정 액티비티 확인(Identify schedule activities)라고 한다.

	CODE	Task Name
1	MK1	시장 조사 프로젝트(Primary Market Research Project)
2	MK1.1	착수 단계(Initiation Phase)
3	MK1.1.1	요구사항 수집 및 분석(Requirements Gathering & Analysis)
4	MK1.1.1.1	요구사항 수집을 위한 프로세스 정의(Define process for gathering requirements)
5	MK1.1.1.2	프로젝트 이해당사자 인터뷰(Document project-stakeholder interviews)
6	MK1.1.1.3	요구사항 분석(Analyze requirements)
7	MK1.1.1.4	요구사항 문서화(Create requirements document)
8	MK1.1.2	프로젝트 헌장 작성(Project Charter Development)
9	MK1.1.2.1	사업 요건(Business Case)
10	MK1.1.2.1.1	사업 목적 정의(Document summary of business purpose justification)
11	MK1.1.2.1.2	예상 효과 정의(Define expected benefits)
12	MK1.1.2.2	프로젝트 범위 정의(Project Scope Definition (High Level))
13	MK1.1.2.2.1	프로젝트 목적 정의(Define primary market research objectives)
14	MK1.1.2.2.2	프로젝트 산출물 정의(Define primary market research deliverables)
15	MK1.1.2.2.3	프로젝트 범위 배제대상 확인(Identify specific exclusions to scope)
16	MK1.1.2.3	일정,원가,자원 추정치 산정(Establish high-level time, cost, and resource estimates)
17	MK1.1.2.4	주요 이해당사자 선정(Establish list of key stakeholders)
18	MK1.1.2.5	프로젝트 헌장 작성(Document project charter)
19	MK1.1.2.6	프로젝트 헌장 승인(Project Charter Approval)
20	MK1.1.3	착수 단계 승인(Initiation Phase Approval)

[시장조사 프로젝트 착수단계의 액티비티를 정의한 예]

액티비티 순서배열 (Activity Sequencing)

액티비티 순서배열 (Activity Sequencing)은 개별적인 액티비티들 간의 논리적인 관계를 확인하여, 전체 프로젝트 스케줄 네트워크 다이어그램(Project schedule network diagrams)을 도출하기 위한 프로세스이다.

N.O.T.E

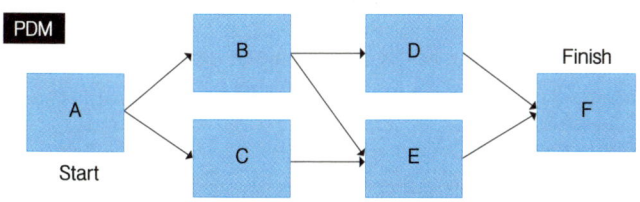

[PDM (Precedence Diagramming Method) 방식의 예]

PDM (Precedence Diagramming Method)
PDM은 액티비티를 노드위에 표현 (Activity On Node)하고 서로 다른 액티비티 간의 연관관계를 화살표로 표현하는 기법

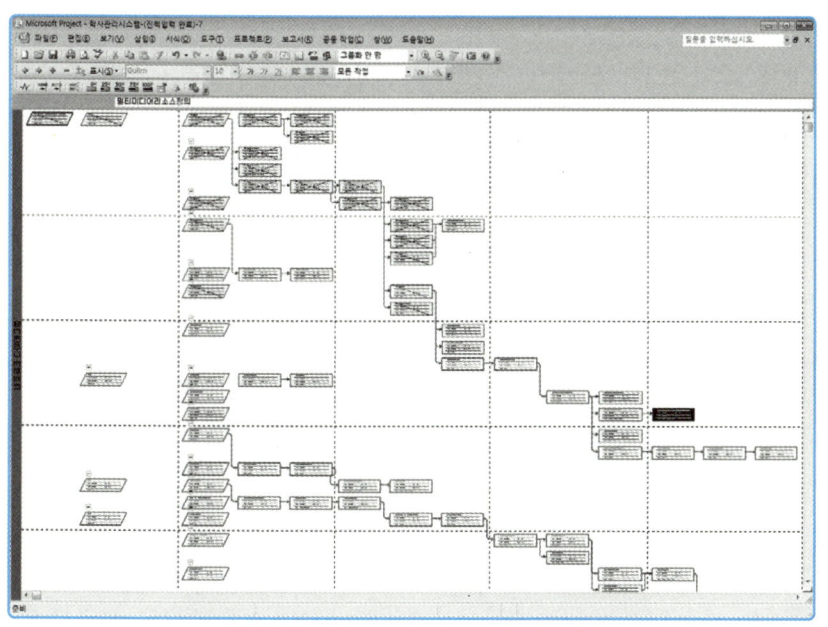

[MS Project로 구현한 네트워크 다이어그램의 예]

프로젝트관리 소프트웨어
대표적으로 Primavera, MS Project,등이 있다.

N.O.T.E

일정 개발(Develop Schedule)

일정개발 프로세스는 액티비티 목록과 속성, 프로젝트 스케쥴 네트워크 다이어그램, 액티비티 자원요구, 액티비티 기간산정의 정보를 바탕으로 다양한 도구와 기법들을 적용하여 프로젝트의 일정을 개발한다.

바 차트(Bar charts)

바'는 액티비티를 표시하면서 예상 기간을 포함하여 액티비티 시작 및종료일을 보여준다. 비교적 읽기 쉬워서 경영층에 보고할 때 자주 사용되는차트이다. 광범위한 요약 액티비티가 마일스톤과 여러 독립적인 작업 패키지 사이에 사용되어 바 차트 보고서에 보여지며, 액티비티간 연관관계가 표현되지 않는다.

프로젝트 스케쥴 네트워크 다이어그램(Project schedule network diagrams)

액티비티의 시작/종료 일과 연관관계, 기간, 주요 경로 등의 정보를 모두 보여주는 종합적인 도표이다. AON 다이어그램이나 로직 바 차트라고 하는 시간 단위 스케쥴 네트워크 다이어그램 형식으로 나타내기도 한다.

[프로젝트 일정 네트워크 다이어그램의 예]

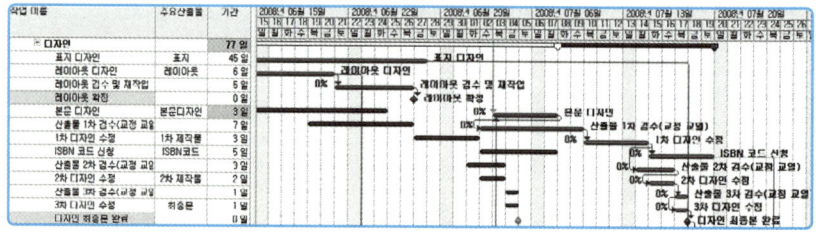

[바 차트의 예]

4-5. 프로젝트 작업 수행

프로젝트에서 자원이 가장 많이 투입되는 곳은 작업 수행이다.

PMBOK에서 말하는 프로젝트 관리에서 작업 수행의 주요 활동은 다음과 같다.

- 작업 흐름 관리
- 프로젝트 팀의 몰입도 및 집중도 유지
- 효율적인 작업 시스템 및 프로세스 구축
- 원활한 이해관계자와의 의사소통
- 조달관리
- 협력사 관리
- 프로젝트 변경통제
- 프로젝트 정보전달 및 학습체계 구축

작업 수행의 대표 입력물은 프로젝트 관리 계획서이고, 대표 결과물은 인도물(deliverables)과 작업 성과 정보(work performance information), 그리고 변경 요청(change request)이다.

인도물은 작업을 수행하면서 만들어진 최종 결과물을 말하고, 작업 성과 정보는 실행이 잘 되고 있는 지에 대한 상세 정보를 말한다. 변경 요청이 접수되면 변경 요청도 산출물이 된다.

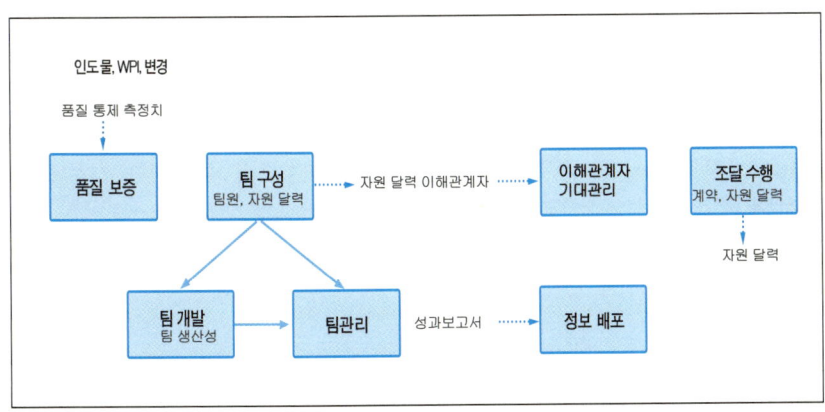

[작업 수행 프로세스(executing process)]

4-6. 프로젝트 인도물 확인

인도물 확인은 한마디로 검수 프로세스이다. 프로젝트가 과업을 완수했는지 확인하기 위해서, 달성해야 할 업무에 대한 세부 목록과 인도물(deliverables)을 하나하나 확인해 나간다. 만약 계획대로 되지 않은 부분이 발견되면(change requests) 수정이나 재 작업, 혹은 변경 절차를 밟아야 할 것이다. 인도물 하나가 완수되었다면 그 완수에 대한 사항을 공식화하고, 모든 인도물의 세세한 부분이 모두 완수되었다면 프로젝트의 범위가 완료된 것이다.

보통 검수에는 여러 관점이 포함되지만, PMBOK에서는 범위와 품질, 좀 더 나아가자면 요구사항 그리고 인도물의 가치관리까지 담고 있다.

범위 검수는 항목 하나 하나가 빠짐없이 완수되었는지를 확인한다. 검수라는 이름은 프로젝트가 거의 종료된 시점에 일어난다는 느낌을 내포한다. 하지만 검수가 꼭 종료 시점에만 일어나는 것은 아니다. 프로젝트가 진행 중이라도 완수된 내용은 공식적인 승인을 받을 수 있다. 고객(내부 혹은 발주) 관점에서는 중도에 프로젝트가 중단된다 해도 현재까지 완수된 부분은 활용할 수 있다는 장점이 있고, 팀원(혹은 업체) 관점에서는 승인 이후에는 변경이 발생하지 않기 쉬우므로 서로에게 득이 된다. 물론 이런 의미에 실행 중 검수가 아니더라도, 완수되지 않은 업무도 검수 수준으로 통제할 때, 검수에 관계 없는 업무가 끼어든다거나 필요한 업무가 누락되는 것을 최소화 할 수 있다.

PMBOK, 프로젝트 범위 관리 서두에는 이런 점을 정의에 반영하고 있다. "프로젝트 범위 관리는 프로젝트를 성공적으로 종료시키기 위해 프로젝트가 필요한 모든 일을 포함하고, 필요하지 않은 일은 포함치 않도록 보증하는 프로세스들을 포함한다."에서 필요한 일은 포함, 불필요한 일은 불포함(include all the work required, and only the work required)한다는 것이 범위 관리의 핵심이며, 범위를 검수하는 사항이기도 하다.

N.O.T.E

PMBOK(A Guide to the Project Management Body of Knowledge)

PM(Project Management) 수행 기법의 전반적 내용이 수록되어 있는 대표적인 사업 관리 총괄 도서이다. 프로젝트 관리에 대한 연구의 집대성으로, 4년마다 연구 내용이 추가되어 갱신되고 있다.

범위검수와 품질검수는 비슷한 도구를 활용하지만 그 대상은 엄연히 구분된다는 점도 명확하게 이해해야 한다.

범위검수는 어디까지나 인도물의 공식적인 인수를 위하여 프로젝트 계약에 명시된 범위에 대한 요구사항이 구현되었는가를 핵심 이슈로 다루고 있는 반면, 품질검수는 프로젝트의 중간 내지는 최종 산출물이 품질 계획 프로세스에 의하여 정의된 품질 표준을 정확하게 준수하였는가를 핵심 이슈로 다루고 있는 것이다.

품질검수는 프로젝트의 인도물(deliverable)이 품질 표준에 적합한가에 대한 통계적 검사와 불량에 대한 원인을 식별하기 위한 행위이다. 품질검수를 자세히 살펴보면 이에 대한 절차와 방법을 명확하게 이해할 수 있다. 품질검수의 대상이 되는 인도물은 바로 검사 대상을 의미하는 것이며 품질검수의 도구들은 모두 품질 표준에 관련된 내용들이다. 품질검수는 인도물을 두고 원인 결과 다이어그램 이하 통계적 샘플링까지 나열된 도구와 기법을 활용하여 검사(Inspection)을 수행하는 것이며, 검사 활동의 핵심 결과물은 확인된 인도물과 품질 통제 측정치로 도출되는 것이다. 특히 품질 통제 측정치는 개선된 프로세스를 마련하기 위한 품질 보증 활동의 주요 도구로 활용된다는 점을 확인할 수 있다.

> **N . O . T . E**
>
> **범위 검증과 품질 통제 프로세스의차이**
>
> *결과의 정확성 : 품질 통제
> *결과의 승인 : 범위 검증

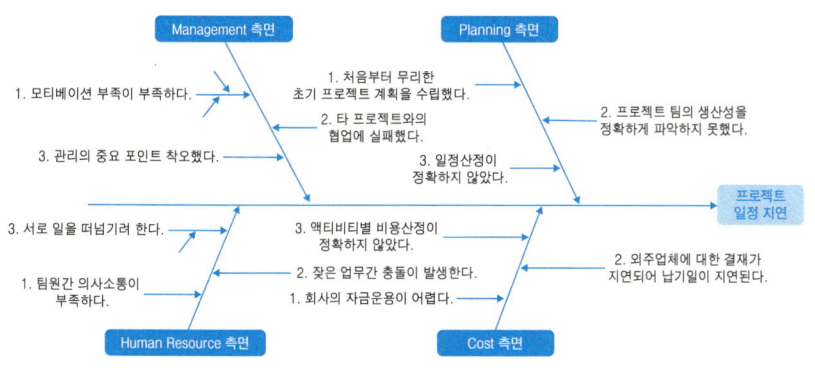

[프로젝트 일정 지연에 대한 원인 결과 다이어그램(Cause and Effect diagram)의 예]

N.O.T.E

범위 및 품질 검수의 대표적 도구인 검사 (Inspection)에는 아래와 같은 여러가지 형식의 검사 종류가 있다.

검토(Review)

다시 조사한다는 사전적 의미를 가지고 있으며, 정밀하게 살피고 관찰하는 것을 말한다.

동료검토(Peer Review)

> **동료 검토(Peer Review)**
>
> Peer Review는 검토의 세밀함과 강도에 따라 Inspection, Review, Desk Check 등의 두 종류나 세 종류로 구분하기도 한다.

소프트웨어 개발의 예를 들면 개발 단계인 제품 기획, 요구 사양, 설계, 코딩, 빌드, 테스트 등에서 나오는 모든 산출물을 대상으로, 산출물의 내용을 검토할 뿐만 아니라 어떤 산출물이 나와야 되는지도 토의하는 과정이다. 소프트웨어에 관련한 방대하고 새로 생겨나는 모든 지식을 갖추기 힘들고, 시간이 요구되는 직접 경험을 하기 힘들기 때문에 다른 사람의 지식을 빌리는 가장 좋은 방법으로 사용한다.

워크스루(Walk Through)

> **워크스루(Work-Through)**
>
> 일반적으로 시스템이나 프로그램의 설계,명세를 제삼자(보통 전문가그룹) 다수가체크함으로서 오류를 발견하기 위한 방법

소프트웨어 엔지니어링에서 유래된 소프트웨어 동료검토와 유사한 검사의 형태이다. 개발에 참여하는 설계자(designer), 개발자(programmer)가 소프트웨어 제품(Software product)과 표준을 위반하는 문제들을 참석자들에게 질문하고 그에 대한 해결 방법을 함께 끌어내는 방식으로 리드하는 형태의 검사를 말한다.

워크스루와 동료검토가 다른 항목으로 분류되어 있는 것은 사실이지만, 거의 비슷한 의미로 사용되므로 이를 구분 짓기보다는 동류의 의미로 이해하도록 하자.

품질 관리 도구 및 기법

품질 관리는 특성치의 수준을 평가·분석하므로 다양한 기법을 활용하게 된다. 품질 계획 및 품질 통제에 주로 포함되어 있는 품질 관리 관련 도구 및 기법은 다음과 같다.

도구 및 기법	내용 및 특징
관리도 or 통제도 Control Charts	• 시간에 따른 측정치의 변동을 기초로 한 평가 기법 • 프로세스의 변동이 허용 가능 수준인지? 안정적 / 예측 가능한지? • Upper/Lower Control Limit은 보통 ±3σ로 설정한다.
통계적 추출법 Statstical Sampling	• 평가 비용 절감을 위한 일부 추출하여 시험하는 기법 • 추출된 샘플이 실제의 내용을 잘 반영하고 있는지 유의
흐름도 Flowcharting	• 프로세스 단계들의 관계 및 흐름을 도식화하는 기법 • 문제 발생 가능한 부분을 찾아내기 위해 활용된다.
특성요인도 Cause and Effect Diagrams	• 다양한 원인과 결과의 연결을 도식화하는 기법 • Fishbone / Ishikawa diagram이라고도 한다. 한글로는 원인 결과 다이어그램
도수분포표 Histogram	• 출현 빈도를 막대 높이로 표현한 세로 막대 그래프 • 보통 'bar-chart'라 하면 일정 바차트를 의미함에 유의
파레토도 Pareto Chart	• 출현 빈도가 높은 순으로 좌에서 우로 배치한 도수분포표 • 시간 또는 자원 한정적인 상황에서의 우선순위 판별을 위해 적용한다. • 파레토 법칙(80/20) : 주요한 80%의 결함은 주요한 20%에서 기인한다.
런차트 Run Chart	• 시간에 따른 측정치의 변동을 도식화해 추이 및 경향을 분석하는 기법 • 추이 분석(trend analysis)에 활용된다.
산포도 Scatter Diagram	• 두 변수의 관계 파악을 위해 점을 찍어보는 기법

Control Chart

관리 수단으로 사용되는 도표나 그래프를 총칭한다. 통계학적 확률을 근거로 품질 관리를 실시하는 도표로서 품질 관리의 방법 중 하나이다.
Control Chart는 제품의 품질 특성(치수, 무게, 강도 등)을 세로축, 생산 일자를 가로축으로 하고, 한계로 치는 일정 특성을 가로축에 잡아, 그 하한(下限)과 상한(上限)의 두 선을 가로축에 평행하게 그어서 관리 한계선(관리 상한선, 관리 하한선)을 이루게 한다. 그리고 이 두 선 사이를 품질의 관리 한계로 한다.
단어 자체가 설명해주듯이 관리 한계선을 넘어가면 특정 프로세스에 문제(안정적이지 않음)가 생길 것을 경고해 주는 장치라고 보면 정확하다.
Control Chart의 종류도 다양하여, C Chart, U Chart, NP Chart, Xbar & R Chart, Xbar & S Chart, X & Rm Chart 등이 있다.

4-7. 프로젝트 성과측정

프로젝트 성과측정의 대상은 인도물 완성도, 작업 프로세스 및 성과, 프로젝트 기준선 준수, 비즈니스 가치유지, 이해관계자 만족도, 자원운영의 효율성, 프로젝트 가시성 및 예측치 신뢰도가 대상이 된다.

프로젝트 성과측정은 계획과 실적을 비교 분석하여 현재 프로젝트의 상태와 차이를 파악하고, 추이 분석을 통한 예측을 수행한다. 결국, 프로젝트가 목표를 달성할 수 있을 것인지, 변경된 사항이 있을 경우 그래도 목표를 달성하도록 하기 위해 어떤 의사결정이 필요할 것인지 파악하고, 실제 의사결정이 일어나도록 유도하는 것이다.

프로젝트 성과측정의 핵심 기준선은 일정과 비용에 대한 기준선이다.

프로젝트 성과 측정에 활용되는 대표적인 성과 측정 분석기법인 기성고 기법(Earned valued technique)은 실행된 작업의 범위에 대한 일정과 비용요소를 측정하여 작업성과(performance)를 객관적으로 평가하고, 계획과 비교된 분석을 바탕으로 향후의 영향까지 예측할 수 있다. 또한 비용과 일정을 함께 분석할 수 있는 기법(돈과 시간을 하나의 공통 치수(dimension)로 통일하여 바라본다.) 이라는 중요한 특징을 가진다.

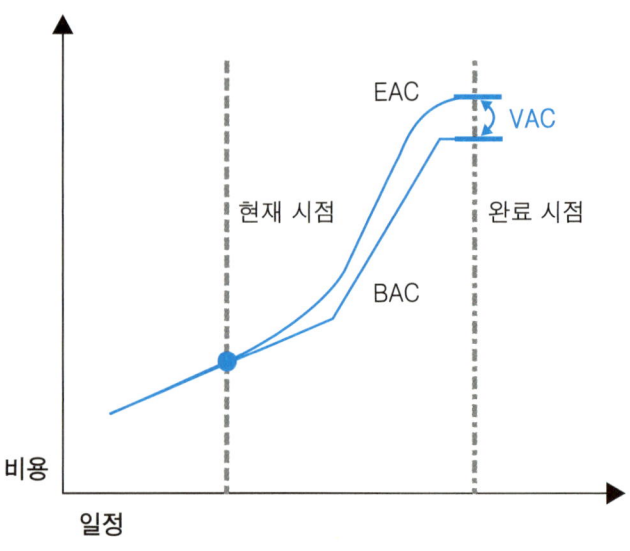

성과 측정 분석

반드시 발생하는 어떤 종류의 차이의 정도를 측정한다. 기성고 기법 (earned valued technique)은 수행된 작업의 원가 누적치와 최초 배정된 원가를 실제 진행된 작업의 원가와 수행된 작업의 실제 원가로 비교한다. 이 기법은 특히 원가 통제, 자원 관리 및 생산에 사용된다. 원가 통제의 중요한 부분은 차이의 원인, 차이의 정도를 결정하고 시정조치를 취해야 하는지 결정하는 것이다. 기성고 기법은 프로젝트 관리계획의 원가 기준선을 사용해서 프로젝트 진행 상황과 발생한 차이의 정도를 측정한다. 기성고에서는 일정 액티비티, 작업 패키지 또는 통제 계정에 대해 다음 주요 값을 계산한다.

Planned value(PV) - 주어진 시점까지 액티비티 및 WBS 구성요소를 완수하는데 예상되는 원가
Earned value(EV) - 실제 작업에 대한 원가
Actual cost(AC) - 수행한 작업에 지출된 총 비용

Estimate to complete(EAC) and Estimate at completion(EAC)
-ETC : 종료까지 예상되는 추가 비용
-EAC : 종료 시 예상되는 총 비용

PV, EA, AC는 작업이 주어진 기간에 계획된 대로 수행되었는지 성과를 측정하는데 사용된다. 프로젝트 종료가 가까워질수록 보상 효과가 발생하므로 CV, EA, AC의 차이가 줄어든다.

Cost variance(CV) = EV - AC
Schedule variance(SV) = EV - PV
Cost performance index(CPI) = EV / AC
Schedule performance index(SPI) = EV / PV

N.O.T.E

기성(旣成)

건축분야 프로젝트 관리에서 유래된말로서, 이미 건축된 건물 높이에 대한 일본식 표현인 기성고(旣成高, earned value)에서 나온 용어이다.

기성고 관리 (Earned Value Management)

기성고 기법은 성과 측정을 위한 방법의 하나로서, 프로젝트의 범위, 일정, 원가 측정을 통합해 프로젝트의 진척과 성과를 측정하고 평가하기 위한 방법이다. 획득가치 방법이라고 부르는 경우도 있다.

CV

비용 편차(Cost Variance)는 현재 공정표 상에 주어진 시점을 기준으로, 실투입이 원가 범위내에 있으나, 원가 범위를 초과했느냐를 구하는 것으로 계획 예산과 실투입의 차이와도 같다.

CPI

실제로 발생한 원가가 일의 성과로 얼마나 나타났는지를 알 수 있는 치수이다. 실행된 일의 가치를 실제로 발생한 원가로 나눈 값이며, CPI가 1보다 크면 계획보다 적은 원가로 많은 일을 한 것이며, 1보다 작으면 투입한 원가보다 성과가 크지 않음을 나타낸다.

예측

예상 시점에서 사용 가능한 정보 및 지식을 활용해서 프로젝트 미래의 상황을 예측한다.
BAC(budget at completion) = 완료 시점까지 누적 PV(total cumulative PV at completion)
예측 기법은 EAC라고 하는 일정 액티비티가 완료되기 위해 필요한 원가를 측정하고, 완료까지 필요한 잔여 원가인 ETC로 결정한다. EAC와 ETC가 간단하게 결정되지만 프로젝트 팀이 잔여 작업을 수동으로 원가를 계산하는 것 만큼 중요하거나 정확하지는 않다.

3가지 ETC(Estimate to Completion) 기법

ETC based on new estimate - 잔여 작업에 대한 산정.

비정형 차이에 대한 ETC(ETC based on atypical variances) - 차이가 비정형적이고 향후에 유사한 차이가 발생하지 않을 때(즉, 향후 CPI=1로 볼 때), ETC = (BAC - EV)

정형 차이에 대한 ETC(ETC based on typical variances) - 현재 차이가 정형적이고 미래에 발생 예상될 때(즉, 현재 CPI가 유지된다고 볼 때), ETC = (BAC - EV) / CPI

EAC(Estimate At Completion)

기성고 기법에서 다른 요소는 현재 상황에 맞게 결정되나, EAC는 향후 프로젝트팀이 낼 생산성을 얼마로 추정하냐에 따라 다른 값이 나타난다. 따라서 EAC 계산에 사용되는 CPI가 얼마나 현실적이냐에 따라 신뢰성 있는 EAC가 될 수도 있고 PM의 단순한 의지치가 될 수 도 있다.

EAC는 프로젝트가 종료될 때의 예상되는 총 비용을 산정한다.

EAC using a new estimate - 변경으로 인해 최초 산정 가정이 기본적으로 잘못되어서 더 이상 사용할 수 없을 때, EAC = AC + ETC

EAC using remaining budget - 현재 차이가 비정형적이고 프로젝트 관리 팀에서 유사한 차이가 미래에 발생하지 않는다고 예상할 때, EAC = AC + BAC - EV

EAC using CPI - 현재 차이가 정형적이고 미래에 발생 예상될 때, EAC = AC + ((BAC - EV) /CPI)

프로젝트 성과 검토

원가 성과를 기간별로 비교하고 일정 액티비티 또는 작업 패키지가 원가에 비해 초과 실행되었는지, 마일스톤이 맞추어졌는지 확인한다. 성과 검토는 일정 액티비티, 작업 패키지 또는 원가 계정의 진척 상황을 평가하는 미팅이다. 주로 하나 이상의 다음과 같은 성과 보고 기법을 사용한다.

차이 분석(Variance analysis)
계획 대비 실제 발생한 결과로 성과를 비교하며, 일정 및 원가 차이를 가장 많이 사용하지만 범위, 자원, 품질 및 위험도 분석에서도 중요하게 사용된다.

경향 분석(Trend analysis)
시간에 따른 프로젝트 성과를 조사해서 성과가 증가 또는 감소 하는지 확인

기성고 기법
계획 대비 실제 작업한 결과 비교

Variance(분산, 변량)

주어진 자료들이 평균값을 기준으로 주위에 어느 정도 흩어져 있는지를 측정하는 것으로서, Variance는 한 분포의 분산도를 나타내는 치수이다.
통계학에서 자료의 분포, 흩어진 정도를 나타내는 양 중 가장 전형적인 양(변량의 값들이 평균값 둘레에 흩어지는 모양의 특징을 나타내는 양)이다.

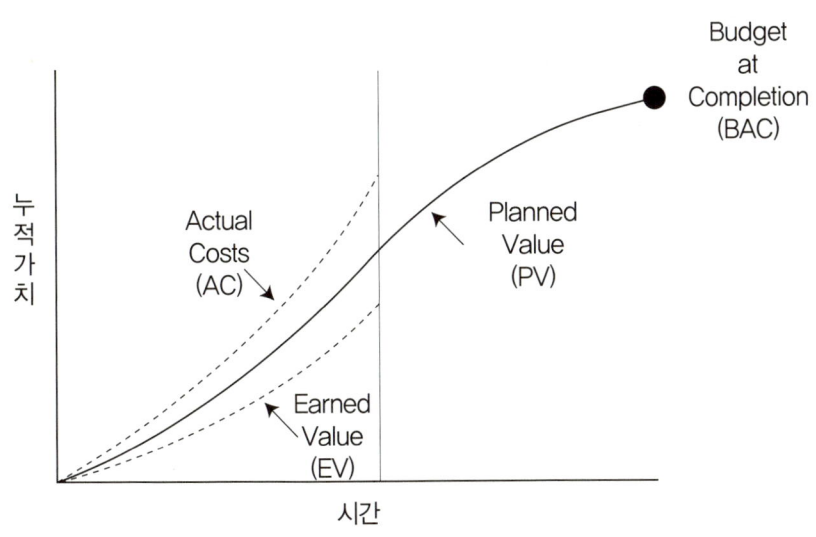

4-8. 프로젝트 위험 관리

프로젝트 관리자들과 프로젝트 관리의 어려움을 논할 때 빠지지 않고 등장하는 단어가 있다. 바로 위험이다.

위험을 영어로 표현할 때는 미묘한 뜻의 차이로 risk, danger, pitfall 등이 사용되는데, 프로젝트 관리이론에서는 risk 를 사용한다.

이러한 위험(risk)에 대하여 설명할 때 빼놓을 수 없는 개념이 있는데 그것은 바로 불확실성(uncertainty)이다. 즉, 위험이란 미래에 어떻게 나타날지 모른다는 불확실성을 기본적으로 내포하고 있는 개념인 것이며, 발생할 수도 발생하지 않을 수도 있는 사건을 의미하는 것이다.

기업에서의 운영업무나 프로젝트 수행 등의 활동 중에는 언제든 예측하거나 예측하지 못한 위험이 발생할 수 있다. 그리고 이러한 위험을 관리하는 것을 위험관리라고 하는데, 많은 실무자들은 운영 업무보다 프로젝트에서의 위험관리가 더 어렵다는 얘기들을 흔히 한다.

그 이유는 기본적으로 프로젝트가 반복되는 것이 아닌 새로운 결과들을 창출한다는 유일성에서 기인한다. 이러한 특성이 없이 가령 프로젝트가 매번 동일한 여건에서 수행하여 비슷한 결과를 낸다는 특성을 가지고 있다면, 프로젝트 관리자는 처음 수행하는 일들에서 체감하게 되는 위험이나 낯선 상황에 대한 부담감을 보다 덜 느낄 것이다.

왜냐하면 과거의 수행 경험으로 부터 이미 상당한 위험 요소들을 파악했을 것임에 틀림없고, 여러 문제들이 발생했을 경우에 대처한 경험도 가지고 있을 것이며, 그 이외의 경우에 대한 준비도 마련되어 있을 것이기 때문이다.

그러나 우리는 유감스럽게도 프로젝트가 매번 다르다는 점과 각양각색의 위험이 현실로 드러남에 따라 프로젝트를 철저하게 실패하게 만든 많은 사례들도 알고 있다. 부분적으로 같은 요소들이 있을 수는 있지만 대부분 관리해야 할 이해관계자들도 다르고, 프로젝트의 수행 환경도 다르며, 수행 결과물도 다른 것이다. 당연히 프로젝트마다 발생할 수 있는 위험도 다르다.

N.O.T.E

위험의 두 가지 측면

- 긍정적 기회(Positive Opportunity)
- 부정적 위험(Negative Risk)

위험 관리

위험 요소의 인식 → 분석 → 대응

앞에서도 강조하였지만 불확실성은 위험의 가장 핵심이 되는 개념이다. 만일 위험이 불확실하지 않고 확실하다면(발생가능성=1) 더 이상 이는 위험(risk)이 아니라 문제(problem)라고 하는 것이 옳다.

발생 가능성의 차이 뿐만 아니라 상황에 대한 대응 방법에서도 위험은 예방(prevention)하는 것이고, 문제는 해결(solving)해야 할 대상이라는 차이점이 분명 존재한다. 이때 인식하지 못한 위험은 관리할 수 없기 때문에 위험을 관리한다는 것은 사전에 위험을 인식하였다는 것이 전제되어야 한다. 또한 프로젝트에 악영향을 미칠 수 있는 불확실한 위험 요소와 영향력을 인식하고, 위험 원인을 확실하게 파악해야만 위험을 관리할 수 있는 것이다.

일반적으로 불확실한 위험 요소는 프로젝트에 긍정적인 혹은 부정적인 결과를 초래할 수 있다. 프로젝트 목표는 예산과 납기 내에 고객이 원하는 기능을 제공하는 것이다. 따라서 프로젝트의 목표에 영향을 미치지 않는 사건은 위험이 아니다. 실제 프로젝트에서 이슈가 되는 것은 프로젝트에 미치는 부정적인 영향력이다. 대부분의 서적에서 위험에 대해 부정적인 영향력을 미치는 사건으로 정의하는 것도 바로 이 때문이다. 하지만 프로젝트에서는 이익을 높이기 위해 높은 위험을 감수하기도 하므로 위험은 프로젝트에 긍정적인 영향력을 미칠 수도 있다는 점을 확인할 필요가 있다.

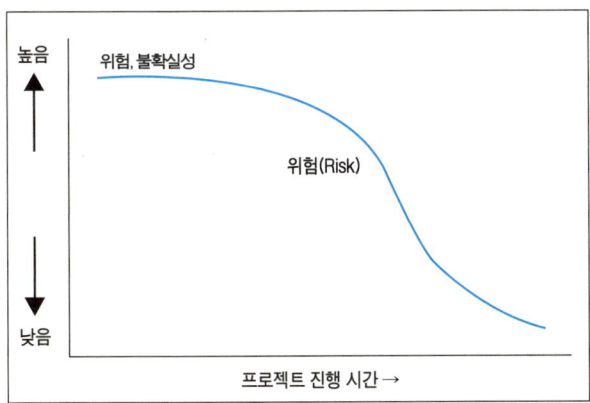

[프로젝트의 진행에 따른 위험의 변화]

N.O.T.E

위험(risk)의 정의

여러 사항들을 고려하였을 때 우리는 '프로젝트에서의 위험(risk)이란 프로젝트의 목표를 달성하는 데에 긍정적 기회(positive opportunity) 또는 부정적인 위험(negative risk)으로 나타날 수 있는 불확실성(uncertainty)을 가지는 사건이나 상황이다' 라고 정의할 수 있다.

위험(risk)의 구성 요소

위험의 구성 요소는 첫 번째로 위험이라는 대상 그 자체, 즉 사건이나 상황을 통칭하는 사건(event)과 두 번째로 그 사건이 일어날 가능성을 말하는 발생확률(probability), 마지막으로 사건이 실제로 일어났을 경우 프로젝트에 미칠 영향력(impact)이다. 따라서 개별 위험을 식별하고 분석한다는 것은 위험 사건이 무엇이고, 그 사건이 발생 확률은 어느 정도이며, 발생하였을 때 미치는 영향력은 어느 정도인가를 모두 파악하는 것이라고 볼 수 있다.

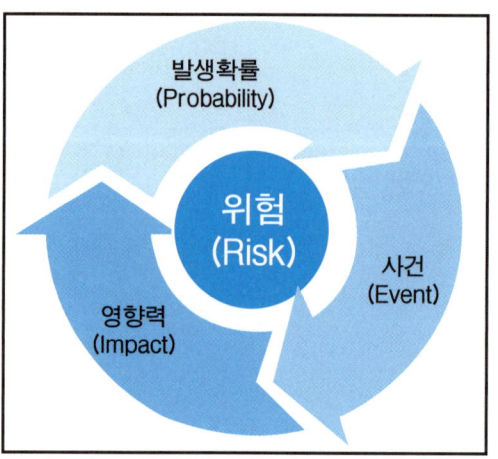

[위험(Risk)의 3대 구성요소]

위험 (Risk)의 특징
프로젝트에서의 위험(risk)은 다음과 같이 5가지의 특징을 가진다.

위험 (Risk)사건의 상호 연관성
위험 사건은 다른 위험 사건의 발생 확률과 영향력에 영향을 미칠 수 있으며, 위험 사건은 또 다른 위험 사건을 유발(연쇄반응)할 수 있다는 특징을 가진다. 즉, 위험 사건은 서로 연관되어 있는 것이다. 예를 들어, 건물의 기초공사에 사용되는 철근의 납기 지연이라는 위험 사건은 전체 공사기간 지연의 발생확률을 높이거나 원가상승 위험을 발생시킬 수 있는 것이다. 따라서 위험사건 상호간의 연관성을 파악하고 조절해야 한다.

위험 (Risk)의 영향력 의존성
위험에 따른 영향력이 커질수록 위험의 중요도 또한 커지는 특징이 있다. 즉, 위험의 발생 확률이 아주 낮더라도 그에 따른 영향력이 크다면 그 위험 사건의 중요도는 높게 평가될 수 있다. 또한 위험을 감수할 경우 이익이 아주 크다면 그 위험은 수용하게 된다.

예를 들어, 천재지변에 의해 회사의 데이터 서버가 복구 불능 상태로 파괴될 확률은 낮지만 그에 따른 영향력은 회사의 존립에 영향을 줄 만큼 크기 때문에 백업 서버를 지리적으로 멀리 떨어진 장소에 설치한다. 반면에 복권에 당첨될 확률은 아주 낮지만 복권 구매에 사용되는 비용은 충분히 감당할수 있을 만큼 작고 당첨되었을 경우 이익은 매우 크기 때문에 사람들은 복권을 구매하는 위험을 감수한다.

위험 (Risk)의 상황 의존성
위험은 위험에 대한 입장이나 상태가 주어진 조건이나 상황에 영향을 받을 수 밖에 없다. 부품값 인상이라는 사건은 구매자에게는 위협적인 위험 사건이지만 판매자에게는 기회 위험 사건이다. 이러한 위험의 상황적 특수성에 맞는 표준 지침서는 존재할 수 없다. 프로젝트는 그 특성상(unique) 서로다를 수 밖에 없기 때문이다. 따라서 프로젝트 관리자는 프로젝트 상황에 맞게 위험을 관리해야 한다.

N.O.T.E

위험의 특징
- 위험 사건의 상호연관성
- 위험의 영향력 의존성
- 위험의 상황 의존성
- 위험의 시간 민감성
- 위험의 가치 기반성

N.O.T.E

위험(risk)의 시간 민감성

위험이 발생될 예측 시간에 따라 위험의 인식도 변화된다. 즉, 위험은 미래에 발생할 수 있는 사건이기 때문에 시간에 따른 위험의 인식도 변화한다는 것이다. 흔히 위험이 발생되기까지 많은 시간이 남아 있다고 느끼게 되면 위험의 심각성은 줄어들게 되지만, 남아있는 시간이 적다고 느끼게 되면 점차 심각하게 느끼기 때문이다. 따라서 프로젝트 관리자는 위험의 중요성에 대해 명확한 기준을 세우고 관리해야 한다.

위험(risk)의 가치 기반성

개인적, 조직적, 문화적 가치관에 따라 위험을 수용하는 정도에 영향을 준다. 프로젝트 관리자의 개인적 경험이나 가치관 또는 회사의 전략적 방침에 따라 어떤 사건이 위험한 사건으로 분류되는 지에 따라 위험의 중요성과 대응 방법이 달라지게 된다. 예를 들어 큰 규모의 후속 프로젝트 수주를 위해 선행 프로젝트의 원가보다는 일정과 품질이 중요하다는 경영 전략에 의해 착수된 프로젝트인 경우 원가에 영향을 주는 사건보다는 일정과 품질에 영향을 주는 사건이 위험 사건으로 분류되고 중요성 또한 높아지게 된다.

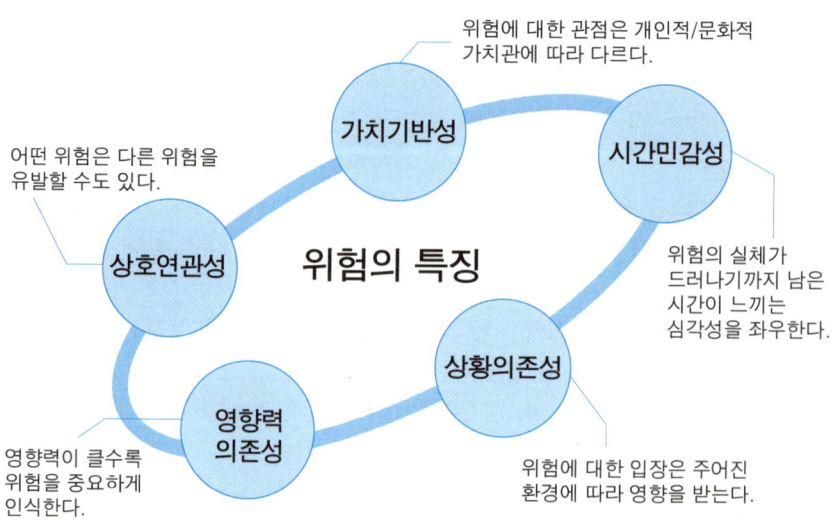

[위험의 특징]

위험 관리의 필요성

- 모든 위험에 대응할 수 있는 자원을 갖고 있지 않다.

프로젝트의 위험 관리는 모든 위험에 대하여 대응하는 것이 아니다. 프로젝트는 특성상 내재해 있거나 외부에 도사리는 위험이 매우 많다. 자원이 넘쳐나는 것도 아니고, 또 넘쳐난다 해도 투입되는 비용 이상의 효과가 없다면 대응하지 않는 것이 옳을 것이다. 대응해야 하는 위험은 프로젝트 목표 달성을 위협하는 것들이다.

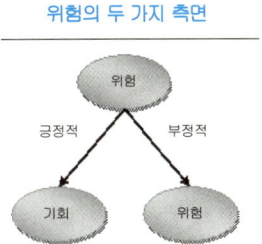

위험의 두 가지 측면

- 최소한의 자원으로 최대한의 위험을 대응하기 위해 수치 분석이 필요하다.

'위험 관리는 부정적 위험은 줄이고 긍정적 위험은 늘리는 것이다.'라고 하기도 한다. 하지만 더 중요한 것은 결국 프로젝트가 종료될 수 있느냐, 없느냐 하는 것이다. 관리하기 위해 관리하는 것이 아니므로, 심각한 위험이라 해도 자원 투입의 효과를 볼 수 없다면 투입하지 않는 것이 옳고, 크지 않은 위험이라 해도 투입한 이상의 효과를 볼 수 있다면 투입하는 것을 고려해야 한다. 수치 분석에 근거한 효과성을 고려하지 않고, 단순히 심각한 위험에 많은 자원을, 경미한 위험에 적은 자원을 투입한다면 결과적으로 위험 관리가 요식 행위에 지나지 않을 수 있다.

- 위험에 대한 대응책 수립이나 상세 분석은 상당한 자원이 소요된다.

어느 정도 정해져 있는 프로젝트 범위에 대해서도 분석하고 명확화하는 데에 많은 노력이 투입된다. 게다가 사건 자체도 불확실하다면 분석이 어려울 뿐 아니라 비현실적으로 받아들여질 수도 있다. 자원 효율성을 위한 수치 분석을 하려면 많은 시간과 자원이 필요하다. 현실적으로는 위험이 목표 달성을 얼마나 위협하는지, 또 대응책은 어떤 것이 존재할지를 분석하고 판단하는 것 자체도 상당한 자원이 투입된다.

Part 1 프로젝트 관리 개론

N.O.T.E

위험 관리 프로세스는 다음과 같은 흐름을 갖고 있다.

위험 관리 계획에서는 위험 관리 계획서(risk management plan)를 만들고, 그다음에 위험 식별에서는 범위, 일정, 원가, 품질, 의사소통 등의 불확실성을 찾아내어 위험 등록부(risk register)에 기록한다. 이 위험 등록부를 정성 분석에서 우선순위화 하고, 정량 분석에서 수치화 하여 대응 계획을 수립한다. 이 때, 위험 대응을 위한 계약 필요성(risk-related contract decisions)이 나타나기도 한다.

위험 관리 프로세스에서 산출되는 결과물들을 비교해 보면 다음과 같다.

위험 식별과 위험 감시

위험 식별은 프로젝트에서 불확실한 부분을 찾아내고 영향력 및 대응방안을 분석하기 위한 첫 단계로서, 가능한 일찍부터 모든 주요 이해관계자들과 함께 반복적으로 시행하는 것이 좋다. 따라서 위험 감시에는 기존 위험들에 대한 재확인 및 추이분석뿐 아니라, 신규 위험 식별로 반드시 병행되어야 효과적이다.

위험 계획	의미	주요 세부 결과물
관리 계획	위험관리 대한 수행 계획	위험 관리 절차 및 기준, 관리 담당자 및 예산
식별	개별 위험 사건 식별	위험 목록과 예상 대응
정성 분석	위험의 우선순위화	우선순위, 위험 발생 가능성/영향력 등급, 긴급 위험, 요주의 대상 위험, 위험 분류 및 원인
정량 분석	일정, 원가 등의 영향 수치 분석	일정/원가 영향, 프로젝트 목표 성공 가능성
대응 계획	개별 위험에 대한 대응 계획	개별 대응 계획, 발동 조건, 2차 위험, 예비비

위험 등록부(Risk register)

위험관리 활동의 대표적 도구 및 산출물인 위험 등록부는 찾아낸 위험들에 대한 목록과 특징에 대하여 정리된 문서를 말한다. 이렇게 만들어진 위험등록부는 앞으로 수행하게 되는 위험관리 프로세스들의 핵심 입력물로 활용되며, 갱신된(Update) 위험 등록부 역시 주요 결과물이 된다.

아래와 같이 작성된 위험 등록부는 위험관리 활동의 주체적인 역할을 수행한다.

○○ 프로젝트 위험등록부(Risk Register)			
프로젝트 명		프로젝트 ID	
프로젝트 관리자		날짜	

위험 ID	위험 사건 (Risk event)	관리 방침 (Management policy)	역할과 책임 (Role & Responsibility)	주요 원인 (Main Cause)	발생확률 및 영향력 (Probability & Impact)	우선 순위 (Priority)	효과 (Effect)	기대 화폐 가치 (EMV)	대응 전략 (Response Strategy)	(Response

[위험등록부의 예 – 위험 대응 계획 단계(지속적으로 갱신됨)]

Summary

POINT 1 프로젝트의 개념과 특징

- 프로젝트란 전체적인 목적을 향한 일련의 활동들 또는 그 목적의 달성과 관련한 정보의 수집, 유일한 제품, 용역 또는 결과를 창출하기 위해 투입되는 일시적인 노력을 말한다.
- 프로젝트의 특징으로는 명확한 목적과 목표를 가진다, 한시적이다(Temporary), 독특하다(Unique), 점진적으로 상세화 된다(Progressive Elaboration)를 들 수 있다.

POINT 2 프로젝트 관리의 개념과 필요성

- 프로젝트 관리는 지식(Knowledge), 기술(Skills), 도구(Tools), 기법(Techniques)을 프로젝트의 요구를 만족시키기 위한 프로젝트의 활동들에 사용하는 것이다.
- 프로젝트 관리는 프로젝트 관리자가 프로젝트를 관리하는 방법론의 체계적인 습득을 통하여, 실제 프로젝트에 적용함으로써 프로젝트의 성공을 이루기 위해 필요하다.
- 프로젝트 관리의 3대 제약이란 범위, 원가, 일정을 말하며, 이는 프로젝트 성패의 기준이 되므로 중요하게 다루어야 한다.
- 이해관계자(Stakeholder)는 프로젝트 수행과 성공여부와 관련하여 긍정적, 부정적으로 영향을 받는 개인 혹은 조직을 말하며, 프로젝트의 성공은 실제로 이들의 요구를 만족시킬 수 있느냐 없느냐에 긴밀히 관련되어 있다.
- 묶어서 관리하여 이익을 얻는 프로젝트들을 프로그램, 조직의 비즈니스 전략과 연관된 프로그램의 집합을 포트폴리오라고 한다.

POINT 3 프로젝트 관리의 주요 개념

- 모든 프로젝트는 단계로 나누어지며 큰 프로젝트이던 작은 프로젝트이던 일정한 생애 주기(Project Life Cycle) 구조를 갖는다.
- 프로젝트 관리 프로세스는 착수(Initiating), 계획(Planning), 실행(Executing), 감시 및 통제(Monitoring & controlling), 종료(Closing)로 구성이 된다.

Key Word

- 프로젝트, 프로젝트 관리
- 이해관계자(Stakeholder)
- 프로젝트 관리 프로세스
- 프로젝트 라이프 사이클

Project Management

PART 02

애자일 프로젝트 관리 개론

Chapter 02 — 애자일 프로젝트 관리 지식

Chapter 02 애자일 프로젝트 관리 지식

Project Management Situation

최PL이 동료인 김대리에게 불만을 토로하고 있다.

최PL: 정말 박PO(Product Owner)님 때문에 답답해 죽겠네. 어쩌면 나는 이렇게 PO(Product Owner)운이 없을까.

김대리: 이번에는 또 뭐가 문제야? 박PO님은 사람 좋기로 소문난 사람이잖아. 자네 성격에 그런 분 만난 것은 내가 보기엔 행운 같은데?

최PL: 그건 자네처럼 제3자 입장이지. 막상 같이 프로젝트를 해보게. 백로그 제대로 정리해 주기를 하나 그렇다고 업무 내용을 잘 아나. 글쎄 어제는 나보고 가서 고객을 만나 백로그 구현이 지연되는 것을 잘 설명하고 이해를 구하라는 거 아니겠어? 그게 PO의 일이지 PL인 내가 할 일인가? 어떻게든 할당된 작업을 원하는 품질 수준에 맞추기 위해 팀 리딩하고 코칭활동 해내기도 바쁜데, 그런 일을 내가 해야만 하겠나? 답답한 일이야.

김대리: 아니 어떻게 고객을 상대하는 일을 자네한테 맡긴단 말인가. 나로서도 잘 이해가 안되네. 자네가 잘못 들은 것은 아니겠지?

최PL: 무슨 소린가. 지금 고객을 만나고 오는 길인데…

김대리: 박PO님이 본격적으로 PO업무를 수행한 것이 얼마 되지 않아 PO의 직무를 잘 모르는 것 같네. 내가 전에했던 K박물관 프로젝트에서 PO님은 고객을 포함한 주요 이해관계자는 다 직접 만나고 업무 협의를 진행했네. 그리고 프로젝트에 필요한 백로그 관리를 철저히 해주셔서 팀원들이 업무에 집중할 수 있게 하였지.

최PL: 맞아. 내가 알기로도 그게 PO의 주된 일이란 말이야. 그러니 내가 얼마나 답답한지 이해가 가는가?

김대리: 하지만 누구도 처음부터 그것을 다 아는 사람이 어디에 있겠나. 우리나라 프로젝트 실무자들은 체계적인 교육과 직무지식을 토대로 프로젝트 하는 것보다 프로젝트를 수행하며 얻은 경험을 중심으로 프로젝트를 하고 있지 않은가. 업무 분장에 문제가 있다고 생각하면 가서 박PO님께 잘 말씀을 드려보게. PL인 자네가 그 역할을 맡아야지 누가 하겠나?

최PL: 자네 말을 듣고 보니 그 말도 맞는 듯 하네. 내가 말을 잘 안 하긴 하지. 알겠네.

✓ Check Point

- PO (Product Owner)란 어떤 사람입니까?
- 프로젝트에서 PO(Product Owner)의 역할과 핵심 역량은 무엇입니까?
- 프로젝트 리더가 수행하는 주요 업무는 무엇입니까?
- 프로젝트 리더가 가져야 할 리더십에는 어떤 것들이 있을까요?

5. 애자일의 이해

5-1. 애자일 개념

애자일(Agile)은 '재빠른', '민첩한'이라는 뜻의 형용사인데 일반적으로 프로젝트에서의 애자일 방식이란 환경 변화에 빠르고 민첩하게 반응하고 고객의 요구에 유연하게 대처하기 위한 짧은 개발주기의 반복형(Iterative) 개발방식과 요구사항, 범위 및 품질에 대한 증분형(Incremental) 개발방식을 혼용하는 적응형 개발방식의 방법론, 프레임워크, 개발방법을 총칭하는 포괄적 표현이다.

애자일 프로젝트 관리의 좀 더 정확한 표현은 '애자일 방식의 프로젝트 관리'이다.

애자일 프로젝트 관리에 대한 대표적인 오해는 전통적인 예측형 프로젝트 관리방식의 문제점 때문에 새로이 등장했다든지, 혹은 최신 기법의 프로젝트 관리방식이라고 생각하는 것이다.

애자일 프로젝트 관리방식은 기존의 예측형 방식과 과거부터 여러 형태로 공존하던 방식이며 불확실성이 강하고 늘 변화하는 프로젝트 환경 속에서 단기간내에 프로젝트를 신속히 진행하려는 이해관계자의 요구사항과 프로젝트 팀의 필요성에 의해 선택되고 사용하던 방식이다.

애자일 프로젝트 관리가 주목받기 시작한 것은 급격히 증가하고 있는 IT 분야 프로젝트에서 소프트웨어 개발 엔지니어들이 애자일 선언을 발표한 시점이라 볼 수 있다.

애자일 프로젝트 관리를 위한 스크럼과 같은 다수의 애자일 방법론 및 프레임워크 그리고 이를 손쉽게 구현할 수 있는 다양한 기술과 TOOL의 등장 또한 애자일 프로젝트 관리 방식이 빠르게 확산하게 된 이유이다.

N.O.T.E

방법론(Methodology)

진리에 도달하기 위한 과학 연구에서의 합리적인 방법에 관한 이론

반복형 개발방식 (Iterative Development)

분석 -> 설계 -> 개발 사이클을 반복적으로 수행하면서 프로젝트 목적물의 완성도를 높이는 개발방법

증분형 개발방식 (Incremental Development)

분석 -> 설계 -> 개발 사이클을 반복적으로 수행하면서 요구사항을 추가하거나 개발범위를 늘려가는 개발방법

예측형 개발방식(Predictive Approach)

예측형 개발방식은 과거 유사한 프로젝트 수행의 반복으로 프로젝트 이력정보와 수행경험이 축적된 경우 많이 사용하는 방식이다.

프로젝트 초기에 명확한 요구사항 정의와 범위 및 품질수준에 대한 목표정의가되어 예측 가능하며 정확한 프로젝트 계획수립 및 수행이 가능한 프로젝트에 적용된다.

IT 프로젝트 SW개발방법론인 폭포수 모델(Waterfall Model)이 예측형 개발방식의 대표적 유형이다.

5-2. 애자일 선언의 4대 가치와 12가지 원칙

애자일 선언은 소프트웨어 개발 엔지니어들에 의해 선언되었지만 지금은 다양한 산업계로 확산 적용되고 있다. 예를 들면 애자일 선언의 '소프트웨어'란 표현을 '제품'으로 바꾸어 읽으면 다른 산업군에 속한 인력도 내용을 충분히 적용할 수 있는 수준이다. 물론 발표된지 꽤 지나서 현재 시점에서 보면 내용이 오래된 느낌이나 애자일 선언의 뜻과 의미 중심으로 바라본다면 지금 현재 시점과 큰 괴리는 없을 것이다.

애자일 선언의 4대 가치와 12가지 원칙을 좀 더 자세히 살펴 보면서 애자일의 개념과 애자일 팀이 중요하게 생각하는 것이 무엇인지에 대해 알아보자.

4대 가치

-> 애자일 팀이 추구하는 가치

절차나 도구보다 개인과 상호작용을 더 중요하게 생각한다.

-> 절차에 얽매이거나 혹은 도구에 의존하기 보다는 이해관계자와의 협업을 중요하게 생각한다.

포괄적인 문서보다 작동하는 소프트웨어를 더 중요하게 생각한다.

-> 형식보다는 실질적 가치를 중요하게 생각한다.

계약 협상보다 고객과의 협력을 더 중요하게 생각한다.

-> 이해관계자와의 공동 목표에 대한 상호 협력이 중요하다.

계획을 따르기보다 변화에 대응하기를 더 중요하게 생각한다.

-> 변화에 대한 신속한 상황 판단과 그에 맞는 적절한 대응이 중요하다.

N.O.T.E

애자일 선언

2001년 제프 서덜랜드外 16명의 SW개발자가 모여 작성된 선언문이며 애자일 원칙을 아래와 같이 제시하고 있다.

'우리는 소프트웨어를 개발하고, 또 다른 사람의 개발을 도와주면서 소프트웨어 개발의 더 나은 방법들을 찾아가고 있다. 이 작업을 통해 우리는 다음을 가치 있게 여기게 되었다.

공정과 도구보다 개인과 상호작용을 포괄적인 문서보다 작동하는 소프트웨어를 계약 협상보다 고객과의 협력을
계획을 따르기보다 변화에 대응하기를

가치 있게 여긴다. 이 말은, 왼쪽에 있는 것들도 가치가 있지만, 우리는 오른쪽에 있는 것들에 더 높은 가치를 둔다는 것이다.'

> **N.O.T.E**

12가지 원칙

-> 애자일 팀이 일하는 원칙

우리는 가치 있는 소프트웨어를 제작하여 일찍 그리고 지속적으로 전달해서 고객을 만족시키는 것을 최우선으로 한다.

-> 애자일 팀은 고객입장에서 가치 있는 제품을 신속하게 제작하고 고객 필요시점에 상시 제공하여 고객을 만족시킬 수 있도록 노력한다.

비록 개발의 후반부일지라도 이해관계자의 요구사항 변경을 환영하며 고객의 경쟁력에 도움이 되는 방향으로 애자일 프로세스를 업무변화에 활용한다.

-> 제품 설계가 끝나고 개발이 진행되고 있는 시점에서도 고객의 경쟁력에 도움이 된다면 요구사항 변경에 대한 협의를 유연하게 할 수 있으며, 애자일 팀은 변경된 요구사항을 개발 이터레이션을 이용하여 반영할 수 있는 애자일 프로세스를 갖추고 있다.

작동하는 소프트웨어를 2주에서 2개월의 가능한 짧은 주기로 개발하여 고객에게 전달하라.

-> 빠르고 신속하게 제품을 제작하여 고객에게 제공하고 제공된 제품에 대한 고객의 의견을 피드백 받아 제품을 고객이 원하는 방향으로 지속적으로 보완하라.

사업 비즈니스 인력과 개발자들은 프로젝트 수행기간 전체에 걸쳐 상시 함께 일해야 한다.

-> 제품개발의 비즈니스적 가치와 방향성을 잘 알고 있는 비즈니스 인력과 상시 협업하여 제품을 개발하여 기업의 비즈니스적 목표를 달성할 수 있는 제품을 개발할 수 있게 노력한다.

동기가 부여된 개인들 중심으로 프로젝트 팀을 구성하라. 그리고 그들이 필요로 하는 환경과 지원을 제공하며 그들이 일을 완수하리라 믿고 신뢰하라.

-> 팀 리더와 스폰서는 애자일 팀원들에게 프로젝트 수행 동기를 부여하고 팀원 각자가 자신의 업무를 책임지고 능동적으로 수행할 수 있는 자기 조직화된 팀을 만들어야 한다. 또한 애자일 팀이 프로젝트를 원활히 수행할 수 있는 프로젝트의 모든 환경을 구축하고 필요한 자원을 충분히 제공하라. 반드시 애자일 팀은 팀 구성원간 서로 신뢰하고 책임 있는 자세로 협업하는 하나된 팀을 만들어야 한다.

개발 팀 내외부에 정보를 전달하고 받는 가장 효율적이고 효과적인방법은 직접 이해관계자와 만나서 이야기하는 것이다.

-> 스마트폰 및 SNS가 발달하고 ZOOM과 같은 비대면 영상회의가 가능해진 현재시점에는 이 원칙은 현실감 없는 이야기 같지만, 사람과 사람 간의 만남을 통한 마음 속 이야기를 나눌 수 있는 대면대화의 효과는 대체할 수 없는 부분이 분명히 있다.

작동하는 소프트웨어가 프로젝트 진척을 확인할수 있는 가장 중요한 척도이다.

-> 작동하는 제품이 프로젝트 진척을 확인할 수 있다는 이야기도 다양한 시뮬레이션 기술과 과학이 발달한 현시점에 맞지 않을 수도 있지만 정직한 실상의 가치에 대한 중요성을 강조한 표현이며 그럴듯한 허상을 만들어 잘못된 실상을 감추거나 포장하지 말라는 표현이다.

N . O . T . E

자기조직화 팀(Self-organizing project team)

자기조직화 팀(Self-organizing project team)은 구성원들이 스스로 조직을 만들수 있는 능력을 가지고 있으며 자율적으로 행동하고 변화에 대한 적응력 그리고 오류 발생시 자기 수정 능력을 가진 팀을 말한다.

Part 2 애자일 프로젝트 관리 개론

N . O . T . E

애자일 프로세스들은 지속 가능한 개발을 장려한다. 스폰서, 개발자, 사용자는 일정한 속도를 계속 유지할 수 있어야 한다.

-> 이 원칙은 재미있는 양면의 진실이 있는 원칙이다. 스폰서나 사용자 입장에서는 개발자가 멈춤 없이 늘 일정한 속도를 낼 수 있게 능동적으로 열심히 작업을 수행하라는 표현으로 보일 수 있고, 개발자 입장에서는 지속 가능하고 수행 가능한 정도의 속도로 작업을 진행하게 무리한 작업을 하지 말라는 표현으로 보일 수 있는 원칙이다.

합리적인 타협점으로 해설해 보면 "개발자가 능동적으로 일할 수 있는 적정한 작업량을 정하여 흐름이 깨지지 않고 일정한 품질과 가치가 있는 제품을 만들어 내도록 스폰서, 개발자, 사용자는 모두 노력해야한다" 이다.

기술적 탁월성과 좋은 설계에 대한 지속적 관심이 프로젝트 팀의 기민함을 높인다.

-> 제품에 대한 기술적 수준을 높이고 완성도 있는 설계를 하려는 프로젝트 팀의 노력과 관심은 프로젝트 팀의 수준을 한단계 높일 수 있다.

단순하게 일하는 것이 불필요한 일을 최대한 하지 않게 하는 기술이다.

-> 애자일의 특성을 잘 나타내 주는 표현이다. 애자일 작업 방식의 핵심은 민첩함과 신속함, 변화 적응력이다. 그러한 애자일의 특성을 구현하려면 최대한 단순하게 작업해야 한다. 현재 애자일의 대표적인 방식인 스크럼의 구현 가이드는 13페이지에 불과 할 정도로 단순하다.

만일, 당신이 애자일 프로젝트를 너무 복잡하게 수행하고 있다면 이 원칙을 다시 한번 읽어보라고 권고하고 싶다.

스크럼 가이드

켄 슈와버와 제프 서덜랜드 (Ken Schwaber & Jeff Sutherland)가 2010년부터 현재까지 지속적으로 업데이트하며 발전시켜 제공하고 있는 스크럼 활용을 위한 가이드 북

최고의 아키텍처, 요구사항, 설계는 자기조직화 팀에서 창작되고 만들어진다.

-> 자기조직화 팀(Self-organizing project team)은 구성원들이 스스로 조직을 만들수 있는 능력을 가지고 있으며 자율적으로 행동하고 변화에 대한 적응력 그리고 오류 발생시 자기 수정 능력을 가진 팀을 말한다. 그런 자기조직화 팀이 만들어 내는 제품의 아키텍처 구성, 요구사항 관리, 설계는 최고의 품질을 지향한다.

프로젝트 팀은 정기적으로 어떻게 일하는 것이 더 효과적인 방법인지 늘 연구하고, 이를 통해 얻게 된 지식에 따라 프로젝트 팀의 행동을 조율하고 조정한다.

-> 애자일 팀은 작업 수행 후 작업리뷰, 작업 회고를 통하여 새롭고 효과적인 작업방식을 늘 탐색하는 팀이다. 또한 그러한 탐색을 통해 발견된 효율적인 작업방식과 노하우는 애자일 팀에 의해 지식화 되고 행위로 반영되어야 한다.

N . O . T . E

자기조직화 팀(Self-organizing project team)

자기조직화 팀(Self-organizing project team)은 구성원들이 스스로 조직을 만들수 있는 능력을 가지고 있으며 자율적으로 행동하고 변화에 대한 적응력 그리고 오류에 발생시 자기 수정 능력을 가진 팀을 말한다.

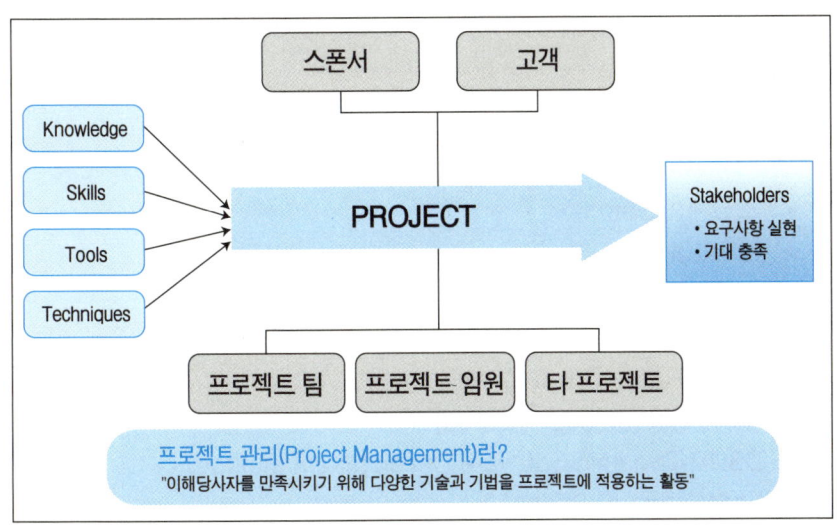

[프로젝트 관리의 정의]

5-3. 애자일 프로젝트 관리 방식의 종류

애자일 프로젝트 관리 방식에는 다양한 방법론과 프레임워크가 존재하고 있다. 애자일 프로젝트 관리 방식을 공부하기 앞서서 린(Lean)과 애자일의 관계를 이해하여야 한다. 왜냐하면 우리가 흔히 애자일 관리 방식으로 알고 있는 칸반은 애자일보다는 린(Lean)의 파생물에 가까우며 대부분의 애자일 관리 방식은 린(Lean)에 영향을 받은 경우가 많기 때문이다.

린(Lean)이란 불필요한 것이 없는 가벼운 상태로 신속하게 고객을 위한 가치 있는 제품을 만드는 일을 하는 방식과 사고체계를 말하며 도요타자동차 TPS의 린(Lean) 생산이 출발점이다. 즉, 애자일도 린(Lean)의 범위 내에 들어간다. 그렇기 때문에 많은 애자일 관리 방식에서 린(Lean)의 용어와 Tool을 사용하고 있다. 개념적 포함관계로 정리해 보면 린(Lean)이 애자일보다 더 크고 애자일을 포함하는 개념이라 볼 수 있으며 린(Lean)을 구현한 대표적 사례가 린(Lean) 스타트업이다. 린(Lean) 스타트업은 상품기획, 고객개발, 상품 개발 등 다양한 단계를 수행하는데 그 중 상품개발에 애자일 관리 방식을 사용한다.

이제 린(Lean)에 대해 이해했으니 애자일 프로젝트 관리 방식에 대해 알아보자.

대표적인 애자일 프로젝트 관리 방식은 다음과 같다.

- 스크럼(Scrum)
- 칸반(Kanban)
- 스크럼반(ScrumBan)
- XP(eXtreme Programming)
- FDD(Feature Driven Development)
- AUP(Agile Unified Process)
- DSDM(Dynamic Software Development Method)
- SoS(Scrum of Scrum)
- SAFe(Scaled Agile Framework)
- Less(Large Scale Scrum)
- DA(Disciplined Agile)

N.O.T.E

도요타생산방식 (Toyota Production System)

도요타 자동차가 개발한 생산방식을 말한다. 도요타 생산방식은 생산현장의 낭비를 제거하고 다품종소량 생산체제를 위한 적시생산(JIT)과 자동화 생산라는 개념으로 구성된다.

린 스타트업 (Lean Startup)

MVP (Minimum Viable Product) 즉, 최소 실행 가능한 제품을 신속히 출시하여 목표로 하는 요구 기능이 실제 실행하려는 비즈니스에 적합하고 올바르게 동작하는지 반복적으로 확인는 방식으로 제품의 성공 가능성을 높이는 경영 방법론

앞에서 언급한 방식중에 모든 산업군에 적용 가능하며 대표적인 애자일 프로젝트 관리방식인 스크럼(Scrum)과 칸반(Kanban)의 정의와 프로세스 및 주요 이벤트는 다음과 같다.

- **스크럼 (Scrum)**

스크럼은 사람과 팀, 조직이 어렵고 복잡한 문제를 해결하기 위해 선택하는 행동방식과 해법을 연구하여 프로젝트 관리에 적용할 수 있도록 만들어진 애자일 개발 프레임 워크이다

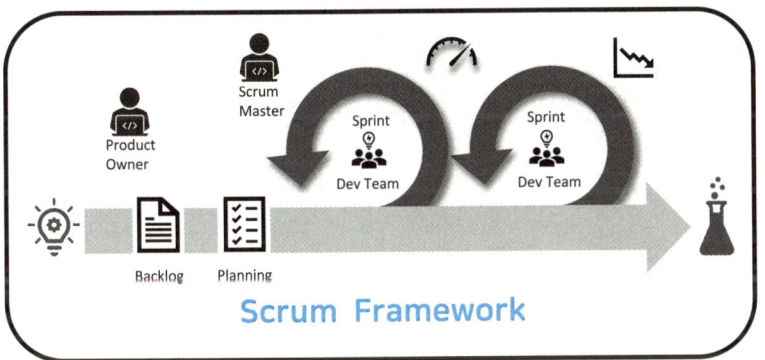

스크럼(Scrum)의 스크럼 팀 인력 구성은 프로덕트 오너 1명, 스크럼 마스터 1명, 복수의 개발자들로 구성되며 스크럼은 이 세가지 역할 구성원들의 공동 협업으로 진행되는 애자일 방식이다.

스크럼 수행 절차는 프로덕트 오너가 프로덕트 백로그를 정리한 후 스크럼 마스터의 코치를 받으며 개발자들이 2주 혹은 3주 단위의 스프린트(스프린트는 제한된 기간동안 정해진 Product Backlog Item을 구현하기 위해 수행하는 스크럼 팀 단위의 그룹화된 작업 수행을 위한 스크럼팀 이벤트를 말한다)를 반복적으로 실시하여 프로덕트 백로그를 처리하여 프로덕트를 완성하는 비교적 간단한 프로세스이다.

N.O.T.E

스프린트 (Sprint)

스프린트 (Sprint)는 제한된 기간 동안 정해진 Product Backlog Item을 구현하기 위한 스크럼 팀 이벤트이다.
스프린트 (Sprint)는 약 2주에서 4주 정도의 기간으로 수행하는 스크럼 팀 단위의 그룹화된 작업수행 행위를 말한다.

프로덕트 백로그 (Product Backlog)

Product Backlog는 우선 순위가 있는 요구사항의 목록이다.

이해관계자의 요구사항은 제품, 서비스, 기능과 같이 다양한 항목들이다. 또한 Product Backlog는 이해관계자가 추구하는 기능적 비기능적 가치와 연결되어 있다.

Product Backlog는 Backlog Item으로 구성되어 있는데 Backlog Item은 제품기능, 제품 결함, 기술적 작업, 관련 지식을 말한다.

N.O.T.E 스크럼 수행 절차 및 이벤트는 아래와 같은 단계로 진행한다.

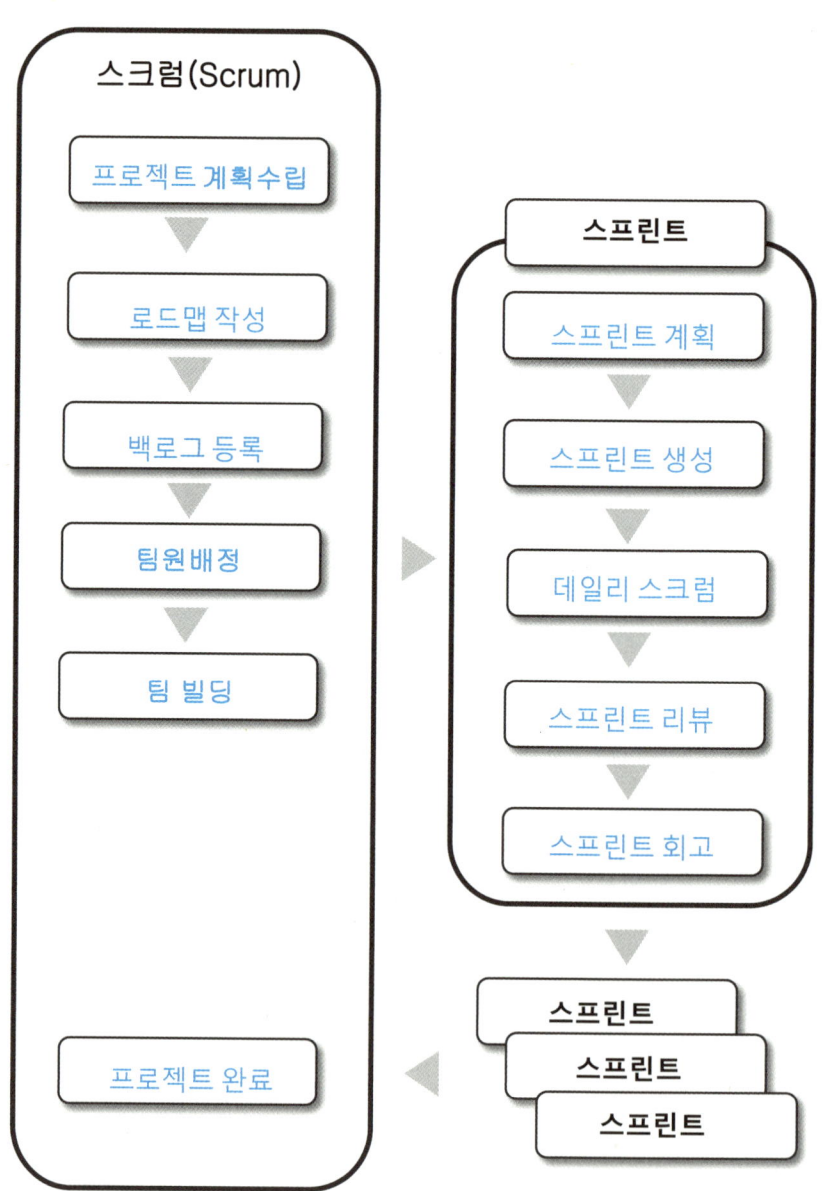

- 칸반 (Kanban)

작업의 완전한 투명성과 원활한 의사소통을 유도하기 위한 칸반보드를 사용하여 작업을 시각화하고, 이를 통하여 진행 중인 작업의 원활한 흐름을 유도하여 작업 효율성을 극대화 하는 것을 목표로 하는 애자일 관리 방법이다.

N.O.T.E

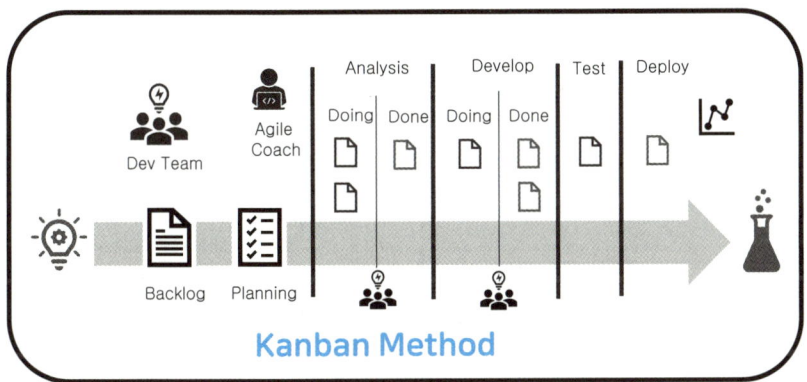

칸반(Kanban)방법은 가상 신호 카드를 구현한 칸반보드를 사용하여 업무 혹은 지식의 흐름을 가시화 시키는 방법이다.

칸반(Kanban)방법은 방법론이나 프레임워크가 아니기 때문에 현재의 업무 프로세스에 특별한 변화 없이 적용 가능하여 점진적 개선이 가능하다.

칸반(Kanban)방법은 Pull Sytem과 WIP(Work In Progress의 약어로 해당 단계에서 구현 작업)에 작업제한을 사용하여 지속가능한 업무흐름을 구현한다.

칸반보드를 통해 가시화된 업무나 지식에 대한 프로젝트 참여자 모두의 적극적이고 능동적인 리더쉽 발휘를 장려한다.

당김방식 (Pull System)

당김방식 (Pull System)은 전통적인 방식인 수행할 작업을 사전에 계획하고 앞단계에서 다음단계로 밀어내며 진행하는 방식의 Push system과 반대 개념의 작업처리 방식으로 작업을 프로세스에 밀어 넣는 대신 작업자가 작업을 처리하기 원할 때 당겨오는 방식으로 처리할 수 있는 능력이 있을 때만 작업을 가져오는 방식이다.

N.O.T.E 칸반 수행 절차 및 이벤트는 아래와 같은 단계로 진행한다.

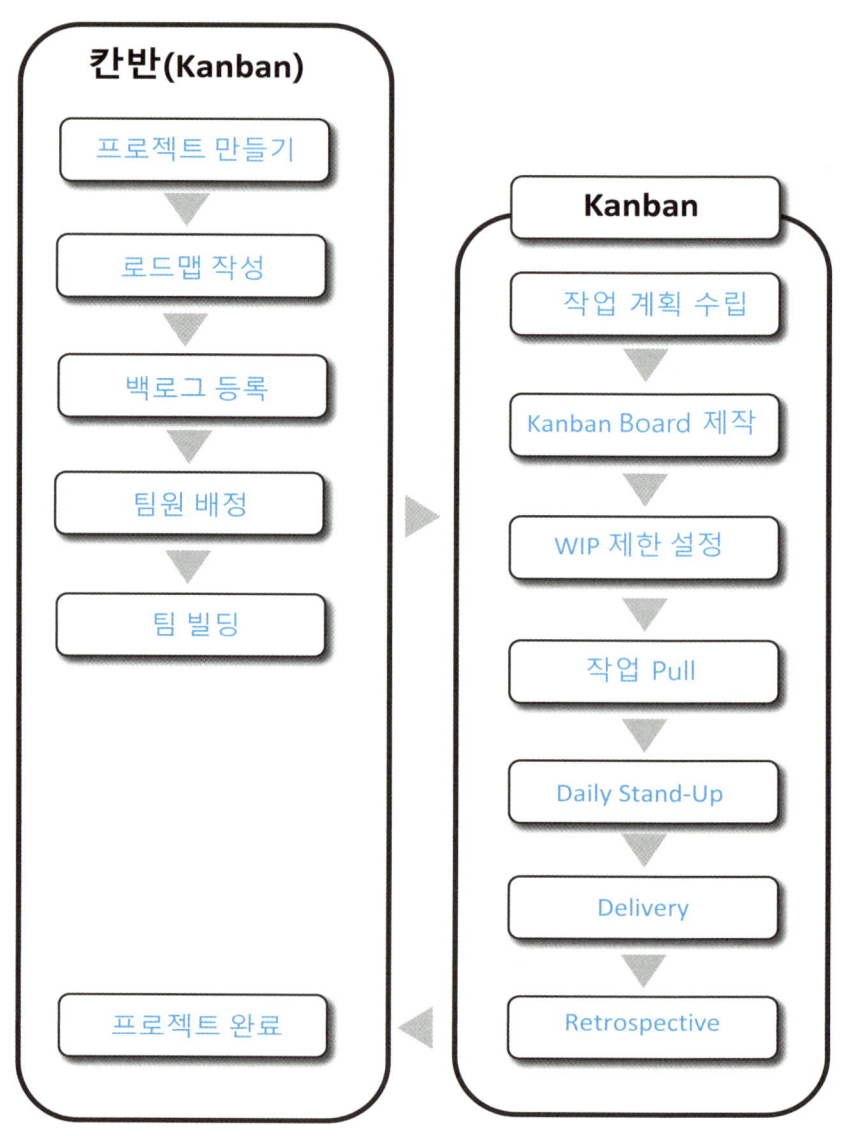

5-4. 애자일 기본용어 정리

애자일 관리방식에 대해 본격적으로 설명하기 앞서서 독자의 이해를 돕기위해 애자일 관련 용어를 정리해 본다. 좀 더 자세한 내용은 **[8. 애자일 용어 해설]** 에서 설명한다.

- 프로덕트 (Product) : 프로젝트에서 구현하고자 하는 목표 대상물

- 백로그 (Backlog) : 이해관계자 요구사항 및 수행해야할 작업의 목록

- 아티팩트 (Artifacts) : 애자일 프로세스 수행 산출물

- 증분 (Increment) : 산출물 증가분

- Definition of Done : 완료의 정의

- 에픽 (Epic) : 구현해야 할 산출물, 기능, 서비스 중 WBS의 최상위 레벨이며 사용자 스토리의 집합체

- 사용자 스토리 (User Story) : 사용자의 세부 요구사항을 이야기 형태로 기술 한 것

- Task : 프로젝트 팀이 수행해야 할 작업

- Subtask : Task 의 하위 레벨 작업

- Bug : 결함 수정 항목

- 스프린트 (Sprint) : 일정한 기간내에 정해진 백로그 Item을 구현하기 위해 수행하는 스크럼 팀 이벤트

- 데일리 스크럼 (Daily Scrum) : 스크럼 팀이 매일 15분 정도 진행하는 스프린트 동기화를 위한 협업 회의

N.O.T.E

- 스크럼 아티벡트 : 스크럼 수행 산출물

- WIP : Work In Progress의 약어로 해당 단계에서 구현 작업중인 이슈의 갯수

- 데일리 스탠드업 미팅 : 팀이 매일 진행하는 스프린트 동기화를 위한 협업 회의

- Kaizen : 지속적 품질 개선 활동

- Capatity : 처리 가능한 최대 작업량

- Cadence : 예측 가능한 작업처리 루틴

- Throughput : 완료된 작업량

- Lead Time : 작업 요구가 도출된 시작 부터 작업 요구가 처리완료되기 까지 걸린 시간

- Cycle Time : 실제 작업이 시작된 시작점 부터 작업이 완료 된 후, 완료점까지 걸린 시간

Chapter 2 애자일 프로젝트 관리 지식

06 애자일 팀 만들기

6-1. 애자일 팀 환경 구축

애자일 팀을 만들기 위해 사전에 구축해야할 팀 환경은 세 가지로 나눌 수 있다.

첫번째는 아래와 같은 애자일 팀 그라운드 룰 구축이다.

- 애자일 사고하기
- 애자일 접근 방식으로 행동하기
- 팀 구성원 모두 평등하게 대하고 존중하기
- 우선순위가 높은 일 중심으로 먼저하고 불필요한 일 하지말기
- 투명하고 효율적으로 일하기
- 모든 팀원의 의견을 공평하게 인정하고 경청하기
- 서로 협력하여 시너지를 창출하기

두번째는 아래와 같은 팀 작업공간 구축이다.

- 팀원 모두 같이 일할 수 있는 열린 협업 공간을 구축하라
- 팀원들이 조용히 사용할 수 있는 별도의 개별 공간을 구축하라
- 열린 공간과 개별공간의 균형을 유지하라
- 분산 팀인 경우 온라인 환경에서 서로 같이 근무하는 형태의 Fishbowl Window을 활용한다.
- 분산 팀인 경우 가상공간과 물리적 작업공간을 동시에 활용한다.
- 분산 팀인 경우 주기적으로 직접 만나 신뢰를 구축한다.

세번째는 아래와 같은 팀 운영 정보시스템 구축이다.

- 프로젝트 커뮤니케이션 시스템 구축
- 프로젝트 이슈관리 시스템 구축
- 프로젝트 대시보드 구축
- 프로젝트 관리시스템 구축

> **N.O.T.E**
>
> **기본 규칙 (Ground Rules)**
> 기본 규칙이란, 프로젝트에 배치된 팀원들이 따라야 하는 지침을 말하는 것이다.
>
> 기본 규칙은 프로젝트의 시작부터 종료 시까지 적용되어야 하는 방침이자 룰이므로 빨리 수립될수록 긍정적인 효과를 가져온다.
>
> **가상팀(virtual team)**
> 프로젝트 내부의 동일한 부분을 함께 실행하되, 원거리거나 다른 이유 등으로 대면하지 않고 프로젝트를 수행하는 팀
>
> **Fishbowl Window**
> 분산팀원을 상시 볼 수 있는 지속적으로 연결되어 있는 화상회의 시스템을 말하며 물고기 어항에 비유한 표현

6-2. 애자일 팀 리더 되기

애자일 팀을 구축하기 전에 스스로 애자일 팀 리더로 역량을 확보해야 한다. 그래야만 팀 성과를 최대치로 만들 수 있으며 애자일 팀을 올바른 방향으로 이끌 수 있다. 올바른 애자일 리더에 대해 같이 공부해 보자

애자일 리더는 아래와 같이 행동하는 섬김형 리더(Servant Leader)이다.

- 팀원과의 대화에서 경청을 기본으로 한 커뮤케이션을 중시한다.
- 팀원을 존중하고 창의성을 발휘할 기회를 제공한다.
- 팀원의 성장을 돕고 팀을 하나의 공동체로 만든다.
- 팀원이 정신적으로나 육체적으로 지치지 않게 환경을 조성한다.
- 애자일 리더로서의 자기인식을 기반으로 올바른 행동을 한다.
- 팀원에게 봉사하며 지도와 통제 사이의 균형감을 유지한다.

애자일 리더는 아래와 같은 역할을 수행한다.

- 팀원들에게 애자일 코치로 활동한다.
- 팀원의 업무수행 시 장애요소를 제거하고 도와준다.
- 팀 외부로 부터의 방해에 대한 보호막이 되어준다.
- 애자일 프로세스 수행의 지휘자가 되어준다.
- 프로젝트로 인한 변화에 대한 저항을 극복한다.
- 고객에게 가치 있는 인도물을 제공한다.
- 경영진과 팀을 지원하며 가교 역할을 수행한다.

N.O.T.E

섬김형 리더쉽(servant leadership)

팀원들에게 봉사하고 섬기는 자세로 일하며 이를 바탕으로 팀원의 신뢰를 얻어 팀원과 조직간의 목표 동기화를 이루어 조직의 성과를 달성시키고 팀원들의 성장을 유도하는 리더십이다.

Chapter 2 애자일 프로젝트 관리 지식

6-3. 애자일 팀 빌딩 절차

애자일 팀 빌딩을 위한 팀 빌딩 절차는 아래와 같이 7단계로 구분된다.

1) 필요 인력 요구 사항 결정
- 작업에 필요한 기술의 수준을 결정하고 팀 내에 해당 기술들을 어떻게 확보할 것인지에 대해 결정한다.

2) 팀 구성원 대상자에 대한 인터뷰
- 직접적인 기술 뿐만 아니라 팀웍, 개인의 소양, 업무적 희망 등을 인터뷰를 통해 알아낸다.

3) 팀원 선정
- 팀원의 선정을 통해 프로젝트에서 필요한 역량을 확보한다.

4) Kick-off Meeting의 개최
- 일관된 방향을 제시하기 위해서 팀원을 모아 착수 회의를 개최한다.

5) 팀원의 역할과 책임의 명확화
- 팀원들이 해야 하는 역할과 책임에 대해 제시한다.
- ✓ 역할 : 누가 무슨 업무를 수행하는가?
- ✓ 책임 : 누가 무엇을 결정하는가?

6) 애자일 프로세스에 대한 팀 리더의 설명
- 어떻게 이슈를 관리할 것인지, 성과 측정은 어떻게 할 것인지, 보고의 주기는 얼마로 할 것인지 등 애자일 프로세스에 대한 팀 리더의 진행 방안을 팀원들에게 설명하고 이해시킨다.

7) 의사소통 채널 수립
- 프로젝트를 원활히 진행하려면 팀 리더와 팀원간에 의사소통이 중요하다. 평등하고 개방된 의사소통이 반드시 필요하다.

N.O.T.E

Team Building Activities
다양한 환경과 배경, 동기를 가진 프로젝트 구성원을 이끌어 프로젝트를 성공적으로 완수하기 위한 일련의 과정

착수 회의(Kick-off Meeting)
착수 회의는 의사소통 채널과 작업 관계 수립, 팀의 목표와 목적의 수립, 프로젝트 최신 상황의 검토, 프로젝트 계획의 검토, 프로젝트 문제 영역의식별, 개인과 그룹의 책임과 역할 수립, 개인과 그룹의 Commitment 확보등을 그 목적으로 한다.

6-4. 애자일 팀 구성 및 역할

일반적인 애자일 팀 구성은 프로덕트 오너, 팀 리더, 팀원으로 구성되나 프로젝트의 특성과 효율성을 고려하여 자유롭고 유연성 있게 구성하면 된다.

프로덕트 오너의 역할
- 이해관계자와의 협업을 통한 프로덕트 방향성 제시
- 프로덕트 목표정의
- 프로덕트 백로그 작성
- 프로덕트 목표와 백로그에 대한 명확한 의사소통
- 비즈니스 의사결정에 필요한 정보제공
- 작업 우선순위 정보제공

팀 리더의 역할
- 섬김형 리더쉽 발휘
- 프로젝트 계획 수립
- 애자일 프로세스 관리
- 팀원에 대한 애자일 코칭
- 팀이 작업에 집중할 수 있도록 장애물 제거 및 보호 역할 수행
- 모든 작업이 긍정적이고 생산적으로 진행될 수 있도록 역할 수행

팀원의 역할
- 작업 백로그 작성
- 자발적 작업 선택
- 작업 수행 및 품질관리
- 자율적이고 능동적인 업무 수행
- 기술 전문가로서 능력발휘 및 협업

Chapter 2 애자일 프로젝트 관리 지식

7 애자일 프로젝트의 성공방법

7-1. 애자일 프로젝트 실패원인

애자일 프로젝트의 성공 방법을 생각하기 앞서서 실패 원인을 먼저 생각해보자.

애자일 프로젝트의 실패 원인에 대하여 팀원들이 애자일 가치에 대한 이해가 부족하였기 때문이라든지 혹은 프로젝트 관리자가 예측형 프로젝트 관리 방식에 익숙해 변화하기 어려웠기 때문이라는 분석은 너무 단편적인 시각이며 인간의 습득력과 적응력을 경시한 판단이다.

우리들의 팀원은 애자일 가치를 이해할 만한 충분한 시식이 있고 예측형 프로젝트에 경험이 많은 프로젝트 관리자들 역시 예측형 방식에 비해 단순하고 더 간단한 애자일 방식으로의 전환에 그다지 어렵지 않게 성공할 수 있는 능력을 가지고 있다.

그렇다면 왜 애자일 프로젝트 관리 도입에 많은 기업과 프로젝트들이 실패하며 어려움을 느끼는 것일까?

근본 이유는 애자일 프로젝트 관리 방식을 도입하기 앞서서 프로젝트 참여자들의 애자일 방식 업무 수행에 대한 심리적 합의를 이끌어 내지 못했기 때문이다.

그래서 프로젝트 참여자들의 심리적 합의를 끌어 내지 못한 경영진과 스폰서의 책임을, 마치 프로젝트 참여자들이 애자일의 가치를 이해하지 못하고 공감하지 못했다는 식으로 호도(糊塗)하며 오히려 프로젝트 참가자들에게 책임을 전가하는 것이다.

N.O.T.E

예측형 개발방식(Predictive Approach)

예측형 개발방식은 과거 유사한 프로젝트 수행의 반복으로 프로젝트 이력정보와 수행경험이 축적된 경우 많이 사용하는 방식이다.

프로젝트 초기에 명확한 요구사항 정의와 범위 및 품질수준에 대한 목표정의가되어 예측 가능하며 정확한 프로젝트 계획수립 및 수행이 가능한 프로젝트에 적용된다.

IT 프로젝트 SW개발방법론인 폭포수 모델(Waterfall Model)이 예측형 개발방식의 대표적 유형이다.

N.O.T.E

그러면 프로젝트 참가자들은 애자일 프로젝트 방식의 전환에 대하여 심리적 합의를 왜 못하는 것일까?

모든 애자일 프로젝트 방식은 태생적(胎生的)으로 프로젝트 참여자의 프로젝트 성공을 위한 자발적 자기희생을 기본적인 전제조건으로 삼기 때문이다.

스프린트 (Sprint)

스프린트 (Sprint)는 제한된 기간 동안 정해진 Product Backlog Item을 구현하기 위한 스크럼 팀 이벤트이다.
스프린트 (Sprint)는 약 2주에서 4주정도의 기간으로 수행하는 스크럼 팀단위의 그룹화된 작업수행 행위를 말한다.

집중력이 필요한 스프린트의 반복, 끊임없이 흐르는 워크플로우 속에서의 Pull System은 프로젝트 팀 참가자의 자발적인 자기희생 없이는 수행이 불가능하다.

당신이 기업에 다니는 일반적인 직원이라면 앞에서 말한 애자일 방식의 자발적 자기희생에 대해 심리적 합의를 할 수 있을지 자문해 보라.

결론적으로 말하면 애자일 프로젝트의 대표적 실패 원인은 프로젝트 참여자에 대한 애자일 전환에 대한 목적의식 합의와 동기부여의 실패에 기인한다.

Pull System

당김방식 (Pull System)은 전통적인 방식인 수행할 작업을 사전에 계획하고 앞단계에서 다음단계로 밀어내며 진행하는 방식의 Push System과 반대 개념의 작업처리 방식으로 작업을 프로세스에 밀어 넣는 대신 작업자가 작업을 처리하기 원할 때 당겨오는 방식으로 처리할 수 있는 능력이 있을 때만 작업을 가져오는 방식이다.

애자일 프로젝트 관리기법을 도입하려는 경영자들이 흔히 프로젝트 참여자들에게 동기부여하는 방법을 모니터링해 보면 크게 아래의 두 가지 방법을 시도하는 경우가 많다.

첫번째 방법은 프로젝트 참여자들의 자발적 자기희생을 유도할만한 다양한 형태의 금전적 혹은 비금전적 인센티브를 활용한 방식이다.

두번째 방법은 기업환경을 프로젝트 참여자들이 자발적 자기희생을 하지 않으면 생존할 수 없는 약육강식(弱肉强食)의 정글을 만드는 방식이다.

첫번째 방법은 인센티브 효과의 지속성을 장기간 유지하기 어려우며,

두번째 방법은 기업 소속원들에게 삶의 터전인 직장으로써의 가치를 황폐화 시킨다.

또 다른 애자일 프로젝트의 실패 원인으로 많이 이야기하는 것이 자신의 프로젝트에 맞는 애자일 방식이나 프랙티스를 찾기 힘들다는 것인데, 이것 또한 상당히 잘못된 진단이다.

프로젝트는 원래 유니크한 존재이고 유니크한 존재에 꼭 맞는 프로젝트 방법론은 처음부터 존재할 수 없으며 그렇기 때문에 예측형 방법론을 테일러링 하거나 적응형 방법론인 애자일을 사용했던 것이다.

대부분의 애자일 방식은 단순한 틀 형태이며 사용자가 테일러링 하거나 변형해 사용할 수 있도록 구성되어 있다. 또한 앞에서 소개한 많은 애자일 방식 중 현재 주로 사용되고 있는 방식은 매우 한정적이라 자신의 프로젝트에 맞는 애자일 방식을 찾는 일은 그다지 어려운 작업이 아니다.

애자일 프로젝트 적용에 있어 가장 어려운 점은 선택한 애자일 방식을 어떻게 자신의 프로젝트에 맞게 테일러링 하고 프로젝트 팀이 적응할 수 있게 하는가 하는 것이다.

N.O.T.E

프로젝트 특징

1. 명확한 목적과 목표를 가진다.
2. 한시적이다(Temporary)
3. 유일하다(Unique)
4. 점진적으로 상세화 된다(Progressive Elaboration)
5. 변화를 수반한다
6. 가치를 창출한다
7. 고유한 제품, 서비스, 결과물을 만든다

프로젝트(Project)
- A project is a temporary endeavor undertaken to create a unique product or service.

[프로젝트의 특성]

N.O.T.E 애자일 프로젝트의 성공 방법에 대해 동기부여와 애자일 방식 적용 그리고 애자일 프로젝트 수행원칙으로 나누어 생각해보자

7-2. 애자일 팀 동기부여

현실을 직시하고 사람의 마음을 이해하라.

당신이라면 자신만의 사무공간에서 정해진 업무를 가지고 느긋하게 아메리카노 한잔하면서 일하고 싶은가? 아니면 개방된 공간에서 매일 자신의 업무를 스스로 찾아 비즈니스 상황 변화에 적응하며 민첩하고 신속하게 일하고 싶은가?

현실을 직시하고 사람의 마음을 이해했다면
리더부터 솔선 수범하고 섬김형 리더로서 자기 희생의 본을 보여라.

애자일 선언에서 말하고 있는 애자일의 기본 정신은 평등과 협업 그리고 자발적이고 능동적인 업무 수행이다. 리더 본인이 그렇지 못한다면 프로젝트 참여자 어느 누구도 그렇게 행동하지 않을 것이다.

현실을 직시하며 사람의 마음을 이해하고
리더부터 솔선 수범하고 섬김형 리더로서 자기 희생의 본을 보였다면
다음은 애자일 방식 전환의 목표와 목적을 명확히 하라.

애자일 방식으로의 전환은 누구를 위한 것인가? 프로젝트 참여자를 위한 것인가? 아니면 원하는 프로젝트 인도물을 빨리 얻고 싶은 이해관계자를 위함인가?

현실을 직시하며 사람의 마음을 이해할 수 있고
리더부터 솔선 수범하고 섬김형 리더로써 자기 희생의 본을 보였다면
그리고 애자일 방식 전환의 목표와 목적을 명확히 했다면
다음은 프로젝트 참여자 개개인에게 프로젝트 수행에 대한
동기를 부여하라

리더 자신의 공감능력이 반드시 필요하고 중요하다. 역지사지(易地思之)하는 마음으로 프로젝트 참여자 모두를 설득하고 동기를 부여할 수 있어야 한다. 그리고 동기부여 시 주의점은 동기요인는 프로젝트 참여자 개개인별로 모두 다르다는 점을 유의하여야 한다.

섬김형 리더쉽(servant leadership)

팀원들에게 봉사하고 섬기는 자세로 일하며 이를 바탕으로 팀원의 신뢰를 얻어 팀원과 조직간의 목표 동기화를 이루어 조직의 성과를 달성시키고 팀원들의 성장을 유도하는 리더십이다.

동기 요인

조직 생활에서 구성원에게 만족감을주는 요인으로 성취감, 타인의 인정,책임, 성장 및 발전 가능성 등 내면적 특성을 포함한다. 동기 요인은 충족되지 않더라도 불만은 없지만, 충족되면 만족에 긍정적인 영향을 줄 수 있고, 일에 대한 적극적인 태도를 유지할수 있다. 또한 일을 함으로써 자기 실현을 가능케 하는 성격을 지니며, 소속원들은 작업 내용과 관련해 강한동기 요인이 있어야 좋은 성과를 낼수 있다.

7-3. 애자일 방식 적용

수행하고자 하는 프로젝트 성격에 적합한 애자일 방식을 선정한다.

현재 실무에 적용 가능한 애자일 방식은 매우 한정적이고 수행하려는 작업이 프로젝트 성격이 강한지, 운영업무 성격이 강한지 정도만 구분한다면 애자일 방식 결정은 그다지 어렵지 않다.

수행하고자 하는 프로젝트 성격에 적합한 애자일 방식을 선정했다면 선택한 애자일 방식의 특성과 구현 방법에 대하여 철저히 연구하라.

모든 애자일 방식은 민첩하고 신속하게 업무를 처리하고자 개발되었다는 것만 공통적일 뿐, 태생과 절차 그리고 업무처리 방식은 모두 다르다. 그렇기 때문에 프로젝트 참여자 모두가 선정된 방식에 대하여 적용하기 전에 철저한 사전학습과 연구가 반드시 필요하다.

수행하고자 하는 프로젝트 성격에 적합한 애자일 방식을 선정했고 선택한 애자일 방식의 특성과 구현 방법에 대하여 철저히 연구했다면 자신의 프로젝트에 맞게 애자일 방식을 테일러링하라.

선택한 애자일 방식의 절차를 테일러링하는 것 뿐만 아니라 다른 애자일 방식과의 연합 테일러링, 더 나가 예측형 방식과의 혼합적용 형태의 테일러링도 가능하다. 테일러링 시에는 수행하고자 하는 프로젝트에 가장 적합하고 적용하기 단순한 방식을 택하라. 한가지 주의할 점은 방법론의 테일러링은 사실 상당히 어렵고 전문성이 필요한 일이라는 것을 절대 간과해서는 안된다.

적합한 애자일 방식을 선정했고 선택한 애자일 방식의 특성과 구현 방법에 대하여 연구했으며 자신의 프로젝트에 맞게 애자일 방식을 테일러링 했다면 프로젝트 참여자와 함께 실행계획을 함께 수립하고 프로젝트 실행 전, 모의 프로젝트를 통해 프로젝트 팀 전체가 애자일 방식에 대하여 숙련되게 하라.

아무리 동기가 부여된 프로젝트 팀도 훈련을 통한 숙련이 없다면 실전에서 실패할 수 밖에 없다. 반드시 실제 프로젝트 수행 전에 모의 프로젝트를 통해 숙련의 기간을 가지는 것이 중요하다.

N.O.T.E

예측형 개발방식(Predictive Approach)

예측형 개발방식은 과거 유사한 프로젝트 수행의 반복으로 프로젝트 이력정보와 수행경험이 축적된 경우 많이 사용하는 방식이다.

프로젝트 초기에 명확한 요구사항 정의와 범위 및 품질수준에 대한 목표정의가 되어 예측 가능하며 정확한 프로젝트 계획수립 및 수행이 가능한 프로젝트에 적용된다.

IT 프로젝트 SW개발방법론인 폭포수 모델(Waterfall Model)이 예측형 개발방식의 대표적 유형이다.

혼합형 개발방식 (Hybrid Approach)

혼합형 개발방식은 말그대로 예측형 개발방식과 적응형 개발방식을 프로젝트 내에서 혼합하여 사용하는 방식이다.

혼합형 방식의 사례는 전체 프로젝트 진행은 예측형 방식으로 하되 일부 모듈 개발은 적응형 방식으로 진행하는 사례와 프로젝트의 복수의 서브프로젝트를 예측형 방식과 적응형 방식으로 각각 나누어 진행하는 사례가 있다.

또 다른 사례로 업무적으로 불확실하거나 변동가능성이 높은 업무는 적응형 방식으로, 확실하거나 변동가능성이 적은 업무는 예측형 방식으로 분리하여 진행하는 사례도 있다.

IT 개발프로젝트에서는 단계별 수행 및 고객과의 의사소통은 예측형 방식인 폭포수 모델 (Waterfall) 개발방법론을 사용하면서 개발단계 부문만 적응형 방식인 애자일 프레임워크를 사용하는 Water-Scrum-Fall (ScrumFall) 같은 혼합형 개발방식도 존재한다.

7-4. 애자일 프로젝트 수행 원칙

애자일 사고와 애자일 접근 방식으로 늘 일하라.

-> 애자일 방법으로 프로젝트를 한다면 애자일 사고와 애자일 접근 방법으로 일하는 것은 당연한 이야기이다.

그러나 현실은 어떨까?

애자일이 도입되어 국내의 유수한 기업에서 애자일로 프로젝트를 구현하기 시작한 것은 꽤 오래 된 이야기이다. 그런데 애자일 성공 사례는 매우 희귀한 상태이다.

국내 유수한 기업에서 애자일 도입에 실패한 가장 큰 이유는 기업 소속 원들에게 애자일 도입의 동기를 부여하지 못한 경영진과 스폰서 그리고 애자일 팀원들에게 애자일 방식의 프로젝트 수행 필요성을 제대로 설명하지 못하고 이해시키지 못한 애자일 리더에게 일차적인 잘못이 있다.

경영진과 스폰서, 애자일 리더의 실패 원인은 바로 그들 스스로 부터 애자일 사고와 애자일 접근방법으로 일하지 않았기 때문이다.

애자일의 기본 정신은 평등과 협업 그리고 자발적이고 능동적인 업무 수행이다.

경영진과 스폰서, 애자일 리더 모두 스스로 자문해 보라.

애자일 팀원들을 자신과 동등한 인격체로 인정하고 평등하게 대했는가? 아니면 통제와 관리의 대상인 부하직원으로 바라보았는가? 팀원들을 가르치려 했는가? 아니면 함께 배우고 섬기려 했는가?

애자일 프로젝트를 성공적으로 수행하려면 경영진, 스폰서, 애자일 리더부터 머리(頭)나 말(言)이 아닌 마음과 행동으로 애자일 사고와 접근방식으로 일하는 모습을 솔선 수범해서 프로젝트 참여자 모두에게 보여주어야 한다.

Chapter 2 애자일 프로젝트 관리 지식

애자일의 모든 절차행위, 특히 데일리 스텐드업 미팅과 리뷰는 협업을 위한 것이지 관리를 위한 것이 아니다.

-> 애자일의 모든 절차와 행위는 대부분 애자일 팀의 원활한 협업을 위한 노력이며 이런 애자일 팀의 협업을 위한 절차와 행위를 애자일 팀의 관리를 위한 통제 수단으로 변질 시키면 절대로 안된다.

실패한 애자일 팀의 대표적인 사례가 바로 데일리 스텐드업 미팅과 리뷰 행위를 애자일 팀의 관리를 위한 통제 수단으로 변질시키는 경우이다.

애자일 팀원들의 불만 사항을 모니터링해보면 데일리 스텐드업 미팅이 부담스럽다든지 혹은 데일리 스텐드업 미팅을 매일해야 하는 이유를 잘 모르겠든지 하는 설문 결과가 많은데, 이런 경우 자세히 내용을 들여다 보면 바로 데일리 스텐드업 미팅이 애자일 팀의 관리를 위한 통제수단으로 변질되거나 형식적인 행위로 전락한 경우가 많다.

만일, 데일리 스텐드업 미팅이 협업을 위한 이야기 나눔터이었다면 애자일 팀원들이 부담스럽다든지 수행할 이유를 모르겠다든지 하는 반응 보다는 기다려지는 시간이라는 반응이 나와야 정상이다.

애자일의 기본 정신은 평등과 협업 그리고 자발적이고 능동적인 업무수행이다. 이러한 애자일의 기본 정신을 바탕으로 애자일 팀의 모든 업무수행 절차와 행위들은 진행되어야 한다.

N.O.T.E

데일리 스텐드업 미팅 (Daily Stand-Up Meeting)

애자일 팀이 매일 약속된 시간에 모여 팀원들의 작업수행의 진척상황을 공유하고 다음 작업의 변경사항을 작업 Backlog에 반영하는 15분 정도의 타임박스를 활용한 일일 스텐드업 미팅이다.

리뷰 (Review)

작업 종료단계에서 작업 산출물 (Increment)의 완료의 정의 (Definition of Done)를 위해 수행하는 애자일 팀 이벤트이다.

N.O.T.E

프로덕트 백로그 (Product Backlog)

Product Backlog는 우선순위가 있는 요구사항의 목록이다.

이해관계자의 요구사항은 제품, 서비스, 기능과 같이 다양한 항목들이다. 또한 Product Backlog는 이해관계자가 추구하는 기능적 비기능적 가치와 연결되어 있다.

Product Backlog는 Backlog Item으로 구성되어 있는데 Backlog Item은 제품기능, 제품결함, 기술적 작업, 관련지식을 말한다.

프로덕트 오너 (Product Owner)

프로덕트의 가치를 극대화하기 위해 프로덕트에 어떤 특징과 기능을 구현할지 우선순위를 결정하며 프로덕트 제작 방향성을 제시하는 역할과 권한을 가진 프로덕트 제작 성공의 최종책임자이다.

프로덕트 오너는 완성도 있는 백로그 제작에 최대한 노력해야 하며 백로그에 대한 모든 책임을 진다.

-> 무엇을 만들지, 어떤 기능을 구현해야 하는지 모른다면 어떻게 목표하는 제품을 만들 수 있을까?

애자일 방식이 프로젝트 진행 중이더라도 지속적으로 요구사항을 반영하는 방식이지만 프로덕트 오너가 요구사항을 제대로 도출하지 못하고 또한 개발 팀에게 원하는 요구사항을 표현하고 전달하지 못한다면 개발팀은 프로젝트를 진행할 수 없다.

프로덕트 오너가 해야 할 일은 이해관계자와의 협업을 통한 프로덕트 방향성을 제시하고 프로덕트 목표와 프로덕트 백로그를 작성하는 것이다. 그리고 프로덕트 목표와 백로그에 대한 명확한 의사소통을 개발팀과 해야 하며 이를 통하여 개발팀은 작업의 우선순위를 결정하고 제품을 만드는 것이다.

프로덕트 오너는 본인의 책임과 역할을 충실히 수행해야 하며 이는 프로덕트 백로그의 완성도로 측정할 수 있다.

프로덕트 백로그가 잘못 도출되거나 완성도가 떨어져 발생하는 모든 문제는 프로덕트 오너가 책임져야 한다.

모든 인도물은 고객 관점에서 가치를 가지고 있어야 한다.

-> 프로젝트의 실패 원인중에 하나는 프로젝트 참가자의 형식주의적 수행 때문이다. 간단히 말하면 형식적으로 겉으로만 그럴듯하게 할 뿐이지 내실 없이 프로젝트를 진행하는 것이다.

국내 굴지의 대기업에서 수행된 IT프로젝트 중 수행 결과물이 구축 후 활용되는 경우가 30%에 불과하다는 통계가 있다.

그 정도의 대기업이라면 프로젝트 투자심의와 같은 수 많은 회의와 다양한 보드의 합의 결과로 거액을 투입하여 우수한 인재들이 수행한 프로젝트 이었을 것이다. 그러나 결국은 무려 70%의 결과물이 활용되지 못하게 된 것이다.

프로젝트의 모든 인도물은 고객 관점에서 가치를 가질 수 있어야 하며 인도물이 가치를 가지기 위해서는 고객의 요구사항에 대한 철저한 이해와 고객 관점에서 프로젝트를 바라보는 시각을 애자일 프로젝트 참여자 모두 가져야 한다.

진짜를 만들어야 한다.
그러나 진짜를 만들려면 만드는 사람은 어렵고 많은 노력이 필요하다.
그래도 진짜를 만드는 것이 애자일 프로젝트 수행자의 자세이다.

N.O.T.E

모든 행위를 투명하고 평등하게 하라.

-> 애자일 프로젝트는 협업과 팀웍이라는 주춧돌 위에서 진행된다.

애자일의 기본 정신은 평등과 협업 그리고 자발적이고 능동적인 업무수행이다. 프로젝트 참가자가 서로 협업을 하려면 우선적으로 서로 신뢰할 수 있어야 한다.

신뢰하려면 프로젝트 참가자 모두의 말과 행위가 투명하게 속이거나 숨김없이 이루어져야 한다.

프로젝트 참가자 서로간 제공한 정보가 신뢰할 수 없어 이중 삼중으로 확인해야 한다면 협업도 시너지도 일어날 수 없다.

애자일 팀의 팀웍은 팀원간의 존중과 서로간의 평등함에서 만들어진다.

애자일 방식의 대표주자인 스크럼을 생각해보라.

애자일 스크럼 방식의 이름은 럭비에서 팀 전술대형인 스크럼에서 만들어진 이름이다.

럭비에서 스크럼을 만들 때는 평등하게 상하 구분이 없다.

모두 같이 만들어야 한다. 그리고 서로 어깨를 밀착하여 서로서로의 단점을 보완해주며 단단한 스크럼을 이룬다.

애자일 팀은 평등과 존중으로 팀웍을 만든다.

Chapter 2 애자일 프로젝트 관리 지식

장애요소 발생시 개인에게 책임을 지우기 보다는 팀웍으로 해결하라.

-> 특정 팀원이 담당하는 작업에서 오류가 발생하거나 작업일정 지연과 같은 장애요소가 발생한 경우 해당 팀원에게 책임을 지우기 보다는 팀 전체가 같이 협업하여 해결하려는 자세가 애자일 팀에게는 매우 중요하다.

애자일 방식의 대부분은 린(Lean) 사고에서 많은 아이디어를 가져왔고 린(Lean) 사고는 일본 도요타자동차의 TPS에서 만들어진 것이다.

즉, 애자일의 협업 개념은 서양인의 관점보다는 아시아인 관점의 공동책임을 바탕으로 한 협업을 기초로 한다.

공동책임을 기초로 한 협업의 예로는 칭기스칸의 몽골군과 청나라 팔기군의 사례에서 쉽게 이해할 수 있는 개념이다.

몽골군이나 팔기군 모두 특정 인원수의 팀단위로 조직을 만들었으며 팀단위에서 발생한 모든 문제는 팀의 공동책임으로 처리하는 방식이다.

한명이라도 낙오자가 발생하거나 군수품을 잃어버린 경우 팀 전체가 같이 처벌 받았기 때문에 팀 전체가 공생공사(共生共死)의 마음가짐으로 행동했으며 이러한 팀웍은 강한 전투력을 만들어 냈다.

프로젝트 팀에서 장애가 발생한 경우 팀 공동책임을 바탕으로 한 공생공사의 마음으로 팀웍을 발휘하여 해결하는 방식이 애자일 방식이다.

스크럼은 이미 이름부터 앞에서 말한 공동책임을 바탕으로 한 협업의 의미를 내포하고 있다.

애자일 팀 빌딩의 궁극적인 목표는 서로 상생하는 하나의 공동체를 만드는 것이다.

N . O . T . E

도요타 생산방식
(Toyota Production System)

도요타자동차에서 개발한 생산방식을 말한다. 도요타 생산방식은 생산현장의 낭비를 제거하고 다품종 소량 생산체제를 위한 적시생산(JIT)과 자동화 생산이라는 개념으로 구성된다.

> **N.O.T.E** 이해관계자와 협업으로 의사결정에 필요한 비즈니스 정보를 확보하라.
>
> -> 애자일 프로젝트를 수행하다 보면 프로덕트 백로그 결정, 작업우선순위 결정, 릴리즈 계획 수립 등 중요한 의사결정을 팀이 해야 하는 경우가 많다.
>
> 이러한 의사결정의 중심 정보는 비즈니스 정보이다.
>
> 애자일 팀에서 자체적으로 입수할 수 있는 비즈니스 정보는 매우 한정적이다. 그래서 비즈니스와 관련된 이해관계자와의 협업을 통한 정보 수집은 매우 중요한 작업이다.
>
> 그러기 위해서는 비즈니스와 관련된 이해관계자와의 의사소통 체계가 잘 수립되어 있어야 하며 이러한 의사소통 체계를 기반으로 팀이 원하는 시점에 의사결정에 필요한 정보를 원활히 입수할 수 있어야 한다.

외부의 다양한 압력과 방해로 부터 팀은 반드시 보호되어야 한다.

-> 프로젝트 이해관계자들은 모두 자신이 원하는 방향으로 프로젝트가 수행되는 것을 원한다.

만일 이해관계자가 자신이 원하는 방향으로 프로젝트가 진행되지 않는 다면 자신이 원하는 방향으로 프로젝트를 진행시키기 위해 다양한 압력을 행사할 수도 있다.

그러나 모든 이해관계자가 원하는 서로 다른 개별적인 방식과 방향으로 프로젝트는 진행될 수 없다.

이러한 이해관계자로 부터의 압력과 방해로 부터 애자일 팀은 온전히 보호되어야 하며 그러기 위해서는 사전에 압력과 방해를 막을 수 있는 보호막은 만들어져야 한다.

애자일 팀이 보호하는 보호막을 만드는 가장 일반적인 방법은 이해관계자와 애자일 팀간의 의사소통 라인을 일원화시키는 방법으로 그러기 위해서는 사전에 의사소통 계획이 철저히 수립되어 있어야 한다.

> N.O.T.E
>
> **프로젝트 이해관계자**
>
> 프로젝트 이해관계자는 프로젝트의 수행이나 완료 결과에 따라 영향을 받는, 또는 그래서 프로젝트에 영향력을 행사하려고하는 개인 혹은 조직을 말한다. 프로젝트 인수책임자와 사용자, 경영층, 스폰서는 물론이고 프로젝트 팀원, 지원 부서, 협력업체 직원 등 다양한 계층을 포함하고 있다. 이해관계자간에는 상반된 요구사항을 갖는 경우도 많으므로 프로젝트 관리자는 프로젝트에 어떤 이해관계자들이 있는지 식별하고, 그들의 요구사항을 파악하고 조정해야 한다.

N.O.T.E

단순하게 일하라.

-> 단순해야 신속하고 민첩하게 일할 수 있다.

만일 지금 진행하고 있는 프로젝트의 애자일 코치가 현실감 없고 소설 책에서나 나올 듯한 추상적인 말로 개발팀을 코칭한다면 혹은 무엇인가 복잡하고 내용이 이해하기 어려우며 실속 없는 이벤트를 애자일 팀이 반복적으로 수행하고 있다면 프로젝트 수행방식과 방향성에 대해 다시 점검 해보라.

복잡한 것은 애자일한 방식이 아니다.

애자일 코치

개발팀이 애자일 방식의 프로젝트를 잘 수행할 수 있도록 개발팀 멘토링, 애자일 수행 가이드 제공, 이슈관리를 위한 솔루션 제공을 하는 역할을 말한다.

8 애자일 용어 해설

8-1. 프로덕트 비전 (Product Vision)

프로덕트 비전 (Product Vision)은 제품 개발을 통해 달성하고자 하는 장기적 목표를 말한다.

프로덕트 비전 (Product Vision)은 제품 개발의 방향성을 간결하게 전달한다.

프로덕트 비전 (Product Vision)은 제품을 통해 해결하고 있는 문제는 무엇이며 누구를 위한 제품인지를 설명한다.

프로덕트 비전 (Product Vision)은 팀 구성원에게 제품을 개발하는 동기를 부여한다.

프로덕트 비전 (Product Vision)은 작업 우선순위 의사결정 기준선을 제공 한다.

기업의 전략적 목표와 제품 개발 목표를 연결시켜 준다.

프로덕트 비전 (Product Vision)은 아래와 같이 간략한 형식으로 표현한다.

"누구를 위한 어떠한 필요성이 있어 이 제품을 개발하며
제품의 특성과 경쟁 제품과의 차별점은 이것이다"

작성 예는 아래와 같다.

"성장기 유아들의 필수적인 A면역 기능을 강화하기 위해 우리는 A면역강화에 탁월한 B기능을 가지고 있는 분유를 개발하며 경쟁사 제품이 기존에 제공하지 못하는 A면역 기능을 제공할 수 있게 한다."

N.O.T.E

8-2. 프로덕트 로드맵 (Product Roadmap)

Product Roadmap은 스크럼 프레임워크에서 프로덕트와 관련된 이해관계자의 요구사항이 어떻게 제품으로 만들어지는지 시간의 흐름에 따라 시각화한 도구이다. Theme, Epic, User Story, Task로 구성되며 각각의 내용은 다음과 같다.

● **Roadmap의 계층적 Level**

Level	이 슈	설 명
1	Theme	프로덕트의 가치와 목표
2	Epic	큰 틀의 요구사항
3	User Story	사용자 세부 요구사항
4	Task	User Story 구체화 작업
5	Subtask	Task의 하위 작업
6	Activity	작업 수행 활동

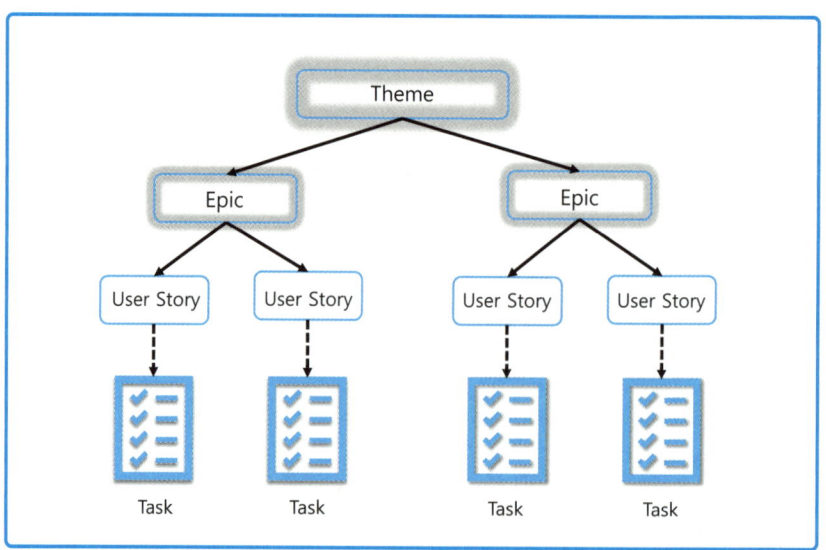

[Roadmap 계층도]

8-3. 프로덕트 백로그 (Product Backlog)

Product Backlog는 우선순위가 있는 요구사항의 목록이다. 이해관계자의 요구사항은 제품, 서비스, 기능과 같이 다양한 항목들이다. 또한 Product Backlog는 이해관계자가 추구하는 기능적 비기능적 가치와 연결되어 있다. Product Backlog는 Backlog Item으로 구성되어 있는데 Backlog Item은 제품기능, 제품결함, 기술적 작업, 관련 지식을 말한다.

Product Backlog는 이해관계자의 요구사항이 프로젝트가 진행하면서 달라지는 것과 동일하게 Product 개발 과정에서 끊임없이 변화하면서 발전한다.

애자일 프로젝트에서는 Product Backlog의 개별 Backlog Item에 대한 사용자 요구사항은 사용자 스토리 (User Story) 형식으로 작성된다.

Product Backlog는 스프린트 혹은 제품 릴리즈를 위해 우선순위를 부여하고 작업량을 측정하기 위해 크기 추정을 한다. Product Backlog의 Source는 Product와 관련된 다양한 이해관계자로 부터 발생한다.

Product Backlog

ID	Name	User Story	Story Point	우선순위
1	조회	시스템에서 사용자가 지난 1년간의 로그를 조회할 수 있어야 한다.	2	2
2	확장성	시스템이 다양한 유형의 데이터베이스와 연동할 수 있어야 한다.	3	3
3	무결성	시스템은 24시간 데이터 무결성을 보장 해야 한다.	5	1

[Product Backlog 사례]

> **N.O.T.E**

8-4. 사용자 스토리(User Story)

사용자 스토리(User Story)는 사용자 관점에서 요구하는 제품 기능을 이야기하는 형태로 서술(written description)한 것을 말한다.

사용자스토리 작성 예를 들면 구현을 원하는 이마켓 플레이스 구축 요구사항 중 "제품검색" 기능이 있다면, 이를 사용자 스토리 형태로 써보면 "사용자는 사이트에서 제품을 검색할 수 있다" 로 작성할 수 있다.

사용자 스토리를 사용하는 주된 이유는 요구사항 수집 시 요구하는 기능을 상세히 파악하는 것 보다 먼저 사용자가 원하는 기능에 대해 자연스럽게 표현하게 하여 사용자 관점에서 기능에 대해 사고(思考)하기 위함이다.

일반적으로 잘 작성된 사용자 스토리의 기준을 "빌 웨이크의 "NVEST"라 하는데, 이는 잘 작성된 스토리는 독립적이고 (Independent), 협상 가능하며 (Negotiable), 가치가 존재하고 (Valuable), 추정 가능하며 (Estimable), 적합한 사이즈로 작고 (Small), 확인 가능한 (Testable) 스토리라는 뜻이다.

애자일 프로젝트에서는 Product Backlog의 개별 Backlog Item에 대한 사용자 요구사항은 사용자 스토리(User Story)형식으로 작성된다.

8-5. 스토리 점수 (Story Point)

사용자 스토리의 크기를 표시하는 단위이며 사용자 스토리 크기나 구현의 난이도에 대한 상대적 평가치이다.

스토리 포인트는 같은 프로젝트 내에 기준을 삼을 수 있는 사용자 스토리를 두고 이 기준 사용자 스토리의 크기 및 구현 난이도와 비교해 상대적으로 추정하는 값이다.

상대적 추정치임을 나타내기 위해 피보나치수열 0, 1, 2, 3, 5, 8, … 과 같은 수치를 사용하기도 한다.

스토리 포인트 추정은 팀 전체가 같이하며 플래닝포커, 델파이, 3점 추정 같은 방법을 사용한다.

애자일 팀 작업 속도(Velocity)를 계산할 때도 사용된다.

N . O . T . E

속도 (Velocity)

스크럼 팀이 단일 스프린트에서 처리 완료한 Story Point 총합을 수치 기준으로 계산한 평균 스토리 포인트를 말하며 스크럼 팀의 생성성을 측정하는 도구로 쓰인다.

8-6. 버전 (Version)

버전(Version)이란 스프린트 혹은 작업 산출물의 특점시점 상태를 말한다. 그리고 버전은 산출물의 상태 추적을 할 수 있는 Data이며 산출물 생애주기에 따른 형상관리 기준 지표로 활용된다.

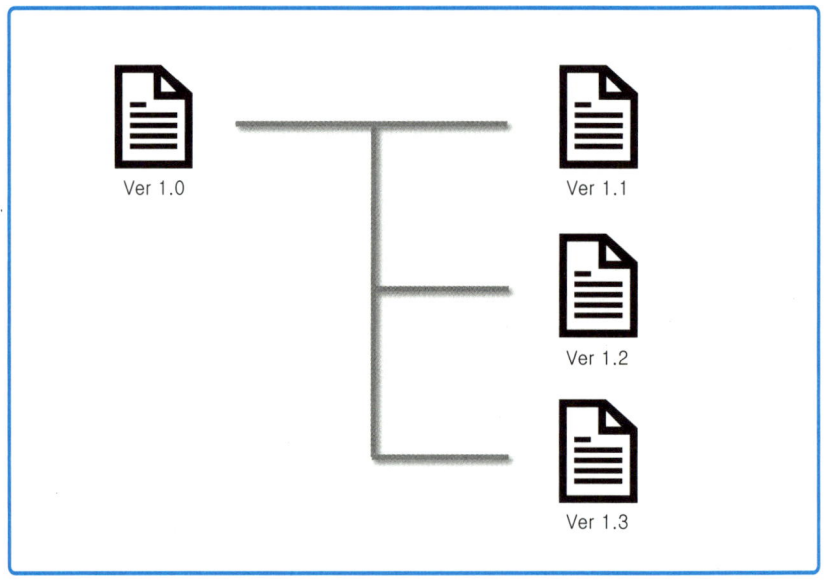

Chapter 2 애자일 프로젝트 관리 지식

8-7. 릴리즈 (Release)

애자일 팀의 작업 수행으로 만들어진 산출물의 대한 공식적인 배포 행위를 말한다.

릴리즈는 프로젝트 초기 단계부터 계획된 소프트웨어 생명주기를 기반으로 릴리즈 담당자가 릴리즈 계획에 따라 철저히 시행 관리한다.

제품 릴리즈 계획 수립 시, 이터레이션의 주기와 프로덕트 백로그 아이템의 구현 범위도 같이 결정된다.

N.O.T.E

**소프트웨어 생명주기
(Software Life Cycle)**

소프트웨어 (Software)의 탄생에서부터 소멸에 이르는 전체 과정.

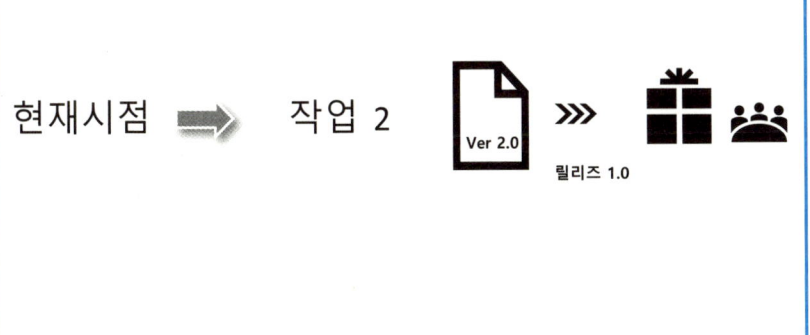

8-8. 번 다운 차트 (Burn Down Chart)

애자일 팀의 의사소통 수단으로 많이 사용 하는 번 다운 차트는 작업의 남은 시간과 남은 작업의 총량으로 진행 상황과 작업완료 시기를 추정하는 데 사용하는 차트이다.

번 다운 차트에서 스토리 포인트의 소멸이 계획보다 너무 느리다면 업무진척에 장애가 생긴 것이고 반대로 계획보다 너무 급격한 속도로 빠르게 스토리 포인트가 소멸된다면 작업 계획에 오류가 있는 경우 일 수 도 있다.

N.O.T.E

스토리 점수(Story Point)

사용자 스토리의 크기를 표시하는 단위이며 사용자 스토리 크기나 구현의 난이도에 대한 상대적 평가치이다.

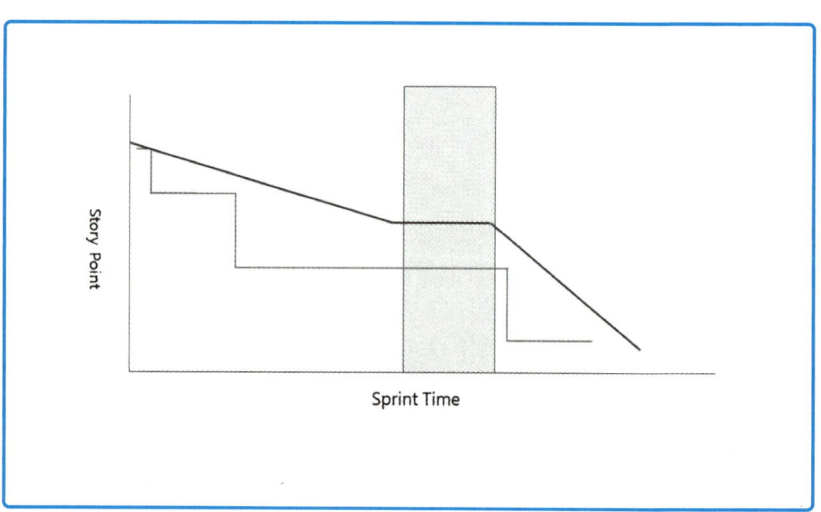

8-9. 누적흐름도표 (Cumulative Flow Diagram)

데일리 스탠드 미팅에서 의사소통 수단으로 많이 사용하는 누적흐름도표는 작업수행 시 작업의 흐름과 작업 병목 구간을 쉽게 검토할 수 있는 차트이다

누적흐름도표에서 스토리 포인트의 증가가 계획보다 너무 느리다면 업무 진척에 장애가 생긴 것이고 반대로 계획보다 너무 급격한 속도로 빠르게 스토리 포인트가 증가된다면 작업계획에 오류가 있는 경우 일 수 도 있다.

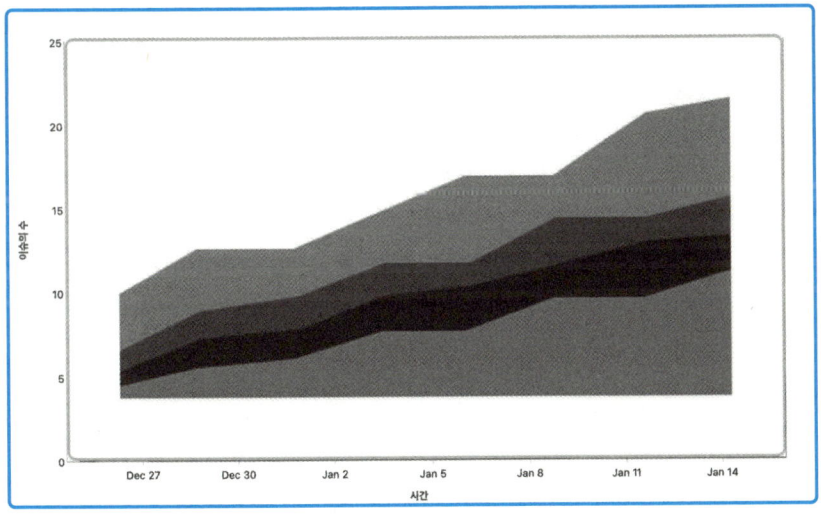

N.O.T.E

8-10. 데일리 스탠드업 미팅 (Daily Stand-Up Meeting)

애자일 팀이 매일 약속된 시간에 모여 팀원들의 작업수행 진척상황을 공유하고 다음 작업의 변경사항을 작업 Backlog에 반영하는 15분 정도의 타임박스를 활용한 일일 스탠드업 미팅이다.

스크럼에서는 데일리 스크럼(Daily Scrum)이라고도 한다.

데일리 스탠드업에서는 크게 세가지 주제로 이야기한다. 첫째는 어제 한 작업내용, 둘째는 오늘 할 작업, 셋째는 작업에 장애가 되는 사항이다. 데일리 스탠드업 회의에서 이 세가지 주제에 대한 이야기를 하지만, 미팅 시 주의할 점은 데일리 스탠드업은 답을 찾는 미팅이 아니라는 점이다. 데일리 스탠드업의 목적은 팀원들이 처한 상황을 공유하고 협업을 하기 위한 미팅이기 때문이다.

데일리 스탠드업 미팅 시 몇 가지 도구를 사용하면 효율적이다.

대표적인 도구는 칸반 보드이다. 칸반 보드는 현재 작업 Backlog의 처리 진행 상황에 대해 시각적 보드를 이용하여 직관적으로 표현하고 있어 데일리 스탠드업 미팅 의사소통에 효율적이다. 또 다른 대표적 도구는 누적 흐름 도표이다. 누적 흐름 도표는 작업 Backlog의 작업 흐름을 가시화시켜 팀에게 제공할 수 있는 장점이 있다.

8-11. 리뷰(Review)

리뷰 (Review)는 작업 종료 단계에서 작업 산출물 (Increment)의 완료의 정의 (Definition of Done)를 위해 수행하는 애자일 팀 이벤트이다.

리뷰 (Review)에서는 작업의 계획 대비 진척상태를 점검하고 Product Backlog를 애자일 팀이 함께 수정할 수도 있다.

리뷰 (Review)는 작업을 통해 구현한 기능을 프로젝트 관련자들에게 보여주고 피드백을 받는 행위이다.

리뷰 (Review)는 애자일 팀과 이해관계자가 함께하는 이벤트이며 이해관계자의 의견을 수용하고 작업 내용을 보완하는 이벤트이다.

리뷰 (Review) 순서는 아래와 같다.

- 리뷰 시작 전에 리뷰 진행 순서를 참가자들에게 설명
- 작업 내용 시연
- 작업 보완 사항 토론
- 리뷰 결과 정리

8-12. 회고 (Retrospectives)

회고(Retrospective)는 작업 종료 단계에 프로젝트 팀이 모여서 팀원들이 이번 작업수행을 통해 얻은 경험과 지식을 공유하는 자리이다. 작업을 하면서 좋았던 점 그리고 개선하고 싶은 사항을 같이 공유하고 다음 작업 수행에 반영하도록 한다. 또한 Product Backlog에 추가할 사항도 같이 정리한다.

회고(Retrospective)는 애자일 팀 내부 이벤트이며 참가자는 애자일 팀원이며 프로젝트 수행방식과 업무 프로세스 개선사항의 도출이 목적이다.

회고 (Retrospective)의 주요 질문은 아래와 같다.

- 작업 수행하는 동안 가장 만족스러웠던 부분은 어떤 것이며 왜 그랬는가?
- 작업 수행하는 동안 가장 골치 아팠던 부분은 어떤 것이며 왜 그랬는가?
- 무엇이 성공적이었는가?
- 무엇이 실패적이었는가?
- 무엇이 달성되지 못하였는가?
- 다른 팀원들에게 주지시키고자 하는 경험과 지식이 있는가?

8-13. 완료의 정의 (Definition of Done)

작업에서 완료의 정의(Definition of Done)는 수행하는 작업의 산출물이 품질 목표를 충족시킨 상태를 말한다.

수행하는 작업이 작업 Backlog에 대한 완료의 정의(Definition of Done)가 이루어지면 작업 산출물은 완성된 것을 의미 한다.

> Part 2 애자일 프로젝트 관리 개론

N.O.T.E

8-14. 증분 (Increment)

증분 (Increment)은 작업 산출물의 증가분을 말한다.

증분(Increment)은 목표한 작업 Backlog의 수행 결과이며 한 작업내에서 여러가지의 증분이 만들어 질 수 있다.

작업의 증분 (Increment)이 누적되어 Product가 최종적으로 완성된다.

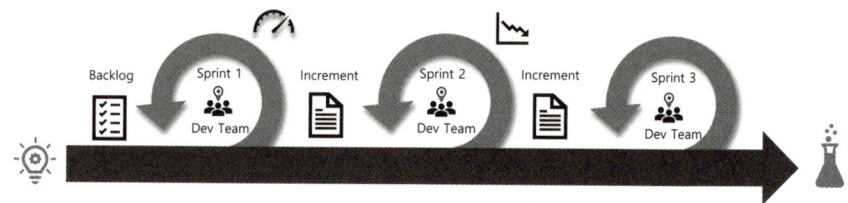

[Scrum Sprint Increment]

8-15. 이터레이션 (Iteration)

이터레이션은 프로세스의 반복 행위를 말하며 프로젝트에서 이터레이션을 하는 이유는 완성도 높은 목적물을 만들어 내기 위함이다.

예를 들면 제품개발을 위해 [분석-> 설계 -> 개발] 순으로 프로세스를 수행한다면 이러한 제품개발 프로세스를 반복적으로 수행하여 제품의 완성도를 높이는 반복 행위가 이터레이션을 수행하는 것이다.

애자일에서 말하는 이터레이션의 의미를 명확하게 보여 주는 것이 바로 스크럼 (Scrum)에서 수행하는 스프린트 (Sprint)이다.

> **N . O . T . E**
>
> **스프린트 (Sprint)**
>
> 스프린트 (Sprint)는 제한된 기간동안 정해진 Product Backlog Item을 구현하기 위한 스크럼 팀 이벤트이다.
>
> 스프린트 (Sprint)는 약 2주에서 4주정도의 기간으로 수행하는 스크럼 팀단위의 그룹화된 작업수행 행위를 말한다.
>
> 스크럼 팀은 스프린트를 반복적으로 수행하면서 이해관계자와 합의 된 Product Backlog Item을 모두 구현하고 Product Goal을 달성시킨다.

[이터레이션 (Iteration)]

8-16. 백로그 그루밍 (Backlog Grooming)

백로그 그루밍 (Backlog Grooming)은 Product Backlog 내용을 다듬고, 우선순위와 크기 추정을 통해 Product Backlog를 정제하는 작업을 말한다.

초기 Product Backlog는 불완전하며 추상적이다. 이를 정제하는 작업이 백로그 그루밍 (Backlog Grooming)이다.

백로그 그루밍 (Backlog Grooming)은 Product Backlog의 추상적인 내용은 상세화하고 우선순위를 부여하고 크기를 추정한다.

백로그 그루밍 (Backlog Grooming)은 프로덕트 오너 (Product Owner)가 주관하고 스크럼 마스터, 개발팀 그리고 Product와 관련된 모든 이해관계자가 참여하는 공동 작업이다.

N.O.T.E

프로덕트 백로그 (Product Backlog)

Product Backlog는 우선순위가 있는 요구사항의 목록이다.

이해관계자의 요구사항은 제품, 서비스, 기능과 같이 다양한 항목들이다. 또한 Product Backlog는 이해관계자가 추구하는 기능적 비기능적 가치와 연결되어 있다.

Product Backlog는 Backlog Item으로 구성되어 있는데 Backlog Item은 제품기능, 제품 결함, 기술적 작업, 관련지식을 말한다.

프로덕트 오너 (Product Owner)

프로덕트의 가치를 극대화하기 위해 프로덕트에 어떤 특징과 기능을 구현할지 우선순위를 결정하며 프로덕트 제작 방향성을 제시하는 역할과 권한을 가진 프로덕트 제작 성공의 최종책임자이다.

8-17. 플래닝 포커(Planning Poker)

플래닝 포커 (Planning Poker)는 스토리 점수 (Story Point)를 추정하는 방법 중 하나이다.

플래닝 포커 (Planning Poker)는 애자일 팀원들이 함께 모여서 포커 게임의 규칙을 이용하여 스토리 점수 (Story Point)를 측정하는 방법을 사용한다.

플래닝 포커를 수행하는 순서는 아래와 같다.

피보나치수열 0, 1, 2, 3, 5, 8, ... 과 같은 수치가 적힌 포커 카드를 준비한다.

스토리 점수 (Story Point)를 산정할 때 사용할 수 있는 기준 사용자 스토리를 정한다.

기준 사용자 스토리의 스토리 점수 (Story Point)를 정한다.

측정하고자 하는 사용자 스토리에 대하여 스토리 포커 참여자들에게 설명한다.

참가자들이 측정하고자 하는 사용자 스토리에 대하여 기준 사용자 스토리와 상대적 평가를 실시하여 포커카드로 자신이 결정한 사용자 스토리 점수 (Story Point)를 제시한다.

제시된 포커카드의 점수를 기반으로 참가자들이 함께 토론을 통하여 합의된 스토리 점수 (Story Point)가 결정한다.

N.O.T.E

사용자 스토리(User Story)

사용자스토리(User Story)는 사용자 관점에서 요구하는 제품 기능을 이야기하는 형태로 서술(written description)한 것을 말한다.

사용자스토리를 사용하는 주된 이유는 요구사항 수집 시 요구하는 기능을 상세히 파악하는 것보다 먼저 사용자가 원하는 기능에 대해 자연스럽게 표현하게 하여 사용자 관점에서 기능에 대해 사고(思考)하기 위함이다.

스토리 점수 (Story Point)

사용자 스토리의 크기를 표시하는 단위이며 사용자 스토리 크기나 구현의 난이도에 대한 상대적 평가치이다.

스토리 포인트는 같은 프로젝트 내에 기준을 삼을 수 있는 사용자 스토리를 두고 이 기준 사용자 스토리의 크기 및 구현 난이도와 비교해 상대적으로 추정하는 값이다.

상대적 추정치임을 나타내기 위해 피보나치수열 0, 1, 2, 3, 5, 8, ... 과 같은 수치를 사용하기도 한다.

N.O.T.E

8-18. 속도 (Velocity)

속도 (Velocity)는 스크럼 팀이 단일 스프린트에서 처리 완료한 Story Point 총합을 수치 기준으로 계산한 평균 스토리 포인트를 말하며 스크럼 팀의 생성성을 측정하는 도구로 쓰인다.

프로덕트 개발에 소요되는 자원과 기간을 산정할 때 쓰인다.

속도 (Velocity)는 프로젝트 기간 내 구현할 수 있는 제품 백로그 아이템이나 사용자 스토리의 규모를 추정하는 근거로 사용된다.

선행 스프린트에서 측정된 스프린트 팀의 속도 (Velocity)로 후행 스프린트의 기간을 산정하며 스프린트가 반복될수록 속도 (Velocity)의 정확도는 높아진다.

8-19. 스프린트 (Sprint)

스프린트 (Sprint)는 제한된 기간 동안 정해진 Product Backlog Item을 구현하기 위한 스크럼 팀 이벤트이다.

스프린트 (Sprint)는 약 2주에서 4주 정도의 기간으로 수행하는 스크럼 팀단위의 그룹화된 작업수행 행위를 말한다.

스크럼 팀은 스프린트를 반복적으로 수행하면서 이해관계자와 합의된 Product Backlog Item을 모두 구현하고 Product Goal을 달성 시킨다.

첫번째 스프린크가 끝나면 스크럼 팀은 약간의 휴식을 취하고 지체없이 두번째 스프린트를 시작한다.

스프린트를 수행하는 스크럼 팀은 협업하며 정해진 서로간의 약속을 지키기 위해 노력하여야 한다. 모든 업무를 자율적으로 수행하고 팀원 스스로 무엇을 언제 어떻게 할 지를 결정한다. 또한 그 결과 역시 팀원이 스스로 책임진다

스크럼 팀은 반복적으로 수행되는 스프린트 마다 유효하고 가치 있는 Product Increment를 만들어 내기 위해 노력해야 한다.

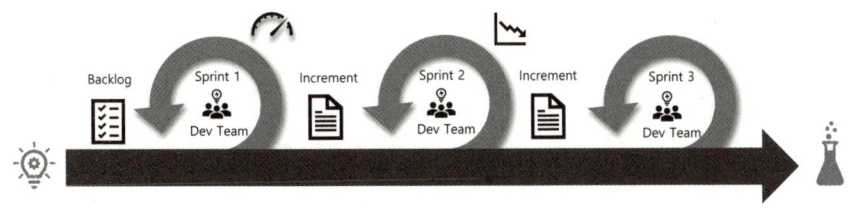

[Scrum Sprint]

> **N.O.T.E** 8-20. 기술적 부채 (Technical Debt)

기술적 부채 (Technical Debt)는 기술적으로 발생한 문제를 해결하지 않고 미루어 두거나 혹은 근본적인 해결을 하지 않고 편법으로 처리하여 문제의 소지가 남아 있는 상황을 말하며 이런 상황을 금융적 부채에 빗대어 한 표현이다.

기술적 부채 (Technical Debt)가 쌓이면 프로젝트 진행에 큰 부담을 주고 문제를 일으킬 수 있다. 그러나 프로젝트 수행에 있어 완전성을 유지하기 어렵기 때문에 대부분의 프로젝트에는 기술적 부채가 존재할 수밖에 없다.

8-21. 케이던스 (Cadence)

케이던스 (Cadence)는 주기적인 리듬 혹은 비트를 뜻하는 단어이다.

애자일에서의 케이던스 (Cadence)는 주기를 가지고 행하는 행위를 말한다.

예를 들면 주간 회의 혹은 월간 회의 같은 주기를 가지고 있는 행위를 하는 것을 의미한다.

제품 출시를 위한 릴리즈, 스크럼에서 하는 스프린트와 같은 이벤트 또한 케이던스(Cadence)를 가지고 있는 대표적인 행위이다.

8-22. 자기조직화 팀 (Self-organizing Project Team)

자기조직화 팀 (Self-organizing Project Team)은 구성원들이 스스로 조직을 만들수 있는 능력을 가지고 있으며 자율적으로 행동하고 변화에 대한 적응력 그리고 오류 발생시 자기 수정 능력을 가진 팀을 말한다.

자기조직화 팀 (Self-organizing Project Team)의 개념을 최초로 설명한 것은 1986년에 일본의 노나카 이쿠지로와 타케우치 히로타카에 의해 1980년대 당시 생산성이 높았던 일본 기업들에서 활용한 신제품 개발 기술을 Harvard Business Review에 기고한 기고문 The New Product Development Game의 내용에 나와 있다.

자기조직화 팀 (Self-organizing Project Team)의 개념은 애자일 선언을 통하여 좀 더 구체화되고 확장되어 애자일에서 활용되고 있다.

8-23. 기본 규칙 (Ground Rules)

기본 규칙이란, 프로젝트에 배치된 팀원들이 따라야 하는 지침을 말하는 것이다.

기본 규칙은 프로젝트의 시작부터 종료 시까지 적용되어야 하는 방침이자 룰이므로 빨리 수립될수록 긍정적인 효과를 가져온다.

왜냐하면 어느 조직이나 집단에서도 그렇듯이 서로가 지키고 인정할 수 있는 룰이 설정되어야만 혼란을 예방할 수 있으며, 사소한 문제들로 인하여 오해가 발생하지 않기 때문이다. 즉 빠른 기준의 설정이 요구되는 것이다.

N.O.T.E

N.O.T.E 8-24. 동일장소 배치 (Co-location)

가상 팀(virtual team)은 동일한 프로젝트 목적을 달성하기 위하여 지리적으로 서로 떨어진 팀이 구성된 형태이므로 보다 긴밀한 팀 구성 활동(team building)이 요구된다고 하였다.

같은 맥락에서 보았을 때 프로젝트 팀원들 간의 결속력 향상이나 팀 생산성 증대를 위하여 팀원들을 같은 장소에 배치하는 것은 매우 효과적인 방법이다. 왜냐하면 같은 장소에서 작업을 수행하는 것은 자연스럽게 많은 공식적·비공식적인 의사소통의 기회를 가질 수 있도록 하며, 함께 할 수 있는 협업의 기회를 늘려주고, 서로 도움을 줄 수 있는 편리한 환경 여건이 자연스럽게 조성되기 때문이다.

하지만 프로젝트의 기본적인 수행 환경상 동일장소 배치가 어려운 경우도 상당수 있으므로, 이럴 때 프로젝트 관리자는 보다 긴밀한 팀 구성 활동(team building)을 위하여 노력하여야 한다.

이러한 동일장소 배치는 프로젝트 전체 기간에 걸쳐서 이루어질 수도 있고, 특정 기간이라든가 특정 날짜 혹은 특정 시간에라도 얼굴 마주할 기회를 마련하는 형태가 될 수도 있다. 예를 들면 지역별로 흩어져 있는 프로젝트가 매월 첫째 주말에 돌아가면서 한 사이트에 모두 모여 회식을 하는 것도 동일장소 배치의 한 형태가 된다. 때로는 일정과 성과 등을 게시하고 전자 통신 장비를 갖춘 상황실(war room)을 운영하는 것도 좋은 전략이다.

8-25. 3점 추정 (Three-point Estimates)

N.O.T.E

프로그램 평가 및 검토 기법 (Program Evaluation and Review, PERT)에서 비롯된 기법으로, 산정의 불확실성과 위험을 고려한 기법이다. 즉 1점으로 산정하지 않고 3가지 Point를 가지고 확률적인 산정치를 구하고자한 것이다.

일반적으로 3점 산정은 그 정확도가 높고, 세 점이 원가 산정의 불확실성 범위를 명확히 해 준다고 알려져 있다.

3점 산정의 평균 및 표준편차 값은 다음과 같이 구할 수 있다.

- 비관치(pessimistic) 비관적으로 보고, 어려운 환경인 경우 : p
- 보통치(most likely) 현실적으로 기대되는 예상치 : m
- 낙관치(optimistic) 낙관적으로 보고, 순조로운 상황인 경우 : o

$$기대치 = \frac{p+4m+o}{6}$$

$$표준편차 = \frac{p-o}{6}$$

8-26. 품질 비용 (Cost Of Quality)

품질 비용이란 요구되는 품질 수준을 실현하기 위하여 필요한 (투입되는) 비용을 뜻하며, 달리 제품의 가치를 높이기 위하여 필요한 비용이라고도 말할 수 있다.

품질 비용은 일반적으로 준수 비용(Cost of conformance)과 비준수 비용(Cost of non-conformance)으로 구분된다.

준수 비용은 다시 예방 비용 (Prevention cost), 평가 비용 (Appraisal cost)으로, 비준수 비용은 실패 비용(Failure cost)으로 분류할 수 있다.

준수 비용이란 품질을 지키기 위하여 투입되는 비용을 의미하며, 비준수 비용은 품질을 지키지 못하여 투입되는 비용을 말한다.

세부적으로 예방 비용이란 불량 품질이 발생하지 않도록 예방 활동을 수행하기 위해 발생하는 비용을 말한다. 예를 들어 품질관리를 위한 교육훈련 등이 대표적인 예방 비용이다.

평가 비용은 제품이나 중간 산출물이 품질표준 및 품질규격에 적합한지를 측정하는 데 발생하는 비용을 말한다. 감리나 평가 또는 검사 등의 형태로 행해지는 활동들은 평가 비용으로 볼 수 있다.

마지막으로 실패 비용은 제품이나 산출물의 품질이 일정한 규격에 미달함으로써 불합격품, 등외품 등이 유발되어 발생하는 비용을 말한다.

이때 제품이나 산출물이 고객(최종소비자)에게 전달되는 시점을 기준으로 고객에게 전달 전 발생한 비용은 내부 실패 비용, 전달 후 발생한 비용은 외부 실패 비용으로 구분할 수 있다.

간단한 예로 내부 실패 비용은 공장 출하 전 검사에서 불합격되어 재작업하는 비용을 들 수 있으며, 고객에게 배송되었으나 제품불량으로 반송되었다면 반품 비용 등이 외부 실패 비용으로 볼 수 있는 것이다.

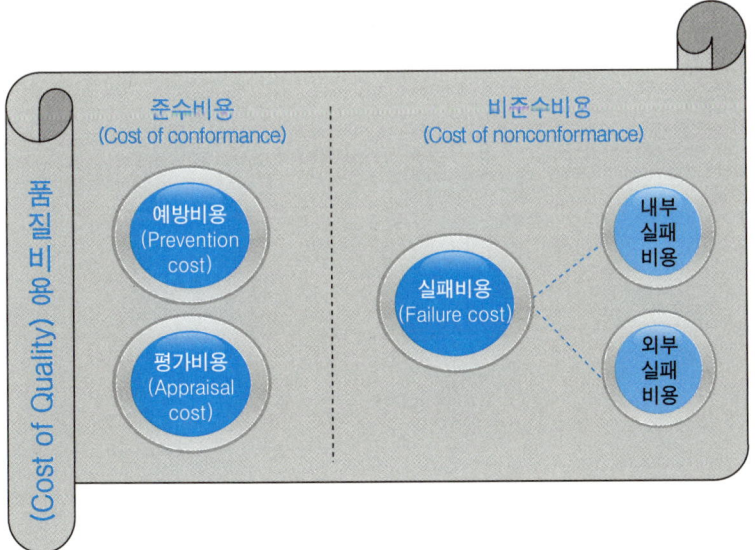

[품질비용의 종류]

8-27. 당김방식 (Pull System)

당김방식 (Pull System)은 전통적인 방식인 수행할 작업을 사전에 계획하고 앞 단계에서 다음 단계로 밀어내며 진행하는 방식의 Push System과 반대 개념의 작업처리 방식으로 작업을 프로세스에 밀어 넣는 대신 작업자가 작업을 처리하기 원할 때 당겨오는 방식으로 처리할 수 있는 능력이 있을 때만 작업을 가져오는 방식이다.

이 방식은 수행할 작업의 우선순위에 작업자가 집중하게 하며 작업중제한 (WIP) 범위에서 작업을 수행 가능하게 하여 작업의 병목을 막고 처리량 증가와 작업 시간의 단축을 가능하게 한다.

린 (Lean)에서 유래한 방식이며 칸반 (Kanban) 방식을 포함한 모든 애자일 방식에서 주로 사용하는 작업 수행 기법이다.

8-28. MVP (Minimum Viable Product)

MVP (Minimum Viable Product)는 최소 실행 가능한 제품을 의미하며 제품 개발시에 목표로 하는 요구 기능이 실제 실행하려는 비즈니스에 적합하고 올바르게 동작하는지 확인하기 위해 최소한의 기능을 구현하여 만든 제품을 의미한다.

MVP (Minimum Viable Product) 개발을 통해 최소의 필요한 기능을 구현한 제품을 빠르게 고객에게 제공함으로써 개발된 제품에 대한 신속한 피드백을 고객으로 부터 받을 수 있는 장점이 있다.

MVP (Minimum Viable Product) 개발 및 제공 그리고 고객 피드백을 반복적으로 수행하여 제품의 완성도 및 비즈니스 요구사항에 대한 충족도를 높인다.

> **N.O.T.E**

8-29. 카이젠 이벤트 (Kaizen Event)

카이젠 이벤트 (Kaizen Event)의 Kaizen은 한국어로 "개선(改善)" 영어로 "improvement" 를 의미하는 일본어이다.

카이젠 이벤트 (Kaizen Event)는 개선 활동 이벤트를 말하며 린(LEAN)에서 생산성 향상을 위한 작업자들의 프로세스 개선 활동 이벤트이다.

애자일에서의 카이젠 이벤트 (Kaizen Event)는 지속적 개선 활동을 의미하며, 칸반에서는 개발팀이 수행하는 워크플로우 프로세스 개선 및 작업 수행 활동 개선을 위한 정규적인 이벤트 활동을 말한다.

8-30. 작업시간 (Work Time)

작업시간 (Work Time)은 목표한 작업량이 만들어 질 때까지 걸린 시간을 말한다. 즉, 완료된 작업량 (Throughput)이 목표 작업량과 같아질 때까지 걸린 시간이다.

작업시간은 해당 작업의 Lead Time에서 대기시간을 뺀 시간으로 계산한다.

작업시간 (Work Time) = Lead Time - 대기시간 (Waiting Time)

작업 시간과 관련된 용어를 정리해 보면 아래와 같다.

Lead Time : 작업 요구가 도출된 시작 부터 작업 요구가 처리 완료되기 까지 걸린 시간

Cycle Time : 실제 작업이 시작된 시작점 부터 작업이 완료 된 후, 완료점까지 걸린 시간

Waiting Time : 작업 대기 시간

Throughput : 완료된 작업량

Summary

POINT 1 애자일의 정의

- 애자일(agile)은 '재빠른', '민첩한'이라는 뜻의 형용사인데 일반적으로 프로젝트에서의 애자일 방식이란 환경변화에 빠르고 민첩하게 반응하고 고객의 요구에 유연하게 대처하기 위한 짧은 개발주기의 반복형(Iterative) 개발방식과 요구사항, 범위 및 품질에 대한 증분형(Incremental) 개발방식을 혼용하는 적응형 개발방식의 방법론, 프레임워크, 개발방법을 총칭하는 포괄적 표현이다.

POINT2 애자일 리더의 역할

- 팀원들에게 애자일 코치로 활동한다.
- 팀원의 업무수행 시 장애요소를 제거하고 도와준다.
- 팀 외부로부터의 방해에 대한 보호막이 되어준다.
- 애자일 프로세스 수행의 지휘자가 되어준다.
- 프로젝트로 인한 변화에 대한 저항을 극복한다.
- 고객에게 가치 있는 인도물을 제공한다.
- 경영진과 팀을 지원하며 가교 역할을 수행한다.

POINT3 프로덕트 오너의 역할

- 이해관계자와의 협업을 통한 프로덕트 방향성 제시
- 프로덕트 목표정의
- 프로덕트 백로그 작성
- 프로덕트 목표와 백로그에 대한 명확한 의사소통
- 비즈니스 의사결정에 필요한 정보제공
- 작업 우선순위 정보제공

Key Word

- 애자일 팀 리더
- 섬김형 리더십
- 스크럼 프레임워크
- 프로덕트 오너
- 칸반방법
- 프로덕트 백로그

Project Management

PART 03

스크럼 프로젝트 관리 실무

Chapter 03 ― 스크럼 프레임워크

Chapter 03 스크럼 프레임워크

Project Management Situation

박부장이 차세대 게임 솔루션 개발을 위한 회의를 주관하고 있다.

박부장 어제 솔루션 개발을 위한 경영진의 전략 수립이 완료되었습니다. 여러분도 다 알다시피 이 프로젝트는 우리 부서 목표 달성을 위한 중요한 프로젝트입니다. 그 동안 유사한 게임을 개발 한 경험도 있어 경영진의 요구사항 관리만 잘한다면 충분히 성공할 수 있을 것입니다.

오대리 그런데 이번 차세대 게임 솔루션 개발은 예전 프로젝트에 비해 규모가 크고, 경영진의 요구사항을 살펴본 결과 개발 기간이 상당히 촉박한 것 같습니다.

차과장 높은 기술 수준 또한 어려움이 예상됩니다. 이번 개발방식은 스크럼을 사용할 예정입니다. 물론 개발팀에서 스크럼 프레임워크를 잘 알고 있어서 무난히 수행할 것으로 예상하고 있습니다. 이슈관리는 어려움을 겪게 될 것이 분명합니다. 그래서 JIRA를 도입하여 사용할 예정입니다.

박부장 이번 프로젝트에서 예상되는 어려움을 리스크 관리 측면에서 접근해서 관리하여 주시길 바랍니다. 또한 스크럼 사용 시 역할배분을 정확히 하시고 각자의 역할에 능동적인 자세로 수행하여 주시길 바랍니다. 이 번 프로젝트의 프로덕트 오너 역할은 제가 수행하겠습니다.

차과장 제 의견으로는 박부장님은 프로덕트 오너 보다는 스폰서 역할을 해주셨으면 합니다. 현재 박부장님은 개발팀장을 하시고 계셔서 개발팀원들과 수평적인 대화가 힘들 것 같습니다. 그리고 프로덕트 오너는 경영 기획팀에서 수행할 수 있는 인력을 추천 받아서 진행하는 것이 좋을 것 같습니다. 프로덕트 오너가 프로덕트 백로그를 이해관계자와 잘 협의하여 주시는 것이 중요한데, 대표적인 이해관계자가 경영진이니 경영 기획팀 인력이 프로덕트 오너를 수행하는 것이 좋을 것 같습니다.

박부장 알겠습니다. 그럼 제가 먼저 경영 기획팀에 업무 협조를 요청해 두겠습니다. 모든 팀원들이 이번 프로젝트가 반드시 성공할 수 있게 노력해 주시길 바랍니다.

> ☑ **Check Point**
> - 스크럼에서의 협업은 무엇을 의미합니까?
> - 스프린트의 생산성 평가를 위한 주요 기법은 무엇입니까?
> - 증분은 무엇입니까?
> - 프로젝트 팀 속도는 어떻게 측정합니까?

Part 3 스크럼 프로젝트 관리 실무

N.O.T.E

9 스크럼 (Scrum)의 이해

9-1. 스크럼 정의

스크럼(Scrum)은 사람과 팀, 조직이 어렵고 복잡한 문제를 해결하기 위해 선택하는 행동방식과 해법을 연구하여 프로젝트 관리에 적용할 수 있도록 만들어진 애자일 개발 프레임 워크이다.

스크럼의 원래 어원은 럭비에서 플레이 중 럭비공이 경기장 밖으로 나가서 플레이를 다시 시작할 때, 럭비팀이 구축하는 팀 전술 대형을 말하며 처음 사용된 것은 1986년에 일본의 노나카 이쿠지로와 타케우치 히로타카에 의해 1980년대 당시 생산성이 높았던 일본기업 들에서 활용한 신제품 개발기술을 Harvard Business Review에 기고문 "The New New Product Development Game"를 통해 소개하면서 부터이고, 이 내용에 영감을 받은 미국의 제프 서덜랜드와 캔슈와버 그리고 동료 소프트웨어 엔지니어들에 의해 1994년부터 만들고 발전시킨 애자일 프레임워크가 바로 스크럼(Scrum)이다.

스크럼 가이드

켄 슈와버와 제프 서덜랜드 (Ken Schwaber & Jeff Sutherland)가 2010년부터 현재까지 지속적으로 업데이트하며 발전시켜 제공하고 있는 스크럼 활용을 위한 가이드 북

제프 서덜랜드와 캔슈와버는 현재까지도 스크럼 가이드를 업데이트하여 제공하고 있으며 처음 출발은 IT 업무 중심이었지만 지금의 스크럼 가이드에서는 IT 업무의 모든 표현이 남겨 있지 않아 다른 산업군에 충분히 적용할 수 있는 상태이며 불필요하거나 어려운 표현은 모두 정리된 상태이다.

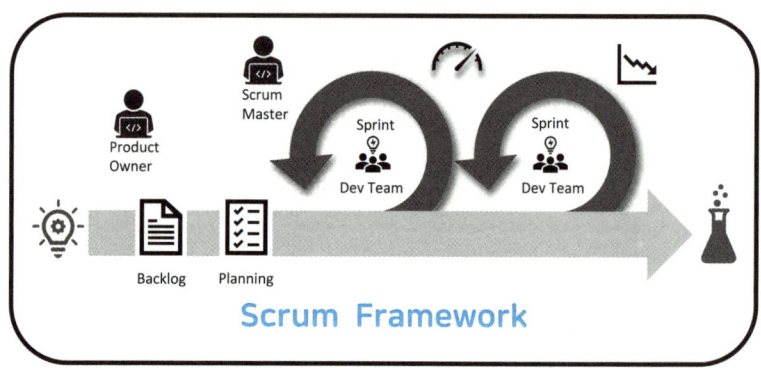

Scrum Framework

9-2. 스크럼 특징

제프 서덜랜드와 캔슈와버가 스크럼 가이드에서 말하고 있는 스크럼의 특징은 아래와 같다.

스크럼의 이론적 기반은 경험주의(Empiricism)와 린 사고(Lean thinking)이며 이를 풀어 말하면 경험과 관찰을 기반으로 판단하며 그 결과를 통해 지식을 얻고, 업무를 수행할 때 낭비적인 요소를 제거하고 본질의 가치에 초점을 맞추어 일하는 것을 의미한다.

스크럼의 모든 이벤트와 업무 그리고 업무의 결과물은 반드시 가시적인 투명성(Transparency)을 확보해야 하며 확보된 투명성(Transparency)을 기반으로 가치를 점검(Inspection)하고 점검(Inspection)의 결과를 신속히 적응(Adaptation)할 수 있는 능력을 가져야 한다.

스크럼의 성공여부는 아래와 같은 스크럼의 가치에 대한 모든 프로젝트 참가자들의 준수 여부에 달렸다.

- 팀 목표 달성과 팀 협업의 약속(Commitment)준수할 것
- 스프린트 기간에 업무수행에 집중(Focus)할 것
- 이해관계자들은 도전에 대해 열린 마음(Openness)을 가질 것
- 팀원은 서로 존중(Respect)할 것
- 힘든 상황에서도 올바른 선택과 일을 할 수 있는 용기(Courage)를 가질 것

스크럼 프레임워크 구조는 변경하면 안되지만 다른 애자일 방식을 담는 컨테이너로는 사용 가능하다.

N.O.T.E

검사 (Inspection)의 종류
1. 검토(Review)
2. 동료검토(Peer Review)
3. 워크스루(Walk Through)

스프린트 (Sprint)

스프린트 (Sprint)는 제한된 기간동안 정해진 Product Backlog Item을 구현하기 위한 스크럼 팀 이벤트이다.

스프린트 (Sprint)는 약 2주에서 4주정도의 기간으로 수행하는 스크럼 팀단위의 그룹화된 작업수행 행위를 말한다.

스크럼 팀은 스프린트를 반복적으로 수행하면서 이해관계자와 합의 된 Product Backlog Item을 모두 구현하고 Product Goal을 달성시킨다.

9-3. 스크럼 팀 구성

스크럼(Scrum)의 스크럼 팀 인력구성은 프로덕트 오너 1명, 스크럼 마스터 1명, 복수의 개발자들로 구성되며 스크럼은 이 세가지 역할 구성원들의 공동 협업으로 진행되는 애자일 방식이다.

스크럼 팀의 적정 참여 인원은 10명이내로 권장하고 있다. 만일 스크럼 팀의 규모가 커진다면 복수의 스크럼 팀으로 분산하는 것을 추천하며 스크럼 팀이 여러 팀으로 분산되더라도 프로덕트 목표와 프로덕트 백로그, 프로덕트 오너는 동일해야 한다.

스크럼 팀 구성원 모두는 가치 있는 프로덕트 제작에 대한 공동 책임을 진다.

스크럼 팀의 의소통은 투명하고 광범위하게 이루어져야 한다.

팀 목표에 집중하고 구성원 모두가 팀에 헌신하여야 한다.

스크럼 팀은 팀웍으로 일하며 업무 수행 시 연속성을 유지해야 한다.

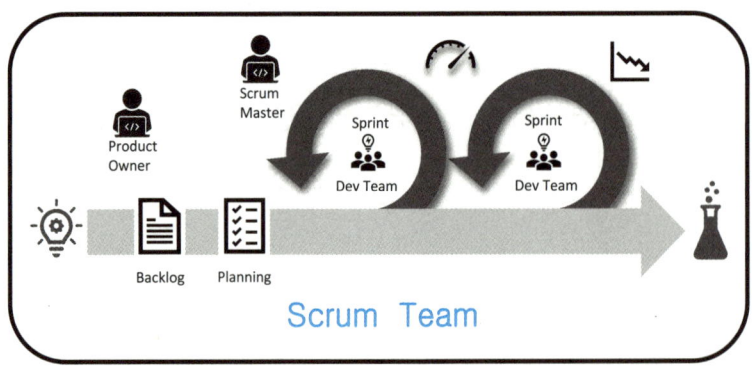

9-4. 프로덕트 오너의 역할 및 필요역량

프로덕트의 가치를 극대화하기 위해 프로덕트에 어떤 특징과 기능을 구현할지 우선순위를 결정하며 프로덕트 제작 방향성을 제시하는 역할과 권한을 가진 프로덕트 제작 성공의 최종 책임자이다.

프로덕트 오너(Product Owner) 역할은 1명이 역할을 수행하며 역할에 관련된 업무의 모든 의사결정 권한을 가진다.

프로덕트 백로그와 관련된 이해관계자의 요구사항을 도출하고 협상하며 이해관계자와 합의된 요구사항을 프로덕트에 반영하는 역할을 수행한다.

> **프로덕트 오너(Product Owner)의 역할**

- 프로덕트 비젼 제시 및 유지
- 프로덕트 목표 정의
- 프로덕트 백로그 작성 및 구현 우선순위 결정
- 프로덕트 목표와 백로그에 대한 명확하고 신속한 의사소통

> **프로덕트 오너(Product Owner)의 필요역량**

- 프로덕트 비젼 제시 능력
- 이해관계자 요구사항 관리 능력
- 신속하고 정확한 의사결정 능력
- 프로덕트의 가치를 끌어낼 수 있는 추진력과 책임감

N.O.T.E

프로덕트 백로그 (Product Backlog)

Product Backlog는 우선순위가 있는 요구사항의 목록이다. 이해관계자의 요구사항은 제품, 서비스, 기능과 같이 다양한 항목들이다. 또한 Product Backlog는 이해관계자가 추구하는 기능적 비기능적 가치와 연결되어 있다. Product Backlog는 Backlog Item으로 구성되어 있는데 Backlog Item은 제품기능, 제품결함, 기술적 작업, 관련지식을 말한다.

9-5. 스크럼 마스터의 역할 및 필요역량

스크럼 마스터 (Scrum Master)는 스크럼 프레임워크를 확립하고 스크럼 프로세스가 원활히 진행되도록 하는 책임이 있다.

스크럼 마스터 (Scrum Master)는 자율적으로 일하는 스크럼 팀의 봉사형 리더이며 코치이자 퍼실리테이터 (Facilitator)이다. 우리가 일반적으로 생각하는 관리자와는 거리가 멀다.

모든 스크럼 이벤트의 주체자이고 이벤트가 긍정적이며 생산적으로 효율적인 진행이 되도록 노력한다.

스크럼 팀이 업무에 집중할 수 있는 환경을 조성하고 도우며 다양한 형태로 발생하는 진척 방해 요소를 제거하는 역할을 수행한다.

프로덕트 오너의 활동과 조직의 스크럼 활동의 조력자 역할을 수행하고 프로젝트 팀과 이해관계자의 소통을 돕는다.

> ➢ **스크럼 마스터 (Scrum Master)의 역할**
- 섬김형 리더쉽 발휘
- 스크럼 프로세스 및 이벤트 관리
- 스크럼 팀과 조직에 대한 스크럼 코칭
- 작업에 집중할 수 있도록 장애물 제거 및 보호 역할 수행
- 작업이 긍정적이고 생산적으로 진행될 수 있도록 역할 수행

> ➢ **스크럼 마스터 (Scrum Master)의 필요역량**
- 스크럼에 대한 전문적 지식보유
- 스크럼 팀 빌딩 및 팀 협업체계 구축 능력
- 스크럼 진행 시 발생하는 문제에 대한 해결 능력
- 스크럼 팀 코칭 및 팀 퍼실리테이트 능력
- 스크럼 팀 보호 역량

N.O.T.E

섬김형 리더쉽(servant leadership)
팀원들에게 봉사하고 섬기는 자세로 일하며 이를 바탕으로 팀원의 신뢰를 얻어 팀원과 조직간의 목표 동기화를 이루어 조직의 성과를 달성시키고 팀원들의 성장을 유도하는 리더십이다.

9-6. 개발자들의 역할 및 필요역량

목표 프로덕트를 만들 수 있는 자율적이고 능동적인 해당부문의 전문가들이다.

프로덕트를 만들기 위한 스프린트를 위해 스프린트 백로그 도출, 스프린트 계획 수립을 하며 스프린트 이벤트 동안 프로덕트의 설계, 제작, 테스트 등 다양한 작업을 수행한다.

스크럼 이벤트 이외에 세부 작업방식과 방법은 개발자 스스로 결정하며 프로덕트를 개발하고 완성할 책임을 진다.

스크럼 팀 개발자들은 프로덕트 제작을 위한 다기능(Cross functional) 전문가의 집합체를 지향한다.

자신의 작업에 책임감 있게 임하며 개발자들 상호 협업을 통해 효율성을 높인다.

> **개발자들의 역할**

- 스프린트 계획수립, 스프린트 백로그 작성
- 스프린트 수행 및 품질관리
- 자율적이고 능동적인 업무수행, 전문가로서 협업

> **개발자들의 필요 역량**

- 개발 전문능력
- 다기능(Cross functional) 수행능력
- 의사소통 능력
- 스프린트 계획수립 능력
- 스프린트 백로그 작성
- 품질관리 능력
- 제품인도 능력

N . O . T . E

교차 기능 팀(cross functional team)

교차 기능 팀은 다양한 기능(경영지원, 연구소, 마케팅, 제품 개발, 품질 보증, 재무등)의 전문성을 소유한 팀원을 모아서 만든 팀을 말한다. 교차가능팀은 프로젝트 수행에 필요한 모든 기능을 팀안에서 제공할 수 있는 장점이 있다.

9-7. 스크럼 이벤트 및 산출물

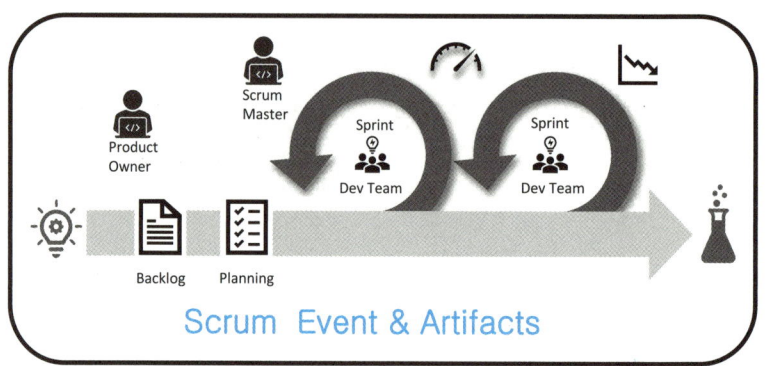

스크럼 수행절차는 아래와 같다.

프로덕트 오너가 프로덕트 백로그를 정리한 후 스크럼 마스터의 코치를 받으며 개발자들이 프로덕트 백로그를 처리하기 위한 2주 혹은 3주 단위의 스프린트를 반복적으로 실시하여 프로덕트를 완성하는 비교적 간단한 프로세스이다.

스크럼 이벤트와 산출물은 아래와 같다.

스크럼 이벤트
스프린트(Sprint)
스프린트 계획(Sprint Plan)
데일리 스크럼(Day Scrum)
스프린트 리뷰(Sprint Review)
스프린트 회고(Sprint Retrospective)

스크럼 산출물
프로덕트 백로그(Product Backlog)
스프린트 백로그(Sprint Backlog)
프로덕트 증가분(Product Increment)

데일리 스크럼(Daily Scrum)

스크럼 팀이 매일 약속된 시간에 모여 팀원들의 작업수행 진척상황을 공유하고 다음 작업의 변경사항을 작업 Backlog에 반영하는 15분 정도의 타임박스를 활용한 일일 스탠드업 미팅이다.

Chapter 3 스크럼 프레임워크

스크럼 수행절차를 크게 분류하면 아래와 같은 단계로 나눌 수 있다.

N.O.T.E

- 계획수립
- 프로덕트 백로그 제작
- 스프린트 수행
- 스크럼 완료

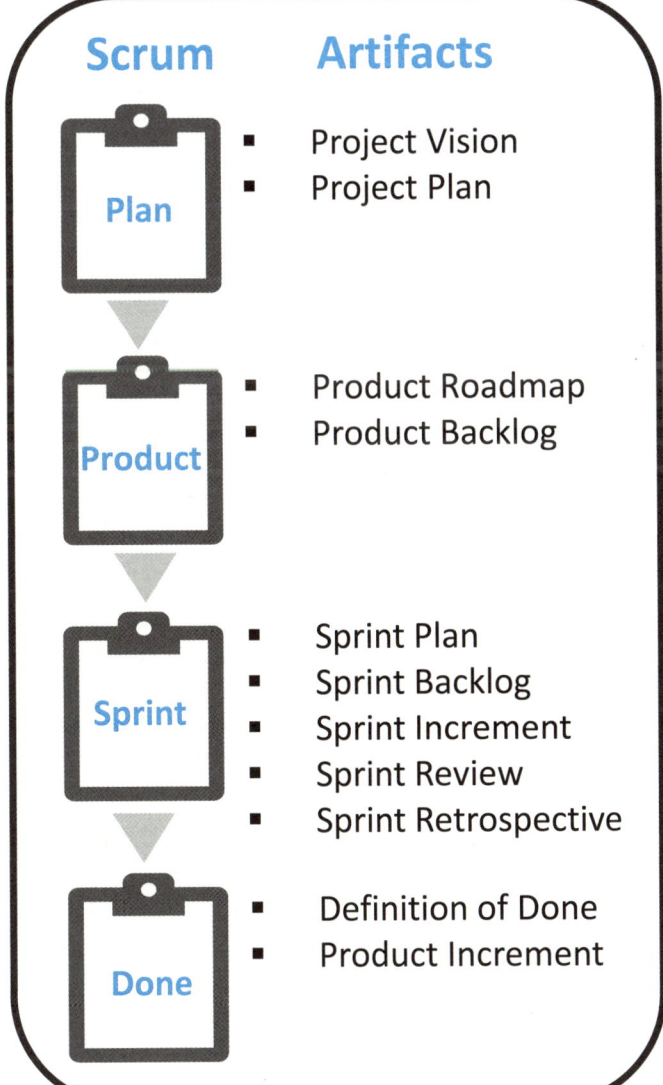

완료의 정의 (Definition of Done)

작업에서 완료의 정의(Definition of Done)는 수행하는 작업의 산출물이 품질목표를 충족시킨 상태를 말한다.

수행하는 작업이 작업 Backlog에 대한 완료의 정의(Definition of Done)가 이루어지면 작업 산출물은 완성된 것을 의미 한다.

N.O.T.E 9-8. 스크럼 프로젝트 수행절차

스크럼 프로젝트는 아래와 같은 단계로 진행한다.

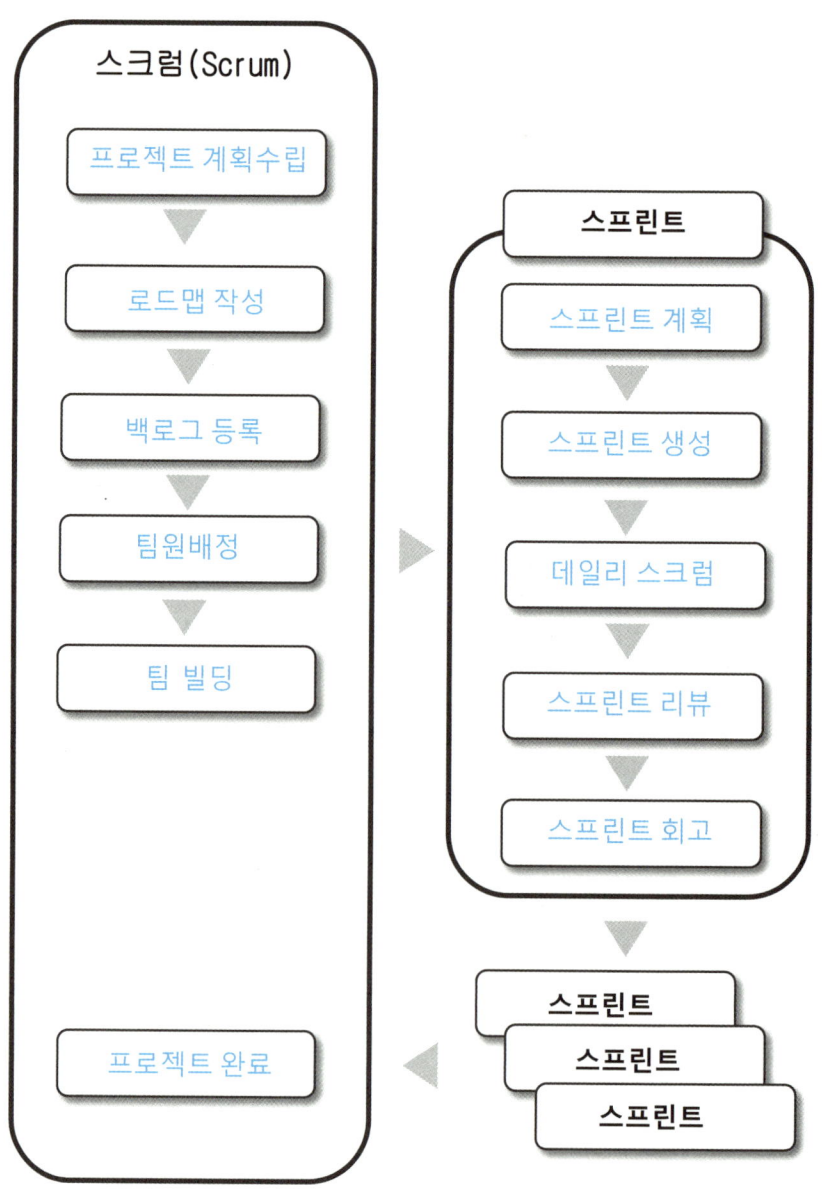

Summary

POINT 1 스크럼 이벤트와 산출물

- 스크럼 이벤트
  - 스프린트 (Sprint)
  - 스프린트 계획 (Sprint Plan)
  - 데일리 스크럼 (Day Scrum)
  - 스프린트 리뷰 (Sprint Review)
  - 스프린트 회고 (Sprint Retrospective)

- 스크럼 산출물
  - 프로덕트 백로그 (Product Backlog)
  - 스프린트 백로그 (Sprint Backlog)
  - 프로덕트 증가분 (Product Increment)

POINT 2 프로덕트 오너 (Product Owner)의 역할

- 이해관계자와의 협업을 통한 프로덕트 방향성 제시
- 프로덕트 목표 정의
- 프로덕트 백로그 작성
- 프로덕트 목표와 백로그에 대한 명확한 의사소통
- 비즈니스 의사결정에 필요한 정보 제공
- 작업 우선순위 정보 제공

Key Word

- 스크럼
- 스프린트
- 스크럼 마스터
- 프로덕트 오너

Project Management

PART 03

스크럼 프로젝트 관리 실무

Chapter 04 — 스크럼 프로젝트

Chapter 04   스크럼 프로젝트 (Scrum Project)

Project Management Situation

스크럼 마스터인 차과장과 팀원들이 스크럼 회고 미팅을 진행하고 있다.

차과장 이번 스프린트에서 진행한 백로그는 지금 말씀 드린 것과 같습니다. 초기 스프린트 계획 대비 80% 정도 진행된 것 같습니다. 이번 스프린트 결과를 반영하여 다음 스프린트 계획은 좀 더 정확한 계획을 수립할 수 있을 것 같습니다. 지금 부터 이번 스프린트에서 성공적인 것은 무엇이었는지 그리고 이번 스프린트를 진행하면서 어려웠던 점은 무엇이었는지 각자 자유롭게 말씀해 주시면 감사하겠습니다.

김영호 이번 스프린트를 하면서 가장 좋았던 점은 개발팀원 모두 자발적으로 서로서로 도우면서 작업 했던 일 인 것 같습니다. 특히 최민희 님은 제가 어려울 때 마다 도와 주셨던 것 같습니다. 다시 한번 감사드립니다. 그리고 이번 스프린트를 하면서 어려웠던 점은 스프린트 백로그에 대한 변경이 많아서 특히 어려웠던 것 같습니다. 스프린트 백로그가 변경이 많았던 이유는 프로덕트 오너가 처음 제시한 프로덕트 백로그가 명확하지 않아서 생긴 일인 것 같습니다.

최민희 저도 이번 스프린트에서 가장 좋았던 일은 앞에서 말씀하신 김영호님의 생각과 같습니다. 개발팀원들이 자신의 일인지 다른 사람의 일인지 따지지 않고 서로서로 돕고 일했던 부분입니다. 그리고 그렇게 팀원간에 협업이 가능했던 이유는 데일리 스크럼이 큰 역할을 한 것 같습니다. 데일리 스크럼에서 서로의 업무를 어느 정도 파악할 수 있어서 서로 도울 수 있었던 것 같습니다. 그리고 이번 스프린트에서 가장 어려웠던 점은 스프린트 백로그를 처리하기 위한 작업시간이 생각보다 많이 들어서 작업시간이 부족했던 점입니다. 다음 번 스프린트에서는 이번 경험을 교훈 삼아서 작업시간 배정에 특히 신경써야 할 것 같습니다.

팀원들 우리모두 수고 많았습니다. 서로 감사의 인사를 나누고 다음 스프린트가 성공적으로 진행되도록 함께 노력합시다.

✓ Check Point

- 프로젝트 헌장은 무엇입니까?
- 프로젝트 관리 계획서는 어떻게 작성해야 합니까?
- 데일리 스크럼의 기능은 무엇입니까?

N.O.T.E

10. 스크럼 (Scrum)계획수립

10-1. 프로젝트 헌장 (Project Chapter) 작성

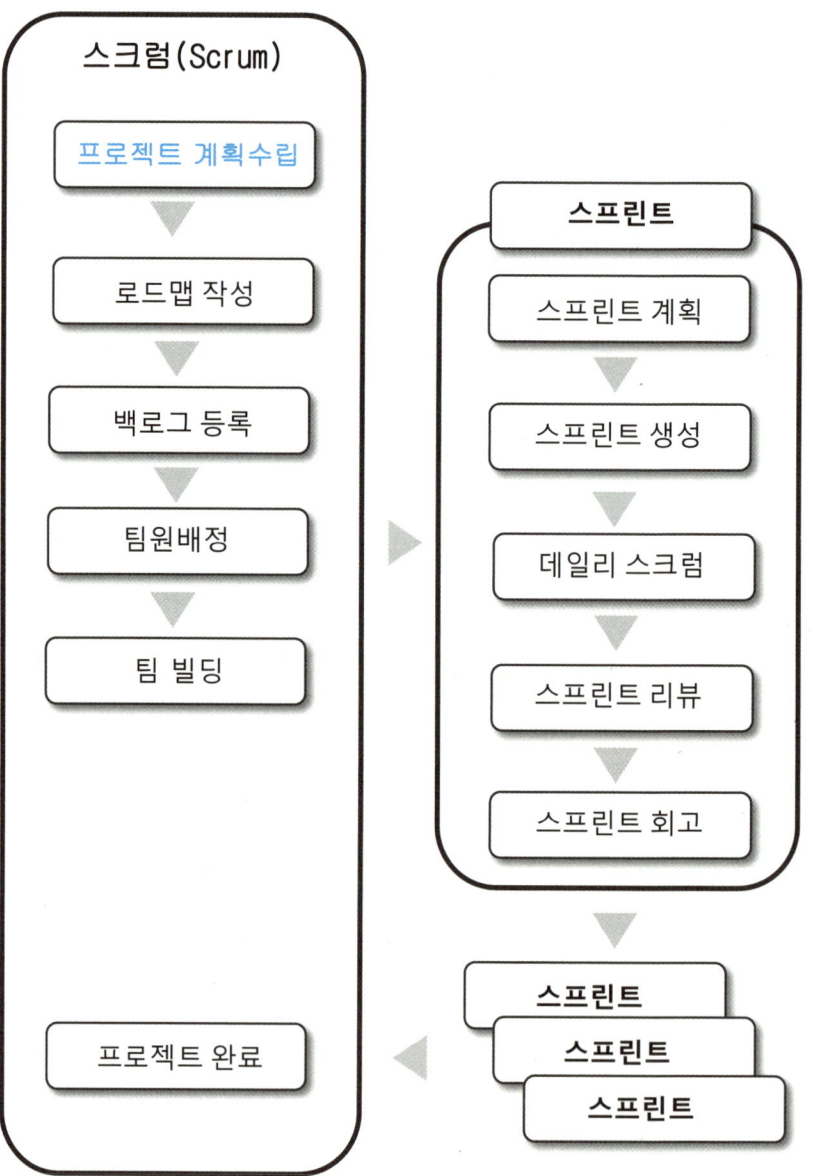

프로젝트 헌장 (Project Chapter) 작성

프로젝트 헌장은 프로젝트에 대한 개략적인 설명과 범위를 정의한 문서로써, 프로젝트 외부에 있는, 스폰서 (Sponsor)에 의해 작성된다. 프로젝트 헌장은 프로덕트 오너, 프로젝트 리더를 임명하고 적절한 권한을 부여하여 자원과 예산을 할당 받을 수 있게 하는 것으로써, 프로젝트의 목적과 목표를 명시한 것이다.

프로젝트 헌장의 목적

상위 차원에서의 프로젝트의 목적과 주요 산출물 및 마일스톤을 명시한다.
팀 구성원과 고객의 프로젝트 대한 이해도를 높이고, 프로젝트에 대한 합의를 이끌어 낸다.
이해관계자와 스폰서를 인식하여 프로젝트 의사 소통을 원활히 한다. 위험이나 이슈를 조기에 언급하여 프로젝트 성공률을 높인다. 프로젝트 성공 여부에 대한 측정 기준을 제시한다.

프로젝트 헌장의 의의

프로젝트 헌장은 프로젝트의 공식적인 첫 출발점이다. 그러므로 이해관계자들이 프로젝트를 이해하고, 프로젝트가 실제로 착수되기 전에 스폰서 (sponsor)와 자신들의 요구 사항을 논의할 수 있는 기회를 프로젝트에서 제공해야 한다. 또한 프로젝트 진행 과정 중 되도록 앞 단계에서 이해관계자들의 요구사항 (requirement)과 기대치 (expectation)을 반영하는 것이 프로젝트 헌장의 변경을 최소화하고 성공적으로 프로젝트를 이끌 수 있는 중요한 요인이 된다. 이와 같이 제작된 프로젝트 헌장은 관련된 조직이나 개인에게 공표되어야 한다.

N.O.T.E

헌장(Charter)의 사전적 정의

A document issued by a sovereign, legislature, or other authority, creating a public or private corporation, such as a city, college, or bank, and defining its privileges and purposes. 시나 대학과 같은 공공기관이나 회사에서 발행한 권리나 목적을 기술한 문서

프로젝트 헌장(Project Charter)

프로젝트의 착수 근거가 되는 공식적 인문서. 프로젝트 스폰서의 결재를 받은 기안문의 형태로, 프로젝트의 배경 및 개요, 기본정보, 계약사항을 포함할 수 있고, 팀 리더를 임명하는 문서이기도 함.

스폰시

A사에서 발주된 프로젝트를 B사가 수주해 실행한다면 스폰서는 B사의 PM의 상관인 사업부장이 된다.

| N.O.T.E | 프로젝트 헌장의 구성 요소

프로젝트 명
명시적이고 간략하게 기술하며 다른 프로젝트 명과 중복되거나 혼동되어서는 안된다.

프로젝트 미션 (Project Mission)
프로젝트를 통해 달성하려는 전략적 비젼이며, 2줄 이내로 기술한다.

프로덕트 비젼 (Product Vision)
프로덕트 비젼 (Product Vision)은 제품개발을 통해 달성하고자 하는 장기적 목표를 말한다.
프로덕트 비젼은 제품개발의 방향성을 간결하게 전달한다.
프로덕트 비젼은 제품을 통해 해결하고 있는 문제는 무엇이며 누구를 위한 제품인지를 설명한다.
프로덕트 비젼은 팀 구성원에게 제품을 개발하는 동기를 부여한다.
프로덕트 비젼은 작업 우선순위 의사결정 기준선을 제공하며 기업의 전략적 목표와 제품 개발 목표를 연결시켜 준다.

프로젝트 목적
프로젝트 미션을 산출물 내지 달성 대상으로 구체화한 것으로, 2~4줄 정도로 작성하는 것이 적당하다. 넘버링을 통해 여러개를 기술할 수 있으며, 높은 차원의 관점에서 프로젝트의 성공 여부를 파악할 수 있다. 프로젝트를 통해 달성하고자 하는 효과에 대한 요약서로 측정이 가능하다.

프로덕트 비젼 (Product Vision) 작성방법

프로덕트 비젼 (Product Vision)은 아래와 같이 간략한 형식으로 표현한다.

"누구를 위한 어떠한 필요성이 있어 이 제품을 개발하며 제품의 특성과 경쟁 제품과의 차별점은 이것이다"

작성 예는 아래와 같다.

"성장기 유아들의 필수적인 A면역 기능을 강화하기 위해 우리는 A면역강화에 탁월한 B 기능을 가지고 있는 분유를 개발하며 경쟁사 제품이 기존에 제공하지 못하는 A면역 기능을 제공할 수 있게 한다."

프로젝트 범위
프로젝트에서 무엇을 달성해야 하는지를 기술하며, 무엇을 달성하지 않아야 하는지에 대해서도 필요에 따라 기술한다. 주요 산출물과 그것에 대한 간략한 설명, 개발 시 사용해야 하는 기술 및 기법 등을 포함한다. 프로젝트 수행 절차 및 작업이 프로젝트 미션과 목표에 부합하는지에 대한 경계를 제시한다.

프로덕트 오너 (Product Owner)
프로덕트의 가치를 극대화하기 위해 프로덕트에 어떤 특징과 기능을 구현할지 우선순위를 결정하며 프로덕트 제작 방향성을 제시하는 역할과 권한을 가진 프로덕트 제작 성공의 최종책임자이다.

스크럼 마스터 (Scrum Master)
스크럼 프레임워크를 확립하고 스크럼 프로세스가 원활히 진행되도록 하는 책임이 있으며 자율적으로 일하는 스크럼 팀의 봉사형 리더이며 코치이자 퍼실리테이터 (Facilitator)이다.

개발팀원
목표 프로덕트를 만들 수 있는 자율적이고 능동적인 해당 부문의 전문가들이며 프로덕트를 만들기 위한 스프린트를 위해 스프린트 백로그 도출, 스프린트 계획 수립을 하며 스프린트 이벤트 동안 프로덕트의 설계, 제작, 테스트 등 다양한 작업을 수행한다.

프로젝트 완료일
프로젝트 완료나 주요한 중간 산출물의 완료 일자를 지정한다. 고객 인수 기준, 고객의 최종 산출물 인수에 대한 승인을 판단하기 위한 기준을 제시한다. 프로젝트 팀원들에게 고객이 무엇을 원하는지를 명시하여 최종산출물에 정확히 반영할 수 있도록 돕는다. 모호한 문구는 사용하지 않으며 측정 가능하게 내용을 기술한다.

결재
프로젝트와 관련한 주요 Stakeholder들에게 헌장에 대한 승인을 얻는다.

N.O.T.E

스프린트 (Sprint)

스프린트 (Sprint)는 제한된 기간동안 정해진 Product Backlog Item을 구현하기 위한 스크럼 팀 이벤트이다.

스프린트 (Sprint)는 약 2주에서 4주정도의 기간으로 수행하는 스크럼 팀단위의 그룹화된 작업수행 행위를 말한다.

스크럼 팀은 스프린트를 반복적으로 수행하면서 이해관계자와 합의 된 Product Backlog Item을 모두 구현하고 Product Goal을 달성시킨다.

:: Template

프로젝트 헌장 (Project Chapter)			
프로젝트명		프로젝트코드	
실행 조직		프로덕트 오너	
수행 기간	OOO .OO.OO ~ OO.OO	초기 예산	
개발팀원		스크럼 마스터	
프로덕트 비전			
프로젝트 목적			
프로젝트 범위			
스프린트 및 릴리즈 주요일정			
주요 이해관계자			
요구 및 기대사항			
가정 및 제약조건			
결재			

10-2. 프로젝트 계획 (Project Plan) 수립

N.O.T.E

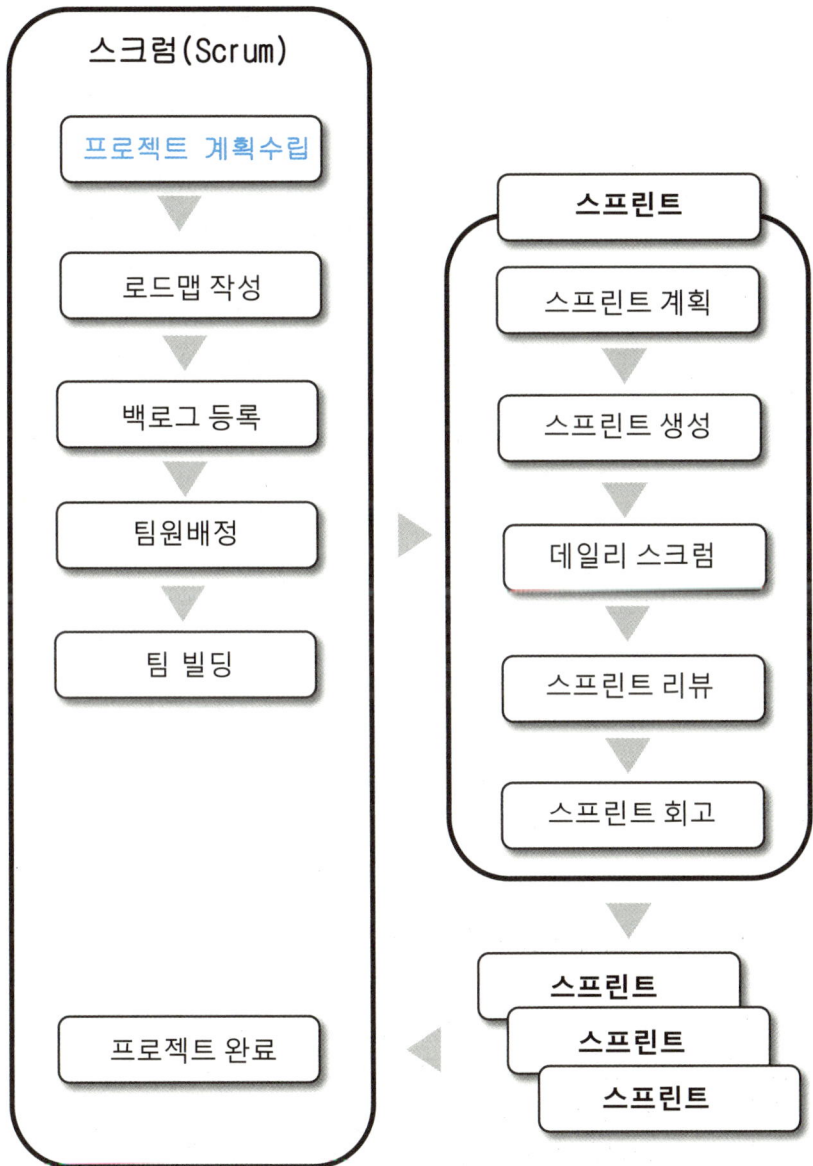

프로젝트 계획서 (Project Plan)

스크럼에서의 프로젝트 관리 계획서는 제품(Product)을 개발하기 위한 세부적인 계획들을 정의, 준비, 통합, 조정하기 위해 필수적인 활동들을 정의한 문서이다. 프로젝트 관리 계획서에는 필요한 모든 보조 계획들을 정의하고 통합 및 조정하는데 필요한 조치들을 포함하며, 이는 프로젝트의 복잡한 정도나 적용 영역에 따라 달라질 수 있다. 변경이 필요할 경우에는 통합 변경 통제 프로세스를 통해서 개정되고, 프로젝트를 수행하거나 감시 및 통제 종료 방법을 정의하고 있다.

스크럼 프로젝트 관리 계획서의 목적은 "제품(Product)을 목표한 기간 내에 정해진 예산 안에서 높은 수준의 품질을 가지고 달성하기 위한 모든 활동의 표준절차"를 정하는 것이다.

프로젝트 기간 준수
승인된 예산내의 지출
높은 수준의 품질 유지
프로젝트 목표 달성을 위한 일관성 있는 개별 업무 활동
위험 사건의 최소화
의사소통의 기준
용어 및 기준 지표에 대한 정의

프로젝트 관리 계획서 구성

스크럼 프로젝트 관리 계획서는 프로젝트가 정해진 목표를 향해 나가는 과정에 대한 절차서라고 할 수 있다. 따라서 프로젝트 생명주기 동안의 모든 영역에 대한 활동계획을 담고 있어야 하며 프로젝트의 목표를 달성하기 위한 역할, 책임, 절차, 수행 활동, 템플릿, 기준지표에 대한 정의서 역할을 하게 된다.

Chapter 4 스크럼 프로젝트

프로젝트 관리 계획서의 내용

스크럼 프로세스 수행 절차

제품 요구사항 (Product Requirement Document)

프로젝트 일정 (Project schedule)

스프린트 일정

릴리즈 일정

프로젝트 사용 자동화 도구 목록

성과 평가 기준선 적용 및 관리 방법

이해관계자 사이의 의사소통 필요성 및 기법

조직도

품질 관리 계획

인력 관리 계획

마일스톤 목록

자원 현황 달력

일정 기준선, 원가 기준선, 품질 기준선

변경사항 감시 및 통제 방법

형상 관리(Configuration management) 수행 방법

위험 등록부

N.O.T.E

이해관계자(Stakeholder)

프로젝트 수행, 성공 여부와 관련하여 긍정적, 부정적으로 영향을 받는 개인 혹은 조직

이해관계자의 사전적 정의

※ 어원 : Stake(지주, 막대기) + Holder(떠받치는 사람) → Stakeholder(지주나 막대기가 무너지지 않게 떠받치는 사람들)

- 게임이나 경쟁에서 돈을 건 사람(One who holds the bets in a game or contest)
- 기업체와 같은 곳에서 이익이나 공유된 부분을 갖는 사람(One who has a share or an interest, as in an enterprise)

프로젝트 기준선(Baseline)

프로젝트 기준선(Baseline)은 관리 통제를 위해 프로젝트 수행을 계획과 비교하고 차이를 측정할 것을 승인한 계획서이다. 따라서 프로젝트 관리 계획서가 변경되어 승인되면 기준선도 바뀌게 된다. 프로젝트 기준선은 통제 도구의 역할을 하게되며 프로젝트의 수행 감독 및 관리와 작업 결과는 기준선에 대비하여 측정되게 된다.

:: Template

프로젝트 관리 계획서 목차 예시

1. 프로젝트 개요
    1.1 프로젝트 목표
        1.1.1 프로젝트 목적과 범위
        1.1.2 프로젝트 목표
        1.1.3 프로젝트 산출물/결과물
    1.2 제약 조건
        1.2.1 종료 기준
        1.2.2 품질 기준
    1.3 주요일정
        1.3.1 주요 스프린트 일정
        1.3.2 주요 릴리즈 일정
2. 조직 구성
    2.1 외부 연결 조직도
    2.2 프로젝트 팀 조직도
    2.3 역할과 책임
    2.4 작업 승인 프로세스
3. 프로젝트 관리 계획
    3.1 주요 기준선
    3.2 프로젝트 범위
    3.3 프로젝트 일정
    3.4 프로젝트 원가
    3.5 프로젝트 성과
4. 프로젝트 수행 활동
5. 품질 관리
    5.1 품질 관리 계획
    5.2 품질 관리 조직
    5.3 품질 보증 활동
6. 위험 관리
    6.1 위험 관리 계획
    6.2 위험 식별
    6.3 위험 분석
    6.4 위험 대응 계획
    6.5 위험 통제
7. 프로젝트 종료

첨부-A. Product Roadmap
첨부-B. Product Backlog
첨부-C. Release Plan
첨부-D. Sprint Plan

10-3. 릴리즈 계획 (Release Plan) 수립

N.O.T.E

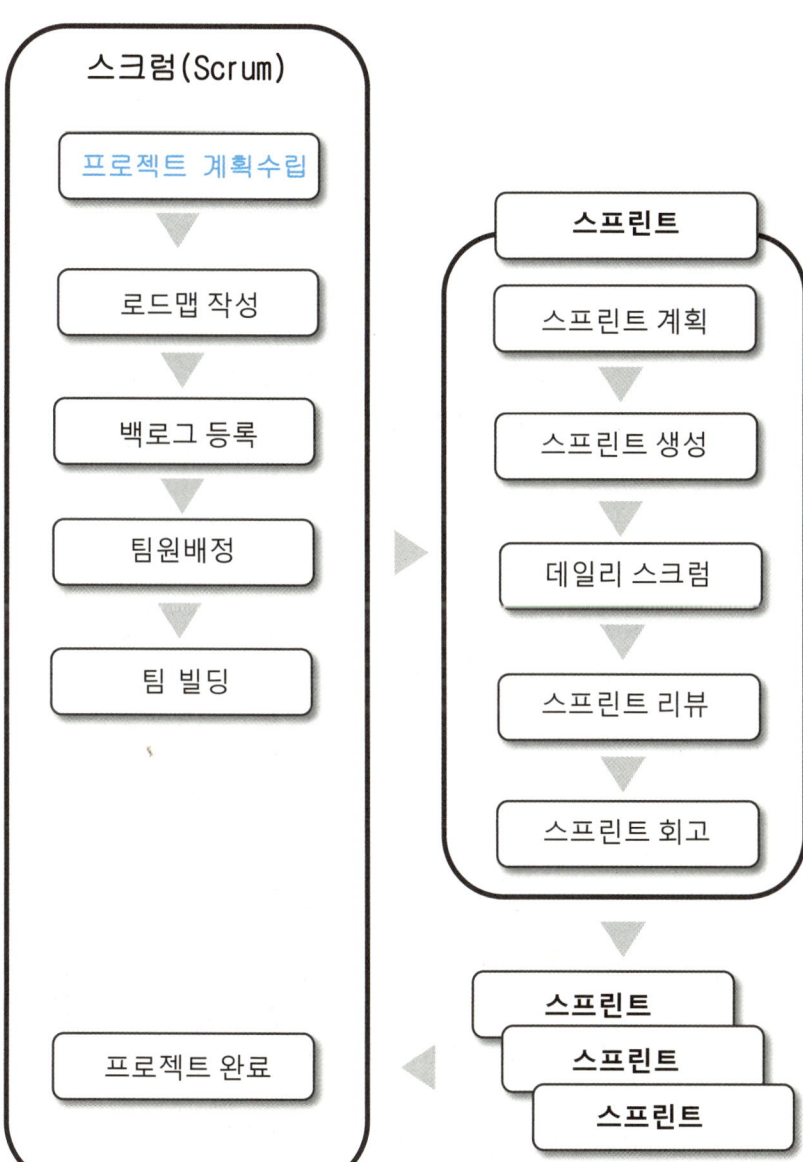

릴리즈 계획 (Release Plan)

릴리즈 계획은 Product Backlog를 구현하기 위한 스프린트의 주기, Product Backlog Item 구현 우선순위, 스프린트 규모를 결정하고 계획하는 것을 말한다.

릴리즈 계획의 세부내용은 아래와 같다.

구현해야 할 Product Backlog의 규모 파악을 위한 사용자 스토리 크기 추정

스프린트 주기 결정을 위한 타임박스, 케이던스 설정

스프린트 주기 결정

스크럼 팀의 속도추정을 통한 개발 속도 결정

스프린트 백로그 결정

릴리즈 마일스톤 결정

스크럼에서는 스프린트 결과로 산출물이 만들어지며 만들어진 산출물의 상태를 표시하는 Data를 버전이라 한다. 일반적인 경우 대부분의 스프린트에서 산출물의 버전이 만들어지며 산출물에 대한 릴리즈는 사전에 계획된 소프트웨어 생명주기에 따라 실시된다. 모든 버전의 산출물을 릴리즈하지 않으며 선택적 버전의 산출물만 릴리즈 되는 경우가 대부분이다.

N.O.T.E

케이던스 (Cadence)

케이던스(Cadence)는 주기적인 리듬 혹은 비트를 뜻하는 단어이다.

제품 출시를 위한 릴리즈, 스크럼에서 하는 스프린트와 같은 이벤트 또한 케이던스(Cadence)를 가지고 있는 대표적인 행위이다.

마일스톤의 의미

마일스톤의 사전적인 의미는 '초석' 이다. 즉 프로젝트에서 근간이 되는 주요한 이벤트이다. 이벤트는 액티비티와 달리 기간이 없으므로 자원도 할당할 수 없다. 그러나 기간이 없다는 말을 사전적으로 받아들이면 안 된다. 'Key Deliverable의 완료'와 같은 마일스톤은 문장에서 느낄 수있는 바와 같이 시간 축 상에서 점(Point)으로 나타난다. 하지만 '중간 진행 상황의보고'와 같은 마일스톤은 상식적으로 보고를 올리고 프리젠테이션하고 피드백을받는 등의 실제 시간이 소요된다. 물론, 이를 액티비티로 기술할 수 있으나, 다른액티비티와 비교했을 때 기간이 짧고 사안이 중요하다는 점에서 마일스톤으로 기술하는 것이 옳다.

:: Template

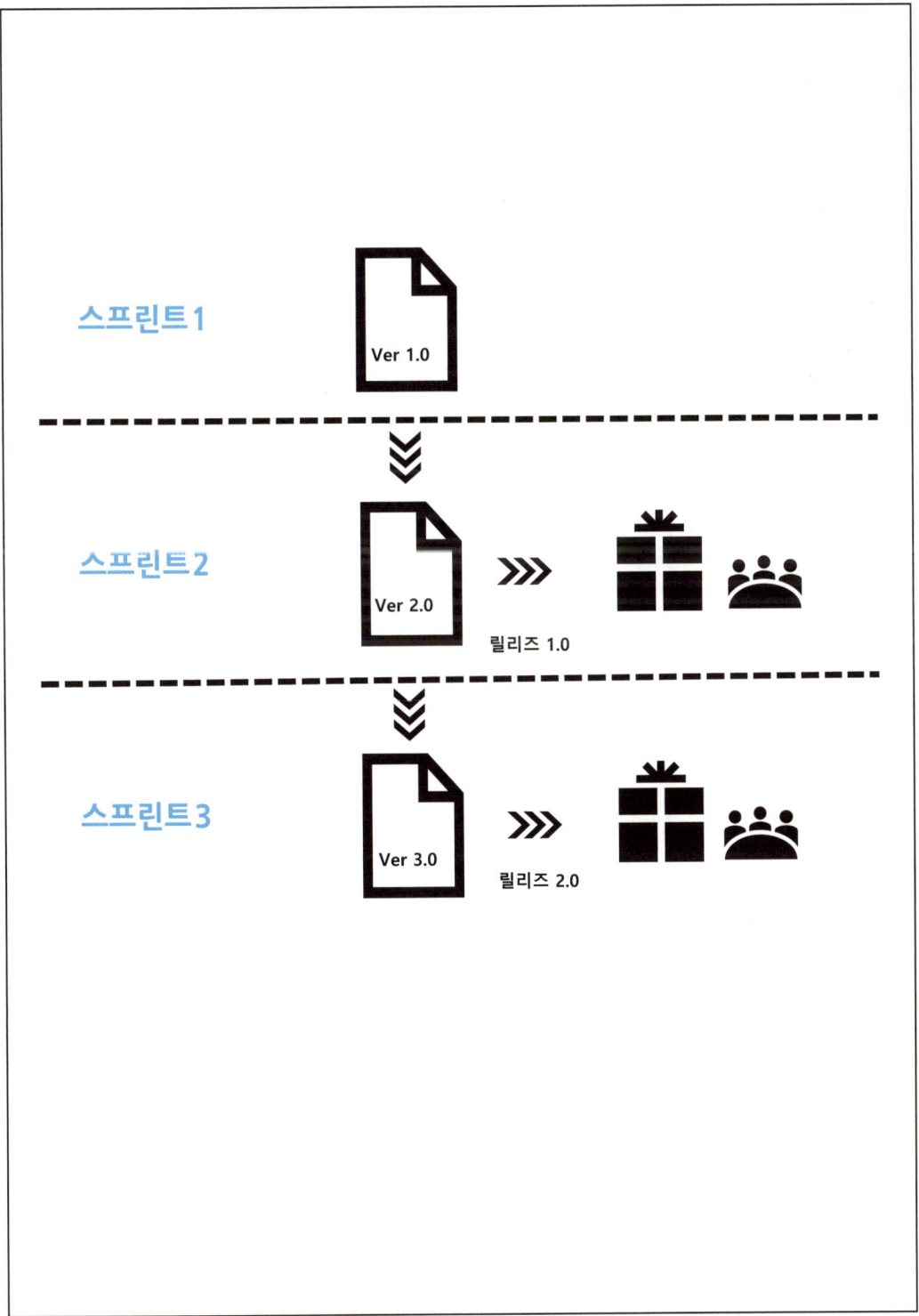

> N.O.T.E

10-4. 프로덕트 로드맵 (Product Roadmap) 작성

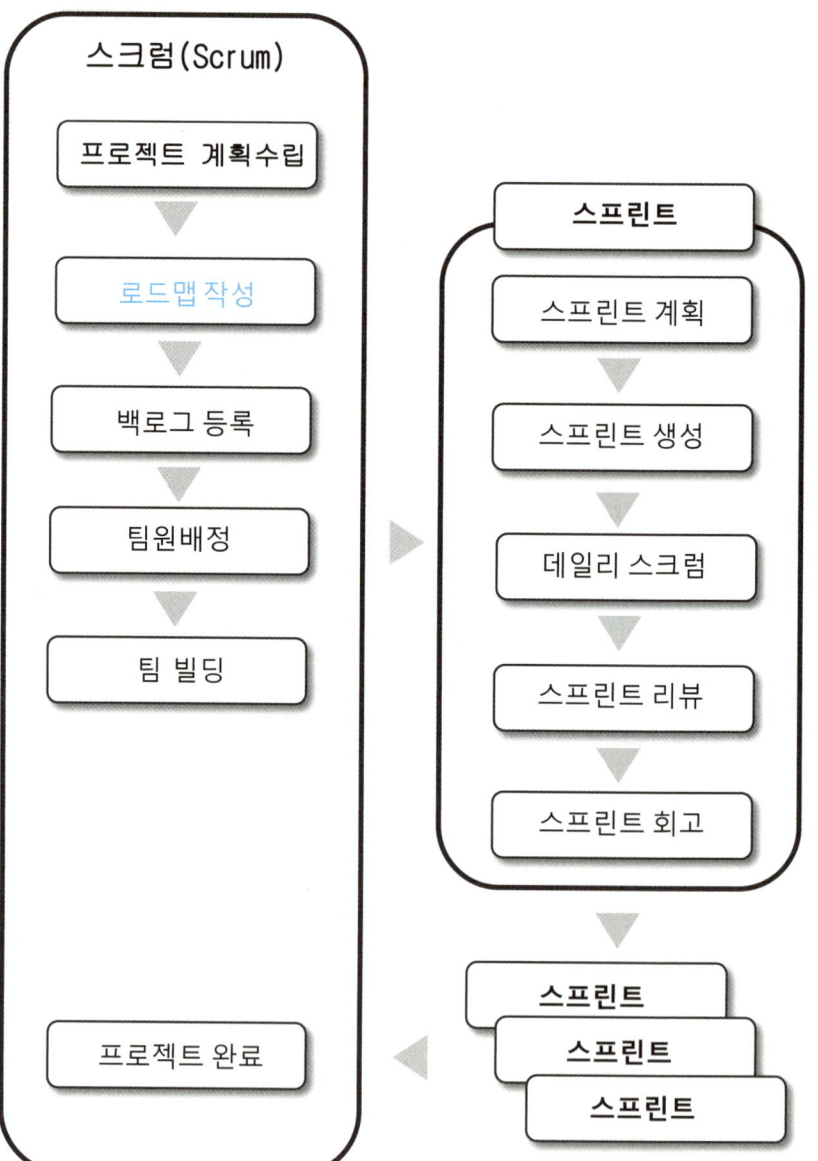

프로덕트 로드맵 (Product Roadmap)

프로덕트 로드맵 (Product Roadmap)은 스크럼 프레임워크에서 프로덕트와 관련된 이해관계자의 요구사항이 어떻게 제품으로 만들어지는지 시간의 흐름에 따라 시각화한 도구이다. Theme, Epic, User Story, Task로 구성되며 각각의 내용은 다음과 같다.

Theme
프로젝트에서 구현하고자 하는 프로덕트의 가장 큰 가치와 목표를 표현한다.
프로젝트가 조직의 전략적 방향과 일하는지 확인 시켜준다.
동일한 기능영역에 존재하는 Epic의 집합체이다.

Epic
아직 구체화나 세부화되지 않은 상위레벨 요구사항이 묶음을 말한다. 큰 틀의 요구사항으로 Use Story로 세분화시켜 구현한다.
단일 스프린트로 구현할 수 없는 경우 여러 스프린트에 걸쳐 구현된다.

User Story
사용자 요구사항의 가장 작은 단위
User Story의 표현은 고정되어 있지 않으며 사용자가 편한 방식으로 기술된다.
독립적이고 협상 가능하며 가치 있고 추정 가능하며 작고 테스트 할 수 있어야 한다.

Task
User Story를 구현하는 작업이며 개발팀이 수행한다.
작업 담당자가 지정되어 있으며 작업시간을 계산할 수 있다.
비즈니스 담당자가 작업방법을 이해하기 어려울 정도의 기술영역이 될 수도 있다.
작업시간과 비용을 정확히 산정하고, 담당자를 명확히 지정하며, 성과를 현실적으로 평가할 수 있어야 한다.

N.O.T.E Roadmap 작성 시 중요한 점은 이해관계자의 요구사항을 적절한 수준으로 분해하는 것과 Roadmap 전체를 통하여 분해 수준의 일관성을 가져가는 것이다.

● **Roadmap의 계층적 Level**

Level	이 슈	설 명
1	Theme	프로덕트의 가치와 목표
2	Epic	큰 틀의 요구사항
3	User Story	사용자 세부 요구사항
4	Task	User Story 구체화 작업
5	Subtask	Task의 하위 작업
6	Activity	작업 수행 활동

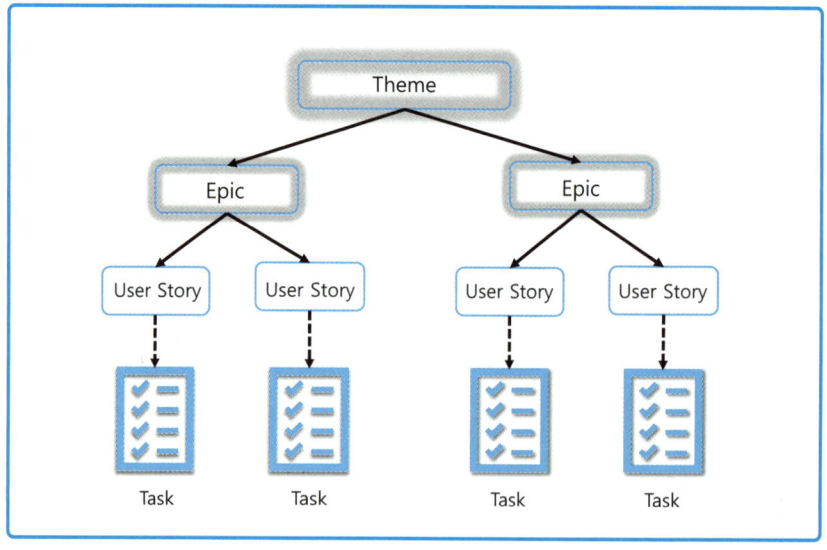

[Roadmap 계층도]

Chapter 4 스크럼 프로젝트

프로덕트 로드맵 (Product Roadmap) 작성 순서는 다음과 같다.

High Level Product Backlog에서 Epic을 도출한다.

도출된 Epic을 Roadmap에 배치시킨다.

User Story와 Task를 작성하여 Product Backlog에 등록한다.

Product Backlog Grooming을 실시하여 User Story와 Task를 확정한다.

확정된 User Story와 Task을 Roadmap의 Epic과 링크시킨다.

스프린트 계획을 수립하고 스프린트 계획을 Roadmap에 등록한다.

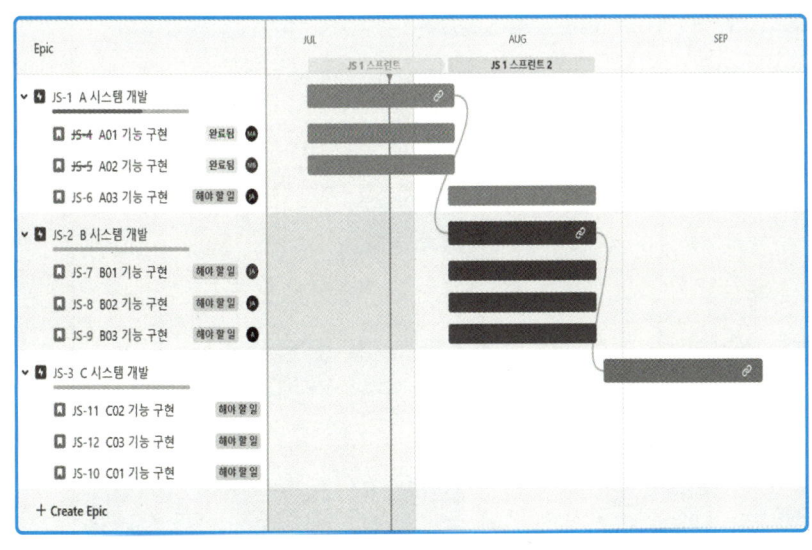

[JSC Project Roadmap]

N.O.T.E

Epic

Epic은 구현해야 할 산출물, 기능, 서비스 중 WBS의 최상위 레벨이며 사용자 스토리의 집합체로 볼 수 있다.

백로그 그루밍 (Backlog Grooming)

백로그 그루밍 (Backlog Grooming)은 Product Backlog 내용을 다듬고, 우선순위와 크기 추정을 통해 Product Backlog를 정제하는 작업을 말한다.

초기 Product Backlog는 불완전하며 추상적이다. 이를 정제하는 작업이 백로그 그루밍 (Backlog Grooming)이다.

백로그 그루밍 (Backlog Grooming)은 Product Backlog의 추상적인 내용은 상세화하고 우선순위를 부여하고 크기를 추정한다.

백로그 그루밍 (Backlog Grooming)은 프로덕트 오너 (Product Owner)가 주관하고 스크럼 마스터, 개발팀 그리고 Product와 관련된 모든 이해관계자가 참여하는 공동 작업이다.

:: Template

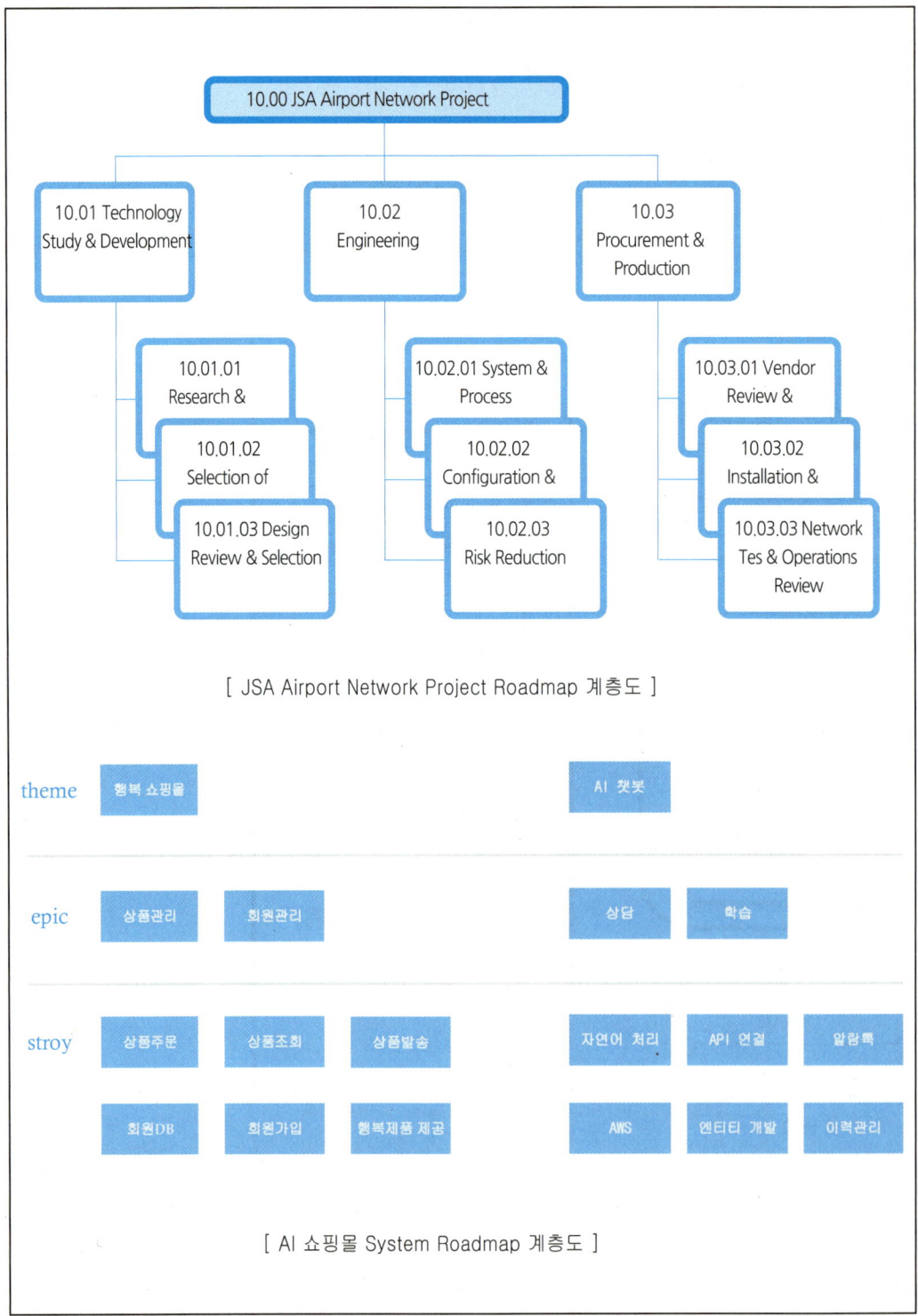

10-5. 프로덕트 백로그 (Product Backlog) 작성

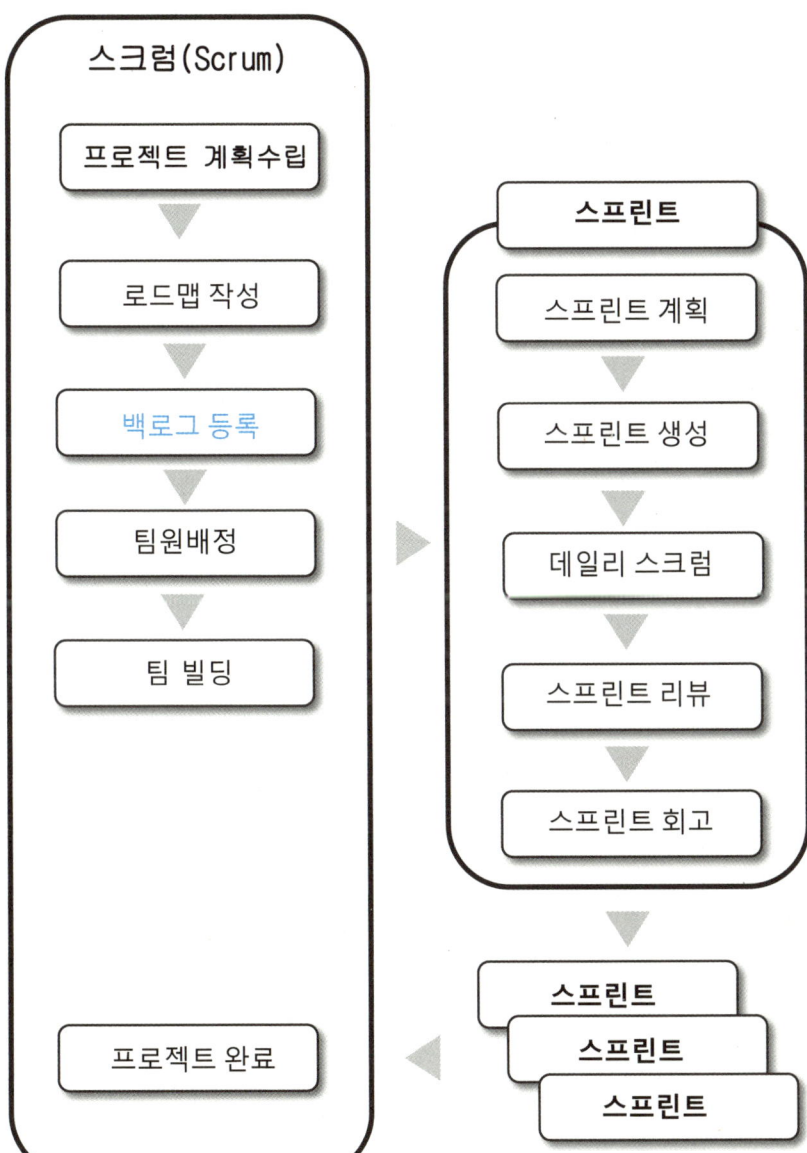

| Part 3   스크럼 프로젝트 관리 실무

N.O.T.E   **프로덕트 백로그 (Product Backlog)**

프로덕트 백로그 (Product Backlog)는 우선순위가 있는 요구사항의 목록이다. 이해관계자의 요구사항은 제품, 서비스, 기능과 같이 다양한 항목들이다. 또한 Product Backlog는 이해관계자가 추구하는 기능적 비기능적 가치와 연결되어 있다.

프로덕트 백로그 (Product Backlog)는 Backlog Item으로 구성되어 있는데 Backlog Item은 제품기능, 제품결함, 기술적 작업, 관련지식을 말한다.

프로덕트 백로그 (Product Backlog)는 이해관계자의 요구사항이 프로젝트가 진행하면서 달라지는 것과 동일하게 Product 개발과정에서 끊임없이 변화하면서 발전한다.

사용자 스토리(User Story)

사용자스토리(User Story)는 사용자 관점에서 요구하는 제품 기능을 이야기하는 형태로 서술(written description)한 것을 말한다.

사용자스토리를 사용하는 주된 이유는 요구사항 수집 시 요구하는 기능을 상세히 파악하는 것보다 먼저 사용자가 원하는 기능에 대해 자연스럽게 표현하게 하여 사용자 관점에서 기능에 대해 사고(思考)하기 위함이다.

일반적으로 잘 작성된 사용자 스토리의 기준을 "빌 웨이크의 "NVEST"라 하는데, 이는 잘 작성된 스토리는 독립적이고 (Independent), 협상 가능하며 (Negotiable), 가치가 존재하고 (Valuable), 추정 가능하며 (Estimable), 적합한 사이즈로 작고 (Small), 확인 가능한 (Testable) 스토리라는 뜻이다.

스크럼 프로젝트에서는 프로덕트 백로그 (Product Backlog)의 개별 Backlog Item에 대한 사용자 요구사항은 사용자 스토리(User Story) 형식으로 작성된다.

프로덕트 백로그 (Product Backlog)의 내용

제품기능, 결함수정, 변경요청, 기술적 개선, 수행지식과 관련된 세부 요구사항이다.

Product Backlog Item은 Product 이해관계자에게 실질적인 가치를 부여하는 세부 요구사항이며 Product 구현을 위해 사전에 파악되어 프로젝트 팀이 반드시 알아야 하는 내용이다.

프로덕트 백로그 (Product Backlog)의 특징

지속적 갱신, 우선 순위 존재, 크기 추정, 점진적 발전, 다양한 Source

Product Backlog는 프로젝트 초기에는 단순하고 추상적이나 프로젝트가 진행되면서 점차적으로 구체화되고 발전한다.

스프린트 혹은 제품 릴리즈를 위해 우선순위를 부여하고 작업량을 측정하기 위해 크기 추정을 한다. Product Backlog의 Source는 Product와 관련된 다양한 이해관계자로 부터 발생한다.

프로덕트 백로그 (Product Backlog) Grooming

내용을 다듬고, 우선순위와 크기추정을 통해 Product Backlog를 정재하는 작업

초기 Product Backlog는 불완전 하며 추상적이다. 이를 정제하는 작업이 Product Backlog Grooming이다.

Product Backlog Grooming은 Product Backlog의 추상적인 내용은 상세화하고 우선순위를 부여하고 크기를 추정한다.

Product Backlog Grooming은 프로덕트 오너가 주관하고 스크럼 마스터, 개발팀 그리고 Product와 관련된 모든 이해관계자가 참여하는 공동작업이다.

N.O.T.E 프로덕트 백로그 (Product Backlog)의 작성 시 고려사항

앞서도 언급했지만 프로젝트에서 Product Backlog는 이해관계자 요구사항의 집합체이며 모든 계획을 수립할 때, 중요한 의사 결정 도구이다.

스프린트 계획, Product 릴리즈 계획을 수립할 때 반드시 필요한 정보이기 때문에 Product Backlog를 작성할 때 세심한 주의가 필요하며 목적에 맞게 작성 되어야 한다.

일반적으로 스크럼 프로젝트의 Backlog는 Product Backlog와 스프린트 Backlog가 있다.

서로 비교해 보면 분명한 차이가 있는데, Product Backlog는 "what"을 표현 한다면 스프린트 Backlog는 "How"에 중점을 두고 작성된다는 점이다.

Product Backlog를 구성하는 Data 필드에는 우선 순위와 작업 크기 추정정보인 Story Point가 있는데 우선순위를 정할 때는 제품 자체 뿐 아니라 프로젝트 혹은 조직의 전략적인 부분도 고려하는 다각화된 시각이 프로젝트 팀에 반드시 필요하다.

작업 크기의 추정 시에도 절대적 크기의 추정이 아닌 상대적 크기의 추정을 실시해야 한다. 또한 추정 시 함께 고려할 것은 프로젝트의 규모, 구현 난이도이다.

프로덕트 백로그 (Product Backlog)의 작성절차

스크럼 프로젝트에서는 Product Backlog를 작성하는 정형화된 표준 절차는 존재하지 않으나 아래와 같은 절차로 진행한다면 순도 높은 Product Backlog를 작성할 수 있다.

사전에 수립된 이해관계자 요구사항을 기반으로 초기 Product Backlog를 작성한다.

초기 Product Backlog를 대상으로 Product Backlog Grooming을 실시한다.

Grooming 된 User story, Task, 버그를 확정한다.

User Story와 Task, 버그 같은 이슈를 작성하여 Product Backlog에 등록한다.

등록된 이슈를 Road Map의 Epic과 연계시킨다.

이슈 별로 우선순위를 판별해서 우선순위를 부여한다.

이슈 별로 규모 추정을 실시하여 Story Point에 등록한다.

N . O . T . E

Epic

Epic은 구현해야 할 산출물, 기능, 서비스 중 WBS의 최상위 레벨이며 사용자 스토리의 집합체로 볼 수 있다

프로덕트 로드맵 (Product Roadmap)

Product Roadmap은 스크럼 프레임워크에서 프로덕트와 관련된 이해관계자의 요구사항이 어떻게 제품으로 만들어지는지 시간의 흐름에 따라 시각화한 도구이다.

:: Template

Product Backlog

ID	Name	User Story	Story Point	우선순위
1	조회	시스템에서 사용자가 지난 1년간의 로그를 조회할 수 있어야 한다.	2	2
2	확장성	시스템이 다양한 유형의 데이타베이스와 연동할 수 있어야 한다.	3	3
3	무결성	시스템은 24시간 데이터 무결성을 보장 해야 한다.	5	1

[Product Backlog 사례]

Chapter 4 스크럼 프로젝트

N.O.T.E

11 스프린트(Sprint) 수행

11-1. 스프린트 (Sprint)

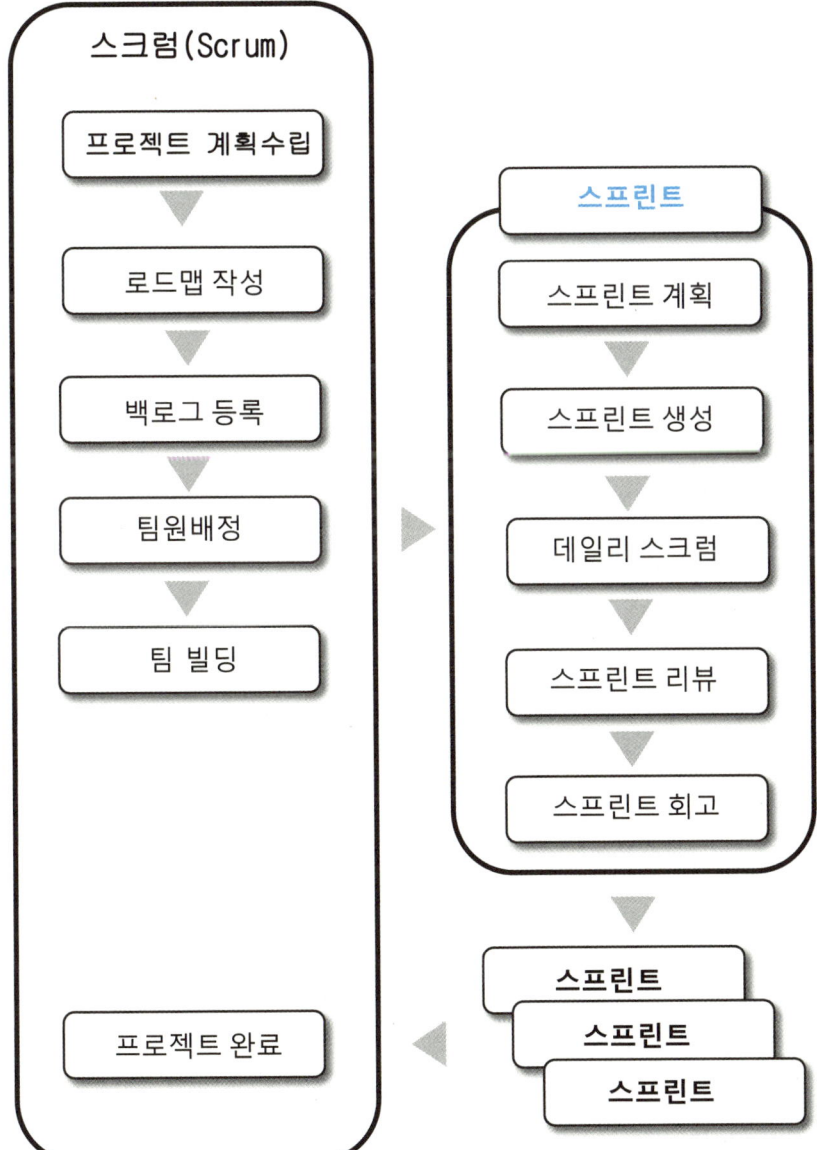

N.O.T.E

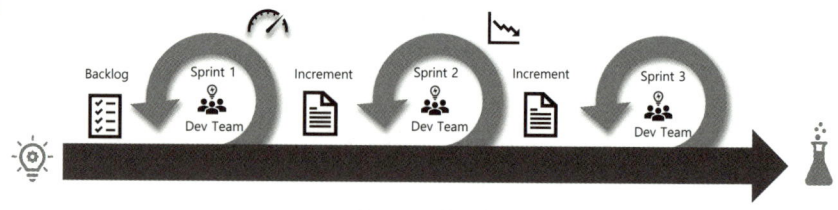

Scrum Sprint

스프린트 (Sprint)는 제한된 기간동안 정해진 Product Backlog Item을 구현하기 위한 스크럼 팀 이벤트이다.

스크럼 팀은 스프린트 (Sprint)를 반복적으로 수행하면서 이해관계자와 합의 된 Product Backlog Item을 모두 구현 하고 Product Goal을 달성 시킨다.

첫번째 스프린트 (Sprint)가 끝나면 스크럼 팀은 약간의 휴식을 취하고 지체없이 두번째 스프린트를 시작한다.

스프린트 (Sprint)의 크기는 약 2주에서 4주정도의 기간으로 수행 하는 것이 일반적이다.

스프린트 (Sprint)를 수행하는 스크럼 팀은 협업하며 정해진 서로 간의 약속을 지키기 위해 노력하여야 한다. 모든 업무를 자율로 수행하고 팀원 스스로 무엇을 언제 어떻게 할 지를 결정한다. 또한 그 결과 역시 팀원이 스스로 책임진다.

증분 (Increment)

증분 (Increment)은 작업 산출물의 증가분을 말한다.

증분(Increment)은 목표한 작업 Backlog의 수행 결과이며 한 작업내에서 여러가지의 증분이 만들어 질 수 있다.

작업의 증분 (Increment)이 누적되어 Product 가 최종적으로 완성된다.

스크럼 팀은 반복적으로 수행되는 스프린트 (Sprint) 마다 유효하고 가치 있는 Product Increment를 만들어 내기 위해 노력해야 한다.

스프린트를 수행 하는 동안 스크럼 팀은 스프린트 (Sprint) 중간에 스프린트 목표달성에 영향을 주는 변경을 해서는 안되며 산출물과 작업의 품질을 지켜야한다. 또한 수행 작업의 범위가 불명확 해서는 안되며 만일 범위가 불명확 하다면 프로덕트 오너와 다시 범위를 조율해야 한다.

스프린트 (Sprint)가 목표를 잃고 표류한다면 스프린트를 중단시킬 수 있으나 그것은 전적으로 프로덕트 오너의 권한이다.

스프린트 (Sprint)는 4 가지 단계적 절차를 수행하면서 진행하며 주요 산출물은 다음과 같다.

N . O . T . E

스프린트 계획	스프린트 백로그
데일리 스크럼	스프린트 협업, 목표 동기화
스프린트 리뷰	산출물 점검 리스트
스프린트 회고	스프린트 회고록

- **스프린트 계획**
  : 스프린트 목표 설정, 스프린트 완료의 정의, 스프린트 수행 방법 결정

- **데일리 스크럼**
  : 1일 15분간의 협업 미팅, 스프린트 목표 대비 진척확인, 팀 의사소통 도구

- **스프린트 리뷰**
  : 스프린트 산출물 점검, 프로덕트 목표 대비 진척확인, 프로덕트 백로그 수정

- **스프린트 회고**
  : 다음 스프린트 품질 및 효율성 향상 방법 모색, 스프린트 개선책 강구

:: Template

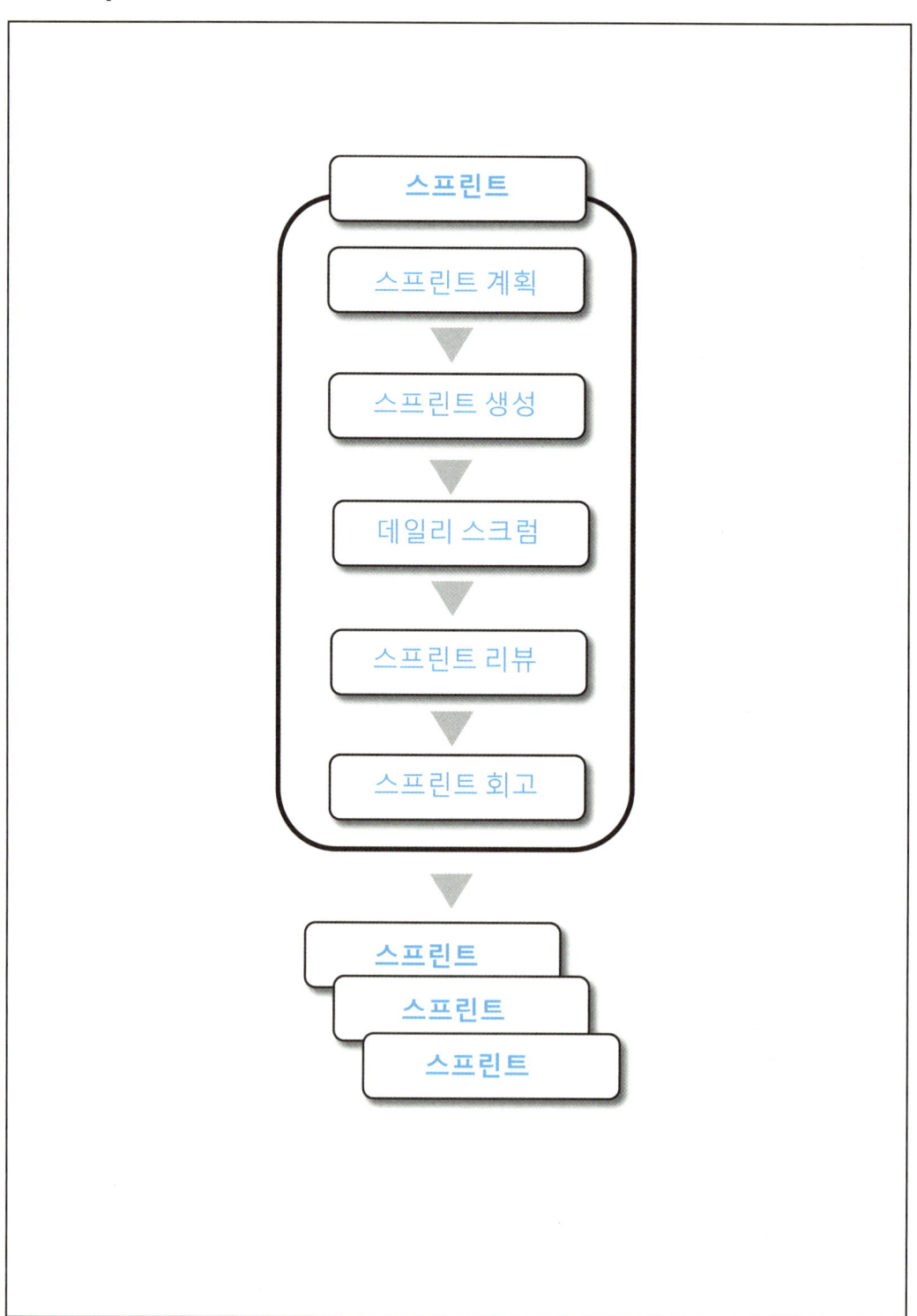

11-2. 스프린트 계획 (Sprint Plan) 수립

N.O.T.E

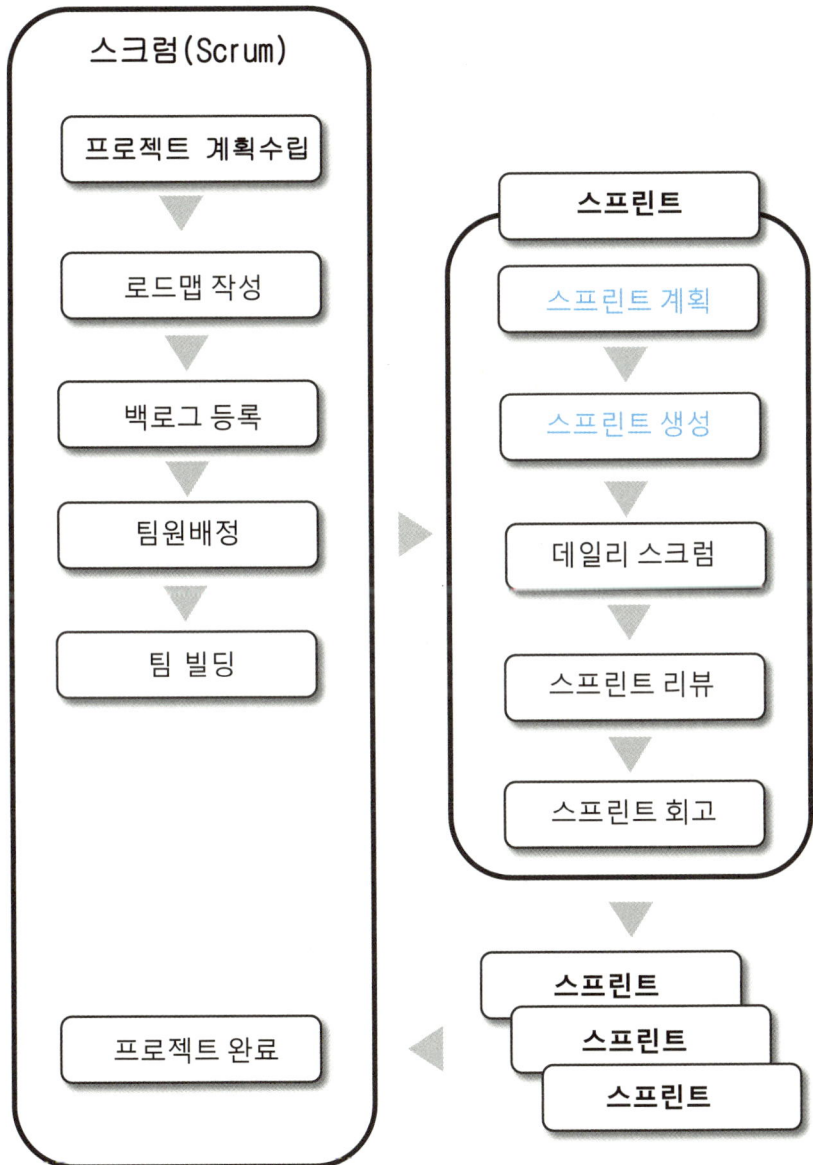

N.O.T.E

스프린트 계획 (Sprint Plan)은 스크럼 팀이 팀 이벤트인 스프린트를 실시하기 앞서서 스프린트의 목표를 정하고 이번 스프린트에서 무엇을 만들어내며 스프린트를 어떻게 진행 할지를 합의 하는 행위이다.

스크럼 계획 회의의 참석자, 준비물, 진행 방식은 다음과 같다.

스프린트 회의 참석자
- 프로덕트 오너
- 스크럼 마스터
- 스크럼 팀원
- 관련 분야 전문가

프로덕트 백로그 (Product Backlog)

Product Backlog는 우선순위가 있는 요구사항의 목록이다.

이해관계자의 요구사항은 제품, 서비스, 기능과 같이 다양한 항목들이다. 또한 Product Backlog는 이해관계자가 추구하는 기능적 비기능적 가치와 연결되어 있다.

Product Backlog는 Backlog Item으로 구성되어 있는데 Backlog Item은 제품기능, 제품결함, 기술적 작업, 관련지식을 말한다.

스프린트 회의 준비물
- Product Backlog
- 팀 속도 측정 데이터
- 팀 역량 추정 데이터
- 프로젝트 제약사항
- 프로젝트 가정

스프린트 회의 진행 방식
- 스프린트 계획수립 주제 별 타임박스를 사용
- 프로덕트 오너와 스크럼 팀 간의 합의에 의한 의사결정
- 자율적이고 자유로운 의사소통
- 전문가로서 책임 있는 의사소통

Chapter 4 스크럼 프로젝트

스프린트 계획회의 주요 산출물은 다음과 같다.

N.O.T.E

스프린트 목표

스프린트를 진행하는 이유

스프린트에서 만들어지는 비즈니스 가치

스프린트 팀 동기부여

스프린트 완료의 정의

스프린트 Backlog

Product Backlog의 세분화

User Story의 세분화

마일스톤의 의미

Task의 세분화

스프린트 마일스톤

스프린트 기간결정

데일리 스크럼 시간, 장소 결정

스크럼 리뷰, 회고 시간 장소 결정

마일스톤의 사전적인 의미는 '초석'이다. 즉 프로젝트에서 근간이 되는 주요한 이벤트이다. 이벤트는 액티비티와 달리 기간이 없으므로 자원도 할당할 수 없다. 그러나 기간이 없다는 말을 사전적으로 받아들이면 안 된다. 'Key Deliverable의 완료'와 같은 마일스톤은 문장에서 느낄 수있는 바와 같이 시간축 상에서 점(Point)으로 나타난다. 하지만 '중간 진행 상황의보고'와 같은 마일스톤은 상식적으로 보고를 올리고 프리젠테이션하고 피드백받는 등의 실제 시간이 소요된다. 물론,이를 액티비티로 기술할 수 있으나, 다른액티비티와 비교했을 때 기간이 짧고 사안이 중요하다는 점에서 마일스톤으로 기술하는 것이 옳다.

:: Template

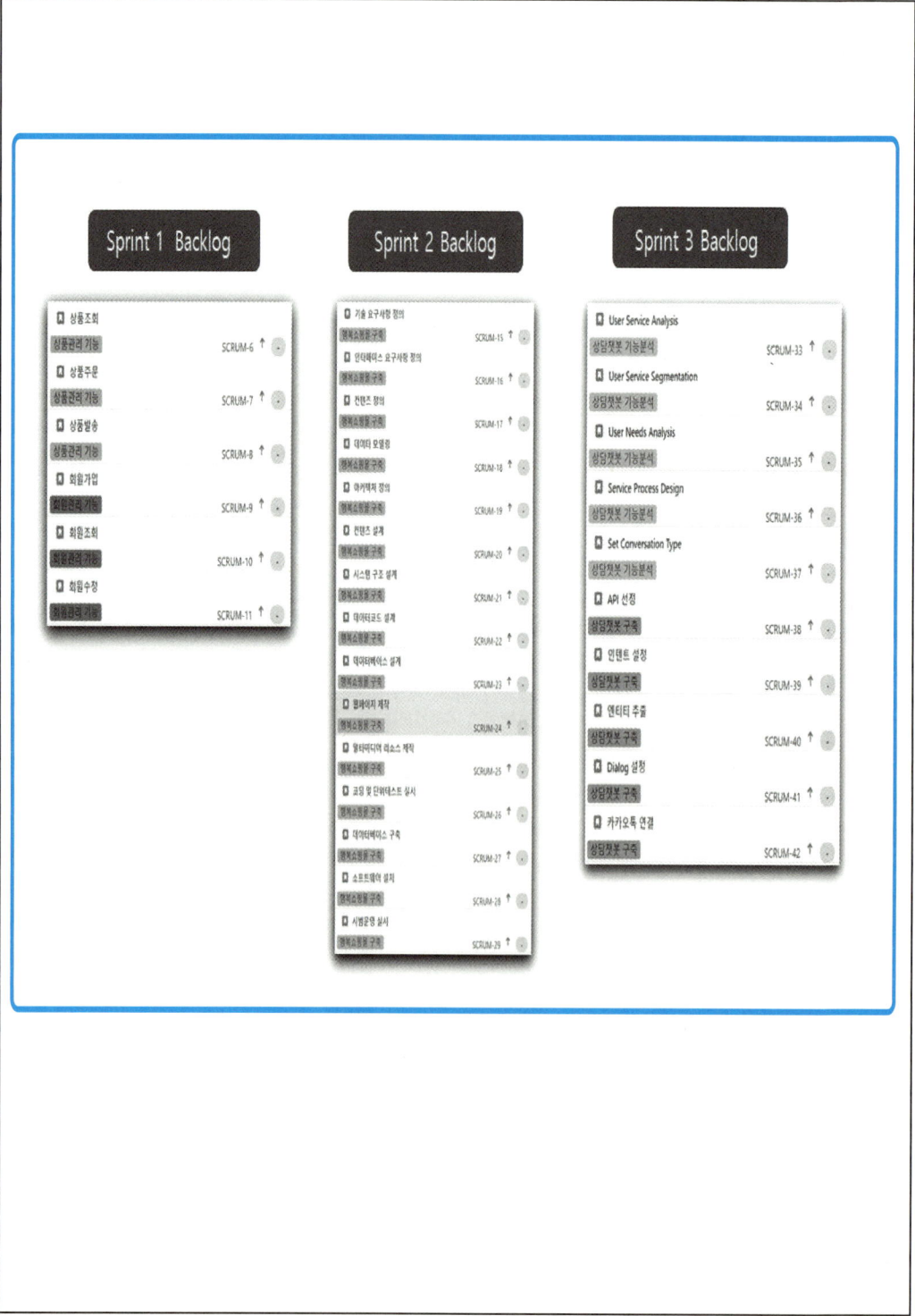

11-3. 데일리 스크럼 (Daily Scrum)

N.O.T.E

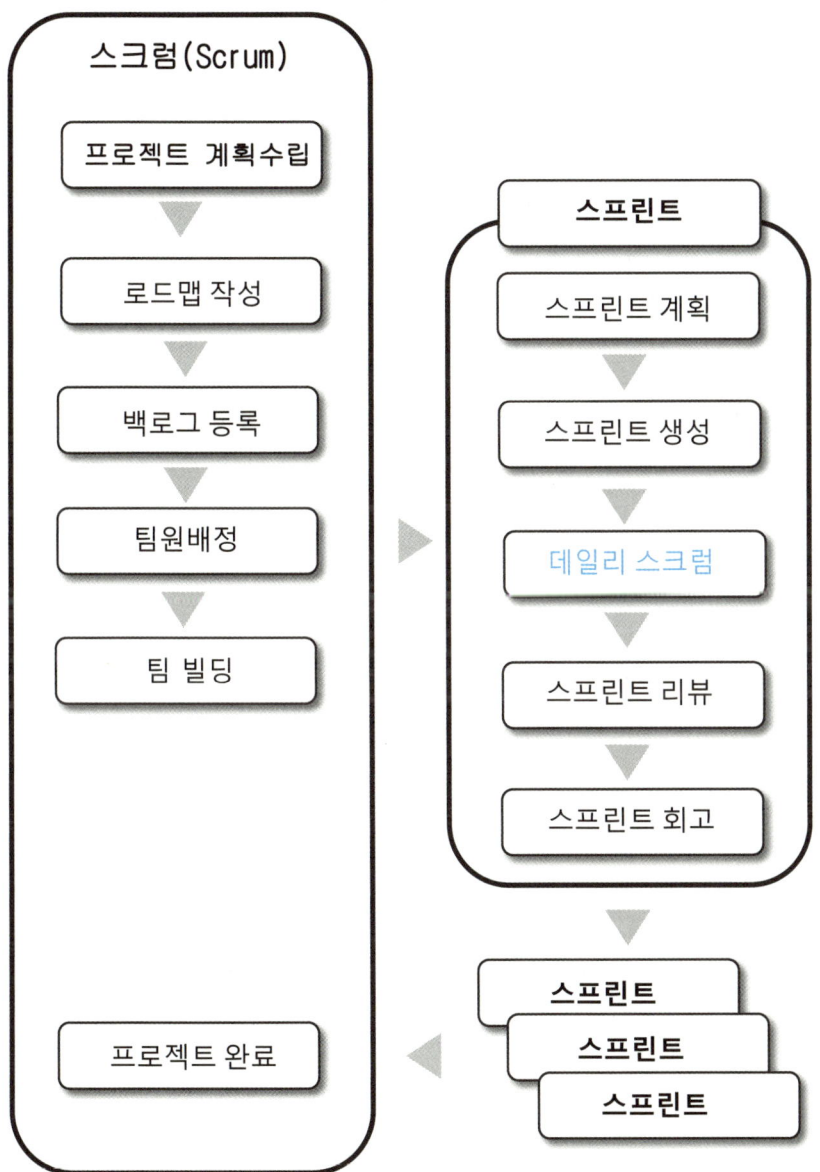

N.O.T.E

데일리 스크럼 (Daily Scrum)

스크럼 팀이 매일 약속된 시간에 모여 팀원들의 업무 진척상황을 공유하고 다음 업무의 변경사항을 스프린트 Backlog에 반영하는 15분 정도의 타임박스를 활용한 일일 스탠드업 미팅이다.

데일리 스크럼 의제

데일리 스크럼에서는 크게 세가지 주제로 이야기한다. 첫째는 어제한 작업내용, 둘째는 오늘 할 작업, 셋째는 작업에 장애가 되는 사항이다. 데일리 스크럼 회의에서 세가지 주제에 대한 이야기를 하지만, 미팅 시 주의할 점은 데일리 스크럼은 답을 찾는 미팅이 아니라는 점이다. 데일리 스크럼의 목적은 팀원들이 처한 상황을 공유하고 협업을 하기 위한 미팅이기 때문이다.

데일리 스크럼 도구

칸반 보드 (Kanban Board)

칸반보드는 프로젝트 작업수행 내용을 시각화하는 도구이다.

작업수행은 반드시 왼쪽에서 오른쪽으로 작업자가 당겨서 수행한다.

하나이상의 약속지점(commitment point)과 제공지점(delivery point)이 있다.

진행 중 업무(Work In Progress)를 제한한다.

데일리 스크럼 미팅 시 몇 가지 도구를 사용하면 효율적이다. 대표적인 도구는 스크럼 보드 혹은 칸반 보드이다. 스크럼 보드 혹은 칸반 보드는 현재 스프린트 Backlog의 처리 진행 상황에 대해 시각적 보드를 이용하여 직관적으로 표현하고 있어 스크럼 미팅 의사소통에 효율적이다. 또 다른 대표적 도구는 번다운 차트이다. 번다운 차트는 스프린트 Backlog의 작업 상황을 수치화 시켜 팀에게 제공 할 수 있는 장점이 있다.

Chapter 4 스크럼 프로젝트

스크럼 보드는 스크럼 팀이 매일 약속된 시간에 모여 팀원들의 업무 진척상황을 공유할 때 팀원들의 업무 진행 상황을 가시적으로 볼 수 있는 도구이다.

N.O.T.E

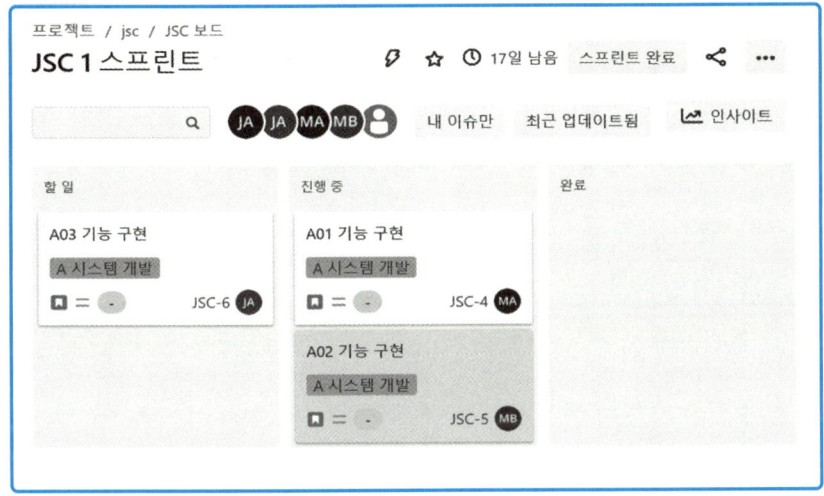

스크럼 보드에서는 작업 별 담당자를 쉽게 파악 할 수 있으며 스프린트 진행상태에서 팀원 별로 담당하고 있는 예정된 작업과 진행중인 작업 그리고 완료된 작업으로 나누어 시각적으로 보기 쉽게 표현해 준다.

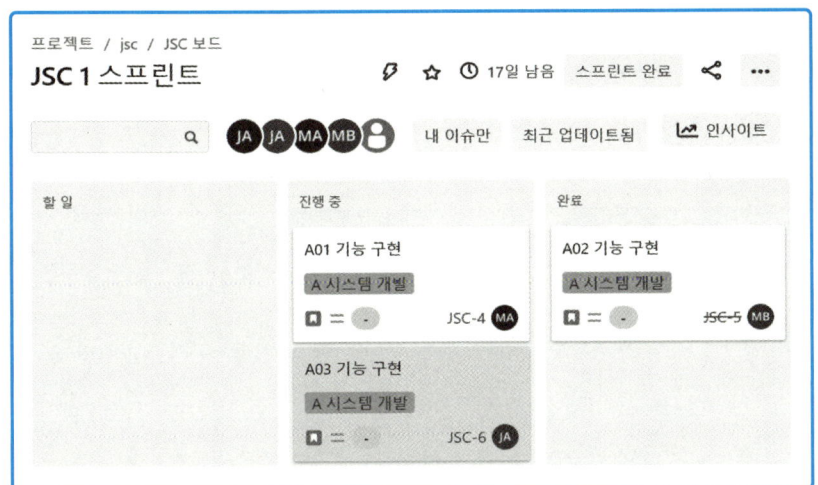

> **N.O.T.E**
>
> 스프린트 의사소통 수단으로 많이 사용 하는 번 다운차트는 스프린트의 남은 시간과 남은 작업의 총량으로 스프린트 진행 상황과 작업완료 시기를 추정하는 데 사용하는 차트이다.
>
> 번다운 차트에서 스토리 포인트의 소멸이 계획보다 너무 느리다면 업무 진척에 장애가 생긴 것이고 반대로 계획보다 너무 급격한 속도로 빠르게 스토리 포인트가 소멸된다면 스프린트 계획에 오류가 있는 경우일 수 도 있다.

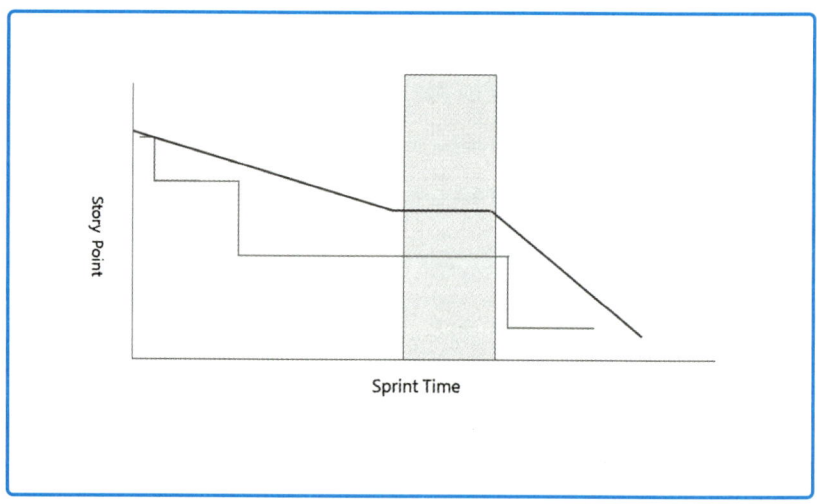

:: Template

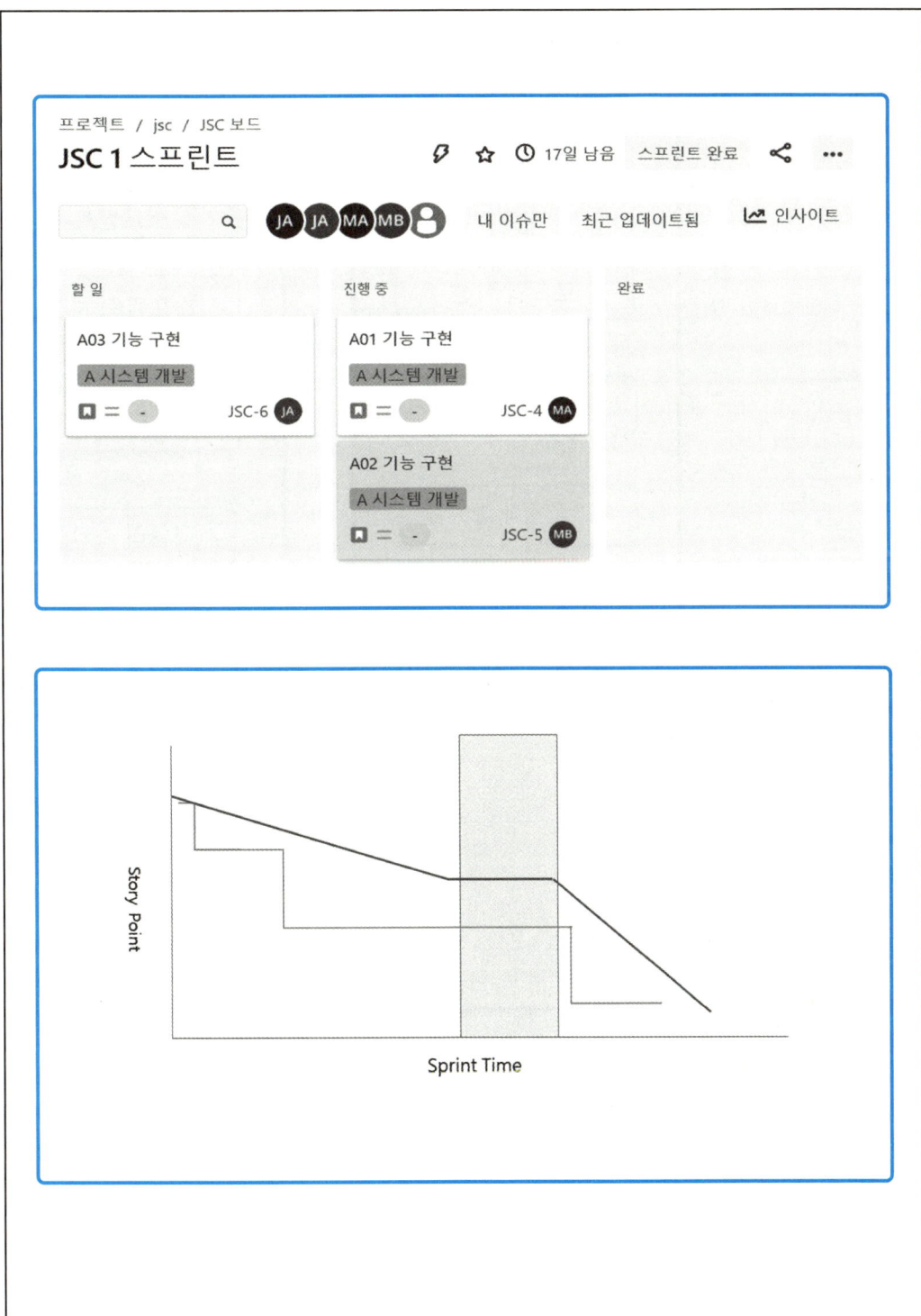

N.O.T.E 11-4. 스프린트 리뷰 (Sprint Review)

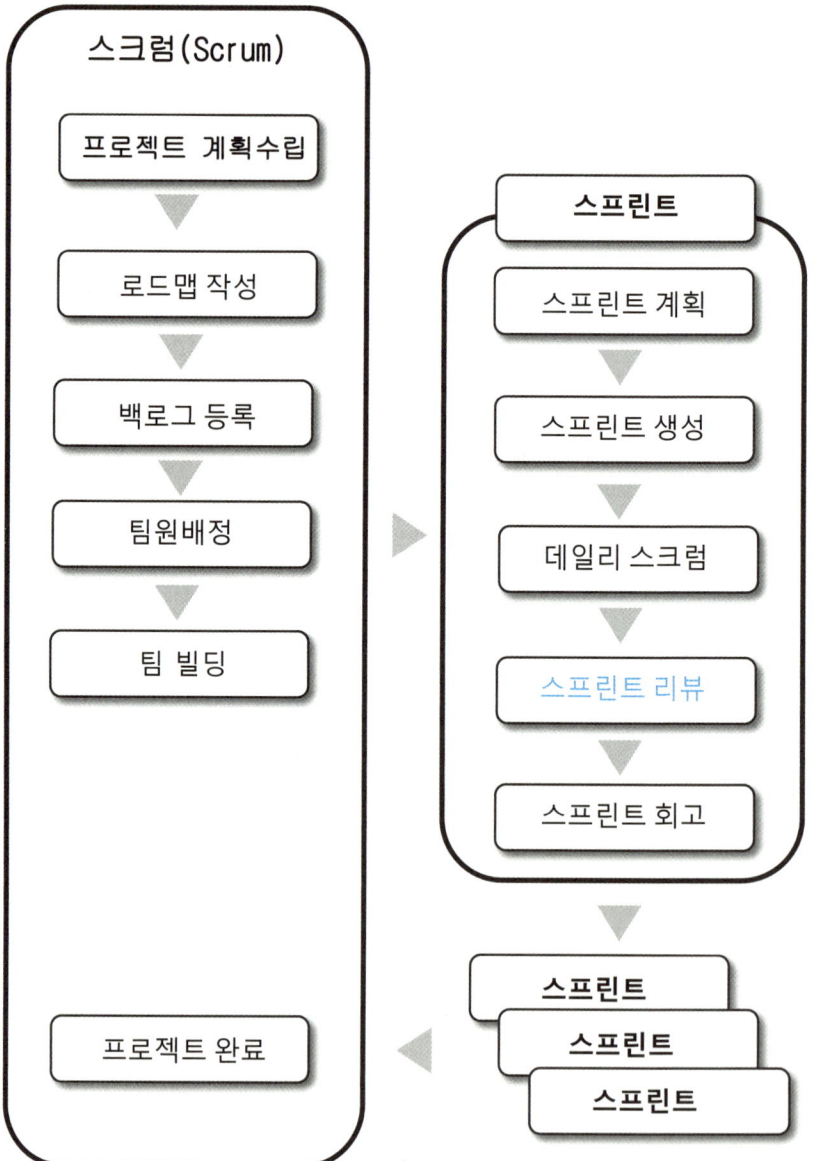

스프린트 리뷰 (Sprint Review)

스프린트 리뷰 (Sprint Review)는 스프린트 종료 단계에서 스프린트 산출물(Increment)의 완료의 정의(Definition of Done)를 위해 수행하는 스크럼 팀 이벤트이다. 또한 스프린트 리뷰에서는 스프린트의 계획 대비 진척상태를 점검하고 Product Backlog를 스크럼 팀이 함께 수정할 수도 있다.

스프린트에서 완료의 정의 (Definition of Done)란 수행하는 스프린트의 산출물(Increment)이 품질목표를 충족시킨 상태를 말한다. 다시 말하면 수행하는 작업이 스프린트 Backlog에 대한 완료의 정의(Definition of Done)가 되면 스프린트 산출물이 완성된 것을 의미 한다.

스프린트 산출물(Increment)은 목표한 스프린트 Backlog의 수행 결과이며 한 스프린트 내에서 여러 개의 산출물이 만들어 질 수 있다. 그리고 스프린트의 산출물이 누적되어 Product가 최종적으로 완성된다.

N.O.T.E

:: Template

Sprint Review Meeting Agenda

순번	시간	주요활동	내용	발표자	비고
1	10분	스프린트 소개	스프린트 목표설명 릴리즈 계획 설명 스프린트 계획 리뷰	프로덕트 오너	
2	10분	스프린트 백로그 리뷰	스프린트 백로그 리뷰	프로덕트 오너	
3	20분	스프린트 진행사항	스프린트 진행 사항 리뷰 기술사항 리뷰 결함사항 리뷰 산출물 리뷰	스크럼 마스터	
4	20분	산출물 시연	스프린트 산출물 리뷰	스크럼 팀	
5	10분	피드백	스프린트 백로그 구현결과 피드백	스크럼 마스터	
6	5분	리뷰 종료	다음 스프린트 리뷰 일정공유 리뷰결과 문서화	스크럼 마스터	

11-5. 스프린트 회고 (Sprint Retrospective)

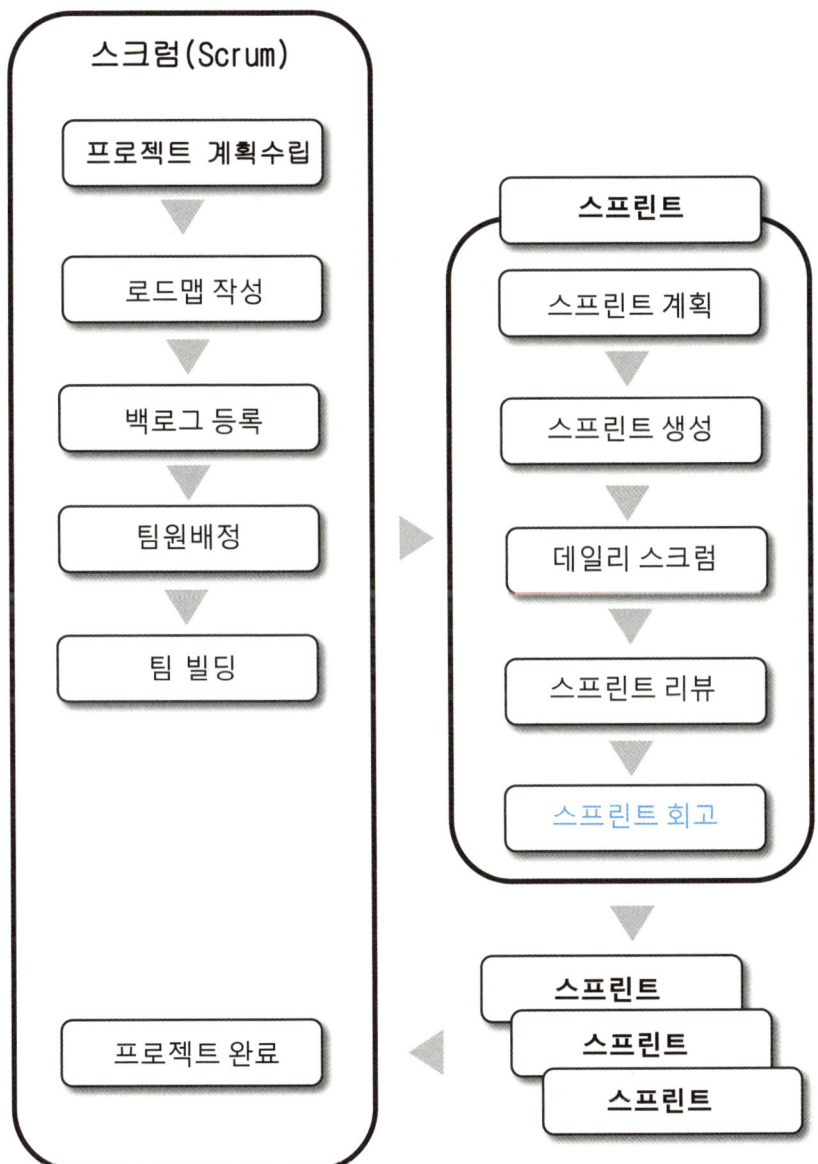

> **N.O.T.E**

스프린트 회고 (Sprint Retrospective)

스프린트 회고 (Sprint Retrospective)는 스프린트 종료 단계 마지막에 스크럼 팀이 같이 모여서 팀원들이 이번 스프린트를 통해 얻은 경험과 지식을 공유하는 자리이다. 스프린트를 하면서 좋았던 점 그리고 개선하고 싶은 사항을 같이 공유하고 다음 스프린트에 반영하도록 한다. 또한 Product Backlog에 추가할 사항도 같이 정리한다.

스프린트 회고 (Sprint Retrospective)의 인식

스프린트 회고 (Sprint Retrospective)를 명확히 인식하기 위해서 다음과 같은 질문을 던져보도록 하자.

스프린트 동안 만족스러웠던 부분은 어떤 것이며 왜 그랬는가?
스프린트 동안 골치 아팠던 부분은 어떤 것이며 왜 그랬는가?
무엇이 성공적이었는가?
무엇이 실패적이었는가?
무엇이 달성되지 못하였는가?
다른 팀원들에게 주지시키고자 하는 경험과 지식이 있는가?

스프린트 회고 (Sprint Retrospective)의 마무리

스프린트 회고 (Sprint Retrospective)에서 얻은 지식을 다음 스프린트에서 실천할 방법과 실천 사항을 스크럼 팀이 같이 정리한다. 그리고 이번 스프린트에서 수고한 스크럼 팀과 같이 참여한 이해관계자들에게 격려와 감사를 표현하는 것도 중요한 사항이다.

:: Template

Sprint Retrospective Meeting Agenda

순번	시간	주요활동	내용	발표자	비고
1	10분	스프린트 개요	스프린트 목표설명 스프린트 백로그 리뷰 프로덕트 백로그 리뷰	프로덕트 오너	
2	15분	스프린트 성공 공유	성공 사례 공유	스크럼 팀	
3	15분	스프린트 실패 공유	실패 사례 공유	스크럼 팀	
4	10분	스프린트 교훈 리뷰	교훈 사항 리뷰	스크럼 마스터	
5	15분	후속 스프린트 개선활동	개선 활동 도출	스크럼 팀	
6	5분	팀원에 대한 감사	팀원 서로에게 칭찬과 감사	스크럼 마스터	

Summary

POINT 1 프로젝트 헌장
- 프로젝트 헌장은 프로젝트에 대한 개략적인 설명과 범위를 정의한 문서이다.
프로젝트 상위관리자(Sponsor)에 의해 작성되며, 스크럼 팀원의 임명과 권한 부여와 프로젝트의 목적과 목표를 명시한다.

POINT2 프로덕트 로드맵 (Product Roadmap)
- 프로덕트 로드맵 (Product Roadmap)은 스크럼 프레임워크에서 프로덕트와 관련된 이해관계자의 요구사항이 어떻게 제품으로 만들어지는지 시간의 흐름에 따라 시각화한 도구이다.

POINT3 스프린트
- 스프린트 (Sprint)는 제한된 기간동안 정해진 Product Backlog Item을 구현하기 위한 스크럼 팀 이벤트이다.
스크럼 팀은 스프린트 (Sprint)를 반복적으로 수행하면서 이해관계자와 합의 된 Product Backlog Item을 모두 구현 하고 Product Goal을 달성 시킨다.

Key Word
- 프로젝트 헌장
- 스프린트
- 리뷰
- 회고
- 프로젝트 관리 계획서

Project Management

PART 04

칸반 프로젝트 관리 실무

Chapter 05 — 칸반 방법

Chapter 05 칸반 방법 (Kanban Method)

Project Management Situation

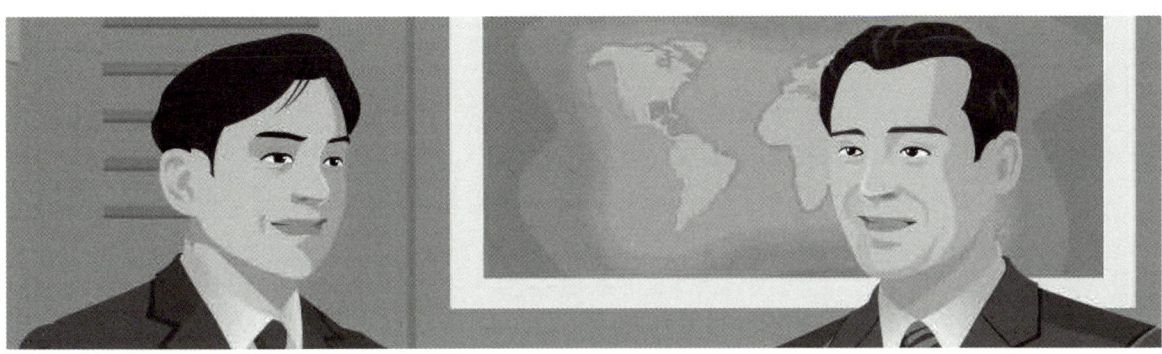

박부장이 애자일 개발 방법론 선정을 위한 프로젝트 팀 회의를 주관하고 있다.

박부장 어제 차세대 신정보시스템 구축을 위한 기획안이 공개되었습니다. 다 알다시피 이 프로젝트는 우리 부서 목표 달성을 위한 중요한 프로젝트입니다. 그 동안 그룹사에서 한 것도 있고 우리도 유사한 프로젝트를 진행한 경험도 있어 개발 방법만 잘 선정 한다면 충분히 성공할 수 있을 것 같습니다.

오대리 하지만 차세대 신정보시스템은 예전 프로젝트에 비해 규모가 크고, 기획안을 살펴본 결과 일정 또한 촉박한 것 같습니다.

차과장 높은 기술 수준 또한 어려움이 예상됩니다. 이번 프로젝트는 지난 번 같이 스크럼으로 진행하기에는 규모가 너무 크고 신뢰도가 중요한 시스템이라 위험할 것 같습니다. 그래서 기존 예측형 폭포수 모델을 같이 구현할 수 있는 칸반 방법을 쓰면 좋을 것 같습니다. 이해관계자와의 의사소통에도 칸반이 유리한 점이 많을 것 같습니다.

박부장 저도 같은 의견입니다. 차과장님이 말씀하신 것 같이 칸반은 기존에 자주 사용했던 예측형 방법론의 프로세스를 수정 없이 그대로 사용할 수 있어서 애자일 방법론 중 가장 부담감이 적고 성공사례도 많습니다.

이과장 제 의견은 반대입니다. 앞에서 말씀하신 칸반은 장점이 많으나 자칫하면 애자일의 장점을 잃어버리고 기존의 폭포수 모델로 적용될 가능성과 위험성이 많습니다. 만약 개발팀 리더가 확고한 애자일 사고와 행동방식을 가지고 있지 않다면 문제의 소지가 더 커 질 수 있습니다.

박부장 이과장님 의견도 충분히 공감이 됩니다. 바로 전에 진행했던 칸반방법을 사용한 프로젝트에서 이과장님이 이야기한 그런 현상이 발생해서 문제가 생긴 사례가 있습니다. 이번에는 이런 칸반의 문제점을 최소화할 수 있는 방법을 찾아서 같이 적용해 보면 좋을 것 같습니다. 이번 프로젝트의 애자일 방법론은 칸반으로 하는 것이 좋을 것 같습니다.

☑ Check Point

- 칸반보드는 무엇입니까?
- 칸반보드는 어떻게 제작합니까?
- 프로젝트 리뷰는 어떻게 진행합니까?
- 릴리즈 계획은 어떻게 작성합니까?

12 칸반(Kanban)의 이해

12-1. 칸반 정의

칸반(Kanban)은 작업의 완전한 투명성과 원활한 의사소통을 유도하기 위한 칸반보드를 사용하여 작업과 작업 흐름을 시각화하고, 이를 통하여 진행 중인 작업의 원활한 흐름을 유도하여 작업 효율성을 극대화하는 것을 목표로 하는 애자일 업무 관리 방법이다.

칸반의 원래 어원은 일본어 "かんばん"으로 신호보드(signboard)를 말하며 한국어 "간판"과 같은 뜻이다.

칸반이 처음 사용된 것은 1945년에 일본의 오노 다이치의 도요타자동차 생산방식(Toyota Production System)에서 구현된 린(Lean) 생산에 포함된 칸반카드가 기원이며 이 내용에 영감을 받은 미국의 데이비드 J. 앤더슨과 Microsoft사 코비스 개발팀이 함께 2004년부터 구체화 시킨 칸반방법(Kanban Method)이 현재 우리가 이야기하고 있는 칸반(Kanban)이다.

칸반방법(Kanban Method)의 처음 출발은 IT 개발 프로젝트 중심이었지만 현재는 다른 산업군에 충분히 적용할 수 있는 상태이며 작업 혹은 업무의 흐름을 시각화하는 도구 및 방법으로 다양하게 사용되고 있다.

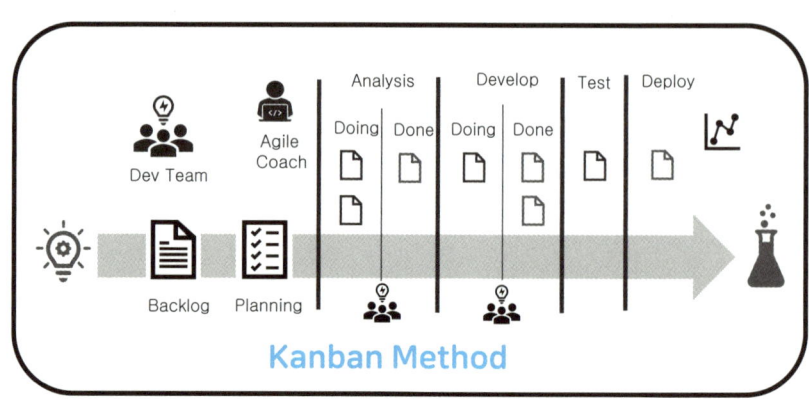

> **N.O.T.E**
>
> **도요타생산방식**
> **(Toyota Production System)**
>
> 도요타 자동차가 개발한 생산방식을 말한다. 도요타 생산방식은 생산현장의 낭비를 제거하고 다품종 소량 생산체제를 위한 적시생산(JIT)과 자동화 생산이라는 개념으로 구성된다.

12-2. 칸반 특징

칸반 (Kanban)의 특징은 아래와 같다.

칸반방법 (Kanban Method)은 가상 신호카드를 구현한 칸반보드를 사용하여 업무 혹은 지식의 흐름을 가시화시킨다.

칸반 방법 (Kanban Method)은 방법론이나 프레임워크가 아니기 때문에 현재의 업무 프로세스에 특별한 변화 없이 적용 가능하여 점진적 개선이 가능하다.

칸반 방법 (Kanban Method)은 Pull System과 진행 중 작업(WIP)제한을 사용하여 지속 가능한 업무 흐름을 구현한다.

칸반보드를 통해 가시화된 업무나 지식에 대한 프로젝트 참여자 모두의 적극적이고 능동적인 리더쉽 발휘를 장려한다.

칸반의 지향 원칙은 아래와 같다.

- 고객의 요구사항을 이해하고 집중한다.
- 참여자 스스로의 업무를 관리하고 조직화할 수 있어야 한다.
- 업무성과 개선을 위해 관련 시스템을 주기적으로 확인한다.
- 업무를 가시화하고 진행중 업무를 제한한다.
- 업무 흐름을 관리하고 업무 수행 정책을 명시화한다.
- 개선을 위해 업무 피드백 루프(feedback loop)를 구축한다.
- 개선을 위한 실험, 도전과 협업을 한다.

칸반 방법 (Kanban Method)은 단독으로 사용하기 보다는 다른 방법론이나 프레임워크에 융합된 형태로 주로 사용한다.

N.O.T.E

Pull System

당김방식 (Pull System)은 전통적인 방식인 수행할 작업을 사전에 계획하고 앞단계에서 다음단계로 밀어내며 진행하는 방식의 Push system과 반대 개념의 작업처리 방식으로 작업을 프로세스에 밀어 넣는 대신 작업자가 작업을 처리하기 원할 때 당겨오는 방식으로 처리할 수 있는 능력이 있을 때만 작업을 가져오는 방식이다.

WIP

Work In Progress의 약어로 해당 단계에서 구현작업 중인 작업의 갯수

12-3. 칸반의 수행원칙

> ➢ 작업 내용과 흐름의 시각화

작업을 가시화시켜 수행 작업의 불투명성과 모호한 부분을 제거하고 작업 속도를 제어한다.
칸반 보드를 사용하는 핵심적인 이유는 크게 두가지이다.
첫째는 작업의 모호함을 제거하고 가시성을 확보하려는 것이고
둘째는 작업의 흐름을 설계하고 관리하여 작업 수행의 속도를 통제하려는 것이다.

> ➢ 진행중인 작업의 갯수를 제한 (Work In Progress)

투입된 자원과 시간의 제약을 이해하고 작업의 집중도를 높이기 위해 수행 작업을 제한한다.
프로젝트 수행은 반드시 제약된 자원과 시간 속에서 이루어진다. 이러한 제약들 속에서 단계별 수행 작업의 수를 제한하는 것은 작업 병목을 제거하고 작업 집중도와 작업 속도를 높이는 중요한 요소이며 팀원들에게 프로젝트 수행기간 동안 작업 수행 동기를 지속적으로 제공할 수 있는 반드시 지켜야할 원칙이다.

> ➢ 작업자 스스로 자신이 수행할 작업을 당김방식(Pull System)으로 처리한다.

칸반 보드를 언뜻보면 업무 흐름상 선행작업이 끝나면 다음 단계에 배정되어 후행 작업에 의해 순차적으로 밀려 다음 단계로 넘어가는 밀림방식(Push System)으로 오해하기 쉬우나 그렇지않다.
애자일 프로젝트 수행의 가장 주요한 원칙은 팀원들의 자발적이고 능동적인 업무 수행이다. 전통적인 프로젝트 수행 방식인 프로젝트 관리자에 의한 업무 배정 방식과 다르게 애자일은 팀원 스스로가 자신이 업무를 선택하고 수행하며 이를 당김 방식(Pull System)이라고 한다. 칸반도 예외없이 당김방식을 원칙으로 한다.
당김방식(Pull System)구현의 핵심 요소는 팀 구성원 서로 간의 신뢰와 팀웍이다.

12-4. 칸반 팀 구성

N.O.T.E

칸반으로 개발 프로젝트를 수행하는 일반적인 애자일 팀 구성은 스크럼처럼 프로덕트 오너, 스크럼 마스터, 개발 팀원과 같은 역할을 지정하고 있지 않다.
칸반의 팀구성은 프로젝트의 효율성을 고려하여 자유롭고 유연성 있게 구성하면 된다.

칸반 프로젝트의 일반적인 팀 구성은 아래와 같다.

프로덕트 오너

프로덕트 목표 정의
프로덕트 백로그 작성
프로덕트 목표와 백로그에 대한 명확한 의사소통

프로젝트 리더

프로젝트 계획 수립, Workflow 수립, WIP 관리
팀이 작업에 집중할 있도록 장애물 제거 및 보호 역할 수행
모든 작업이 긍정적이고 생산적으로 진행될 수 있도록 역할 수행

WIP
Work In Progress의 약어로 해당 단계에서 구현작업 중인 작업의 갯수

개발 팀원

Pull 작업선택, 칸반 백로그 작성
작업 수행 및 품질 관리
자율적이고 능동적인 업무 수행, 전문가로서 협업

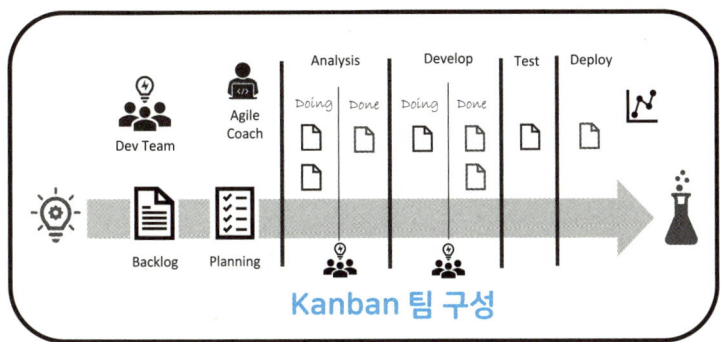

Kanban 팀 구성

12-5. 칸반보드

> 칸반 보드 (Kanban Board)란 무엇인가?

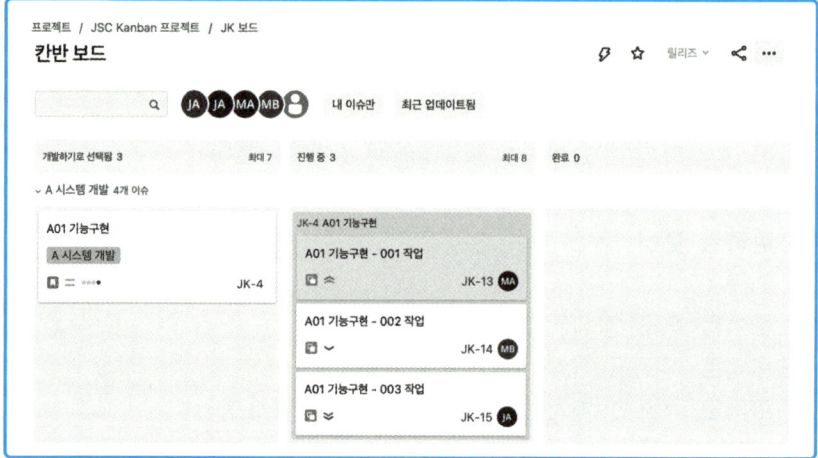

칸반보드는 프로젝트 작업수행 내용을 시각화하는 도구이다.

> 칸반보드 제작을 위한 원칙은 다음과 같다.

작업수행은 반드시 왼쪽에서 오른쪽으로 작업자가 당겨서 수행한다. 하나 이상의 약속지점(commitment point)과 제공지점(delivery point)이 있다.

진행 중 업무(Work In Progress)를 제한한다.

> 칸반보드 제작의 핵심포인트

프로젝트 팀이 자율적인 환경 속에서 작업을 효율적이고 효과성 있게 수행하여 가치있는 작업결과에 대한 높은 생산성을 확보하게 하는 것이다.

칸반보드를 활용한 프로젝트 수행방법은 자유롭고 유연한 사고를 기반으로 리듬감 있는 작업의 흐름을 만들기 위해 WIP를 제한한다.

WIP제한은 프로젝트 팀이 높은 작업 집중도를 지속적으로 유지하며 작업을 수행할 수 있도록 돕는다.

Chapter 5 칸반 방법

12-6. 칸반보드 만들기

N.O.T.E

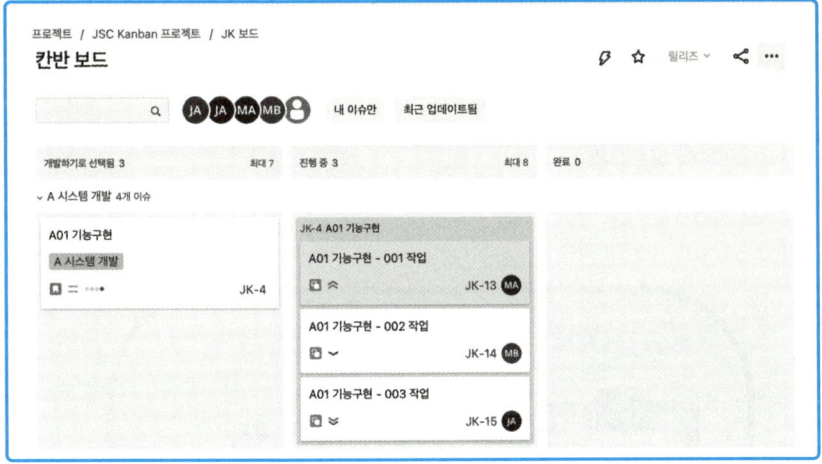

> 칸반보드 제작 절차

- 작업절차(Work Process) 설계

    작업 목표 설정, 작업 완료의 정의, 작업 수행 단계 결정, 적용 방법론 결정

- 작업흐름(Workflow) 설계

    작업흐름(Workflow) 결정, 작업 열 WIP 제한 설계

- 칸반화면 설계

    보드 화면 작업 행열 정의, 작업흐름(Workflow) 매핑 설계

- 칸반화면 제작

    보드 작업 행열 셋팅, 이슈 상태 매핑, 작업 열 WIP 제한

12-7. 칸반 이벤트 및 산출물

- 계획수립
- 프로덕트 백로그 제작
- 칸반관리 수행
- 작업완료

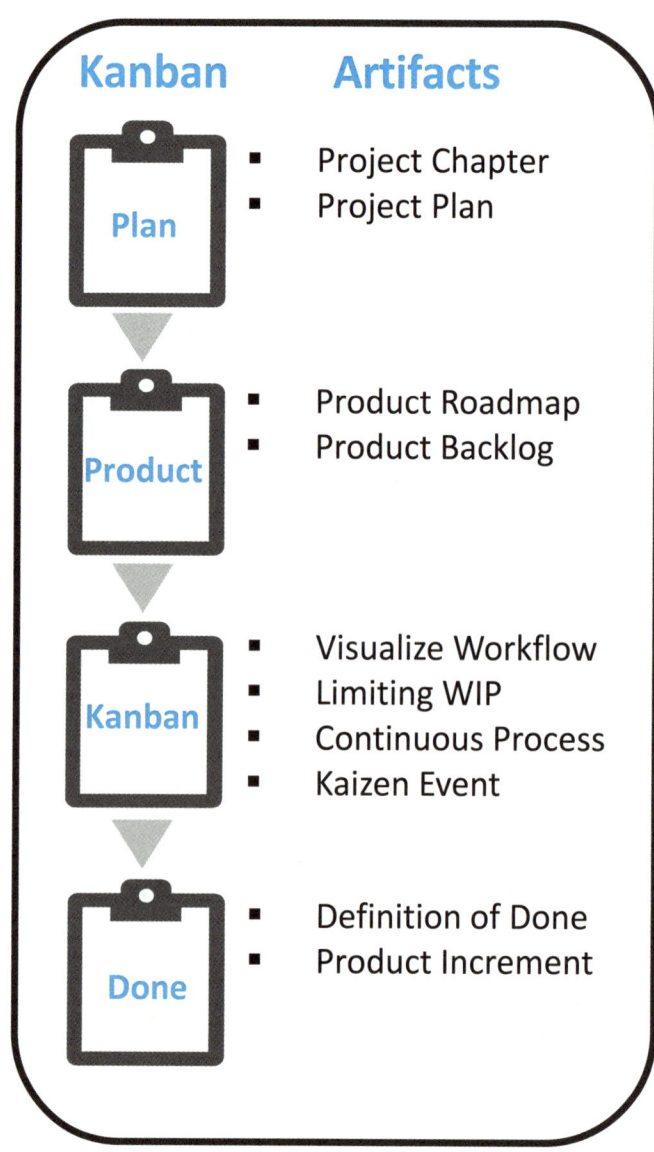

12-8. 칸반 프로젝트 수행절차

칸반 프로젝트는 아래와 같은 단계로 진행한다.

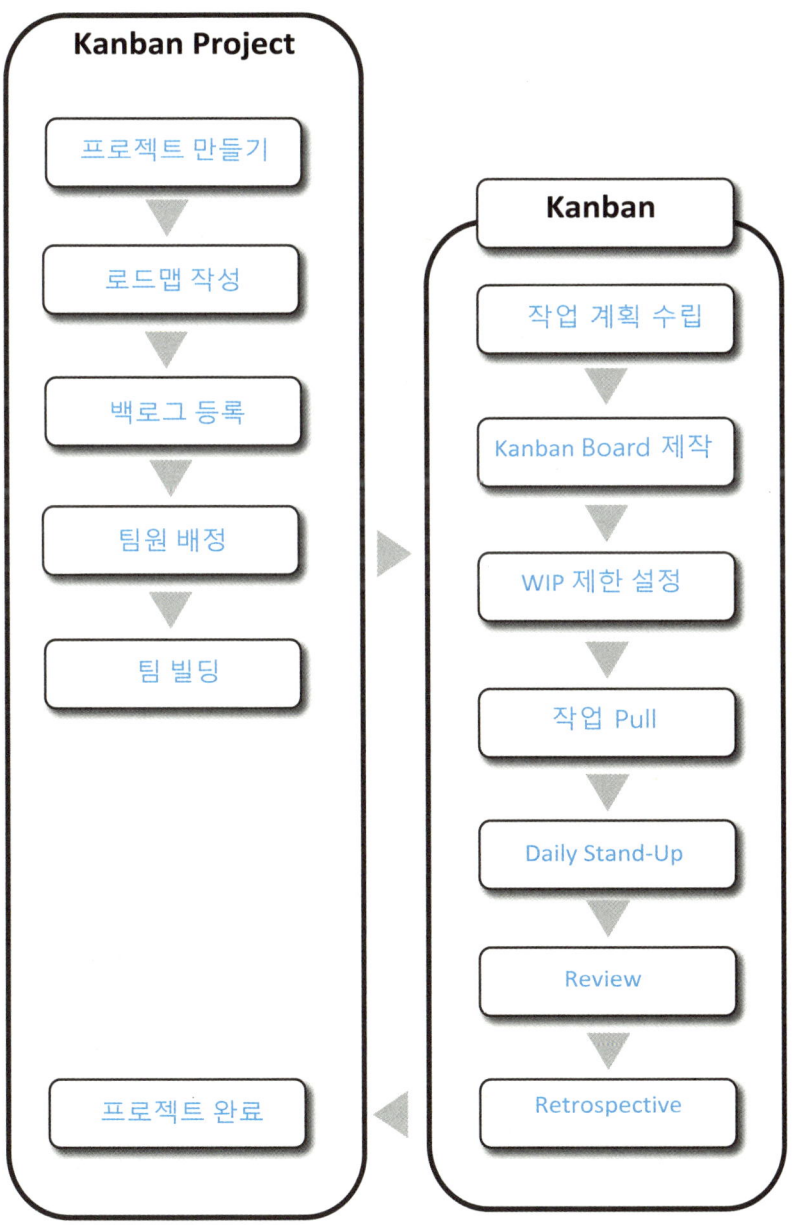

Part 4 칸반 프로젝트 관리 실무

Summary

POINT 1 　칸반보드 제작 절차

- 작업절차 (Work Process) 설계
    - 작업 목표 설정, 작업 완료의 정의, 작업 수행 단계 결정, 적용 방법론 결정
- 작업흐름 (Workflow) 설계
    - 작업흐름 (Workflow) 결정, 작업 열 WIP 제한 설계
- 칸반화면 설계
    - 보드 화면 작업 행열 정의, 작업흐름 (Workflow) 매핑 설계
- 칸반화면 제작
    - 보드 작업 행열 셋팅, 이슈 상태 매핑, 작업 열 WIP 제한

POINT 2 　칸반보드 제작의 핵심포인트

- 프로젝트 팀이 자율적인 환경 속에서 작업을 효율적이고 효과성 있게 수행하여 가치 있는 작업 결과에 대한 높은 생산성을 확보하게 하는 것이다.
- 칸반보드를 활용한 프로젝트 수행방법은 자유롭고 유연한 사고를 기반으로 리듬감 있는 작업의 흐름을 만들기 위해 WIP를 제한한다.
- WIP제한은 프로젝트 팀이 높은 작업 집중도를 지속적으로 유지하며 작업을 수행할 수 있도록 돕는다.

Key Word

- 칸반보드
- Pull system
- WIP
- Workflow

Project Management

PART 04

칸반 프로젝트 관리 실무

Chapter 06 – 칸반 프로젝트

Chapter 06 칸반 프로젝트 (Kanban Project)

Project Management Situation

개발팀 회의실에 애자일 팀 리더인 차과장과 팀원들이 회의를 하고 있다.

김영호 특정 단계에서 작업에 병목지점이 자주 발생해서 계획된 워크플로우처럼 원활한 작업이 진행되지 않고 있습니다.
차과장 작업에 병목지점이 발생하여 계획된 워크플로우가 작동하지 않으면 어떤 결과가 예상되나요?
최민희 심각한 문제가 예상됩니다. 최악에는 개발일정이 상당기간 지연될 가능성도 있습니다.
차과장 큰일이군요. 우선 병목지점으로 인한 작업지연이 내포한 위험 요소를 파악하고 그에 대한 영향력을 산정해 봅시다.
김영호 네, 제가 분석 후 보고하겠습니다.

며칠 후 개발팀 회의실에 애자일 팀 리더인 차과장과 팀원들이 회의를 하고 있다.

차과장 보고 잘 받았습니다. 결론적으로 주기적으로 발생 하고 있는 병목지점 발생은 해결하지 않으면 안되는 문제군요.
김영호 네. 그렇습니다.
차과장 그럼, 병목지점 발생을 최소화 할 수 있는 방안에는 어떤 것들이 있을까요?
최민희 제 생각에는 우선 초기 개발에 참여했던 외부 기술자의 추가 투입을 포함한 충분한 지원이 필요한 것 같습니다.
차과장 네, 그렇군요. 일단 업체와 협의해 보겠습니다. 그리고 외부 기술자 추가 투입 전, 추가 투입 기술자의 업무 분장에 대한 재확인 작업을 실시합시다.
팀원들 네! 알겠습니다.

✓ Check Point

- 지속적 개선활동이란 무엇입니까?
- 칸반보드는 어떻게 작성해야 합니까?
- 칸반보드의 기능은 무엇입니까?

Part 4 칸반 프로젝트 관리 실무

N.O.T.E

13. 칸반 (Kanban) 계획수립

13-1. 프로젝트 헌장 (Project Chapter) 작성

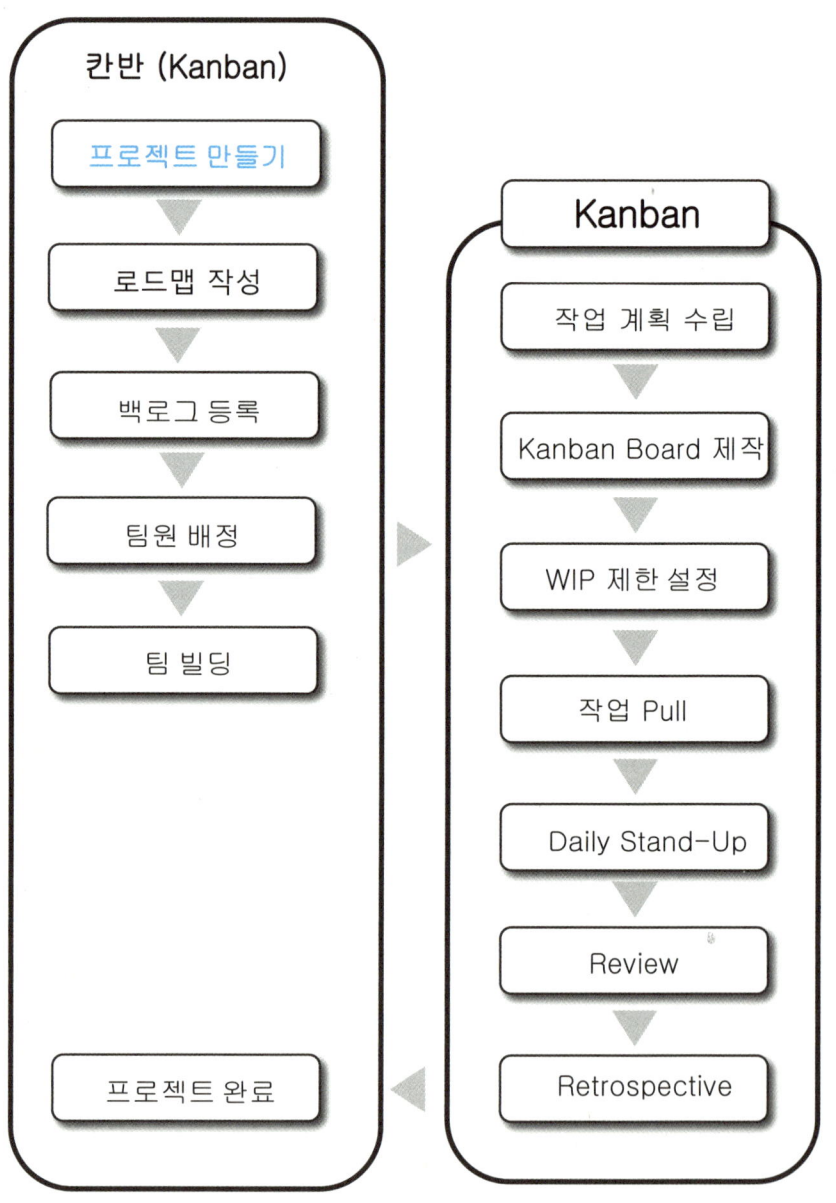

프로젝트 헌장 (Project Chapter)

프로젝트 헌장은 프로젝트에 대한 개략적인 설명과 범위를 정의한 문서로써, 프로젝트 외부에 있는, 스폰서(Sponsor)에 의해 작성된다. 프로젝트 헌장은 프로덕트 오너, 프로젝트 리더를 임명하고 적절한 권한을 부여하여 자원과 예산을 할당 받을 수 있게 하는 것으로써, 프로젝트의 목적과 목표를 명시한 것이다.

프로젝트 헌장의 목적

상위 차원에서의 프로젝트 목적과 주요 산출물 및 마일스톤을 명시한다.
팀 구성원과 고객의 프로젝트 대한 이해도를 높이고, 프로젝트에 대한 합의를 이끌어 낸다.
이해관계자와 스폰서를 인식하여 프로젝트 의사 소통을 원활히 한다.
위험이나 이슈를 조기에 언급하여 프로젝트 성공률을 높인다.
프로젝드 싱공 여부에 대한 측성 기준을 제시한다.

프로젝트 헌장의 의의

프로젝트 헌장은 프로젝트의 공식적인 첫 출발점이다. 그러므로 이해관계자들이 프로젝트를 이해하고, 프로젝트가 실제로 착수되기 전에 스폰서(sponsor)와 자신들의 요구 사항을 논의할 수 있는 기회를 프로젝트에서 제공해야 한다. 또한 프로젝트 진행 과정 중 되도록 앞 단계에서 이해관계자들의 요구 사항(requirement)과 기대치(expectation)를 반영하는 것이 프로젝트 헌장의 변경을 최소화하고 성공적으로 프로젝트를 이끌 수 있는 중요한 요인이 된다. 이와 같이 제작된 프로젝트 헌장은 관련된 조직이나 개인에게 공표되어야 한다.

N.O.T.E

헌장(Charter)의 사전적 정의

A document issued by a sovereign, legislature, or other authority, creating a public or private corporation, such as a city, college, or bank, and defining its privileges and purposes. 시나 대학과 같은 공공기관이나 회사에서 발행한 권리나 목적을기술한 문서

프로젝트 헌장(Project Charter)

프로젝트의 착수 근거가 되는 공식적인 문서. 프로젝트 스폰서의 결재를 받은 기안문의 형태로, 프로젝트의 배경 및 개요, 기본정보, 계약사항을 포함할 수 있고, 팀 리더를 임명하는 문서이기도 함.

스폰서

A사에서 발주된 프로젝트를 B사가 수주해 실행한다면 스폰서는 B사의 PM의 상관인 사업부장이 된다.

N.O.T.E 프로젝트 헌장의 구성 요소

프로젝트 명
명시적이고 간략하게 기술하며 다른 프로젝트 명과 중복되거나 혼동되어서는 안된다.

프로젝트 미션 (Project Mission)
프로젝트를 통해 달성하려는 전략적 비전이며, 2줄 이내로 기술한다.

프로덕트 비전 (Product Vision)
프로덕트 비전 (Product Vision)은 제품개발을 통해 달성하고자 하는 장기적 목표를 말한다.
프로덕트 비전은 제품개발의 방향성을 간결하게 전달한다.
프로덕트 비전은 제품을 통해 해결하고 있는 문제는 무엇이며 누구를 위한 제품인지를 설명한다.
프로덕트 비전은 팀 구성원에게 제품을 개발하는 동기를 부여한다.
프로덕트 비전은 작업 우선순위 의사결정 기준선을 제공하며 기업의 전략적 목표와 제품 개발 목표를 연결시켜준다.

프로젝트 목적
프로젝트 미션을 산출물 내지 달성 대상으로 구체화한 것으로, 2~4줄 정도로 작성하는 것이 적당하다. 넘버링을 통해 여러 개를 기술할 수 있으며, 높은 차원의 관점에서 프로젝트의 성공 여부를 파악할 수 있다. 프로젝트를 통해 달성하고자 하는 효과에 대한 요약서로 측정이 가능하다.

프로덕트 비전 (Product Vision) 작성방법

프로덕트 비전 (Product Vision)은 아래와 같이 간략한 형식으로 표현한다.

"누구를 위한 어떠한 필요성이 있어 이 제품을 개발하며 제품의 특성과 경쟁 제품과의 차별점은 이것이다."

작성 예는 아래와 같다.

"성장기 유아들의 필수적인 A면역 기능을 강화하기 위해 우리는 A면역강화에 탁월한 B기능을 가지고 있는 분유를 개발하며 경쟁사 제품이 기존에 제공하지 못하는 A면역 기능을 제공할 수 있게 한다."

프로젝트 범위
프로젝트에서 무엇을 달성해야 하는지를 기술하며, 무엇을 달성하지 않아야 하는지에 대해서도 필요에 따라 기술한다. 주요 산출물과 그것에 대한 간략한 설명, 개발 시 사용해야 하는 기술 및 기법 등을 포함한다. 프로젝트 수행 절차 및 작업이 프로젝트 미션과 목표에 부합하는지에 대한 경계를 제시한다.

프로덕트 오너 (Product Owner)
프로덕트의 가치를 극대화하기 위해 프로덕트에 어떤 특징과 기능을 구현할지 우선순위를 결정하며 프로덕트 제작 방향성을 제시하는 역할과 권한을 가진 프로덕트 제작 성공의 최종책임자이다.

프로젝트 리더
작업 프로세스가 원활히 진행되도록 하는 책임이 있으며 자율적으로 일하는 애자일 팀의 봉사형 리더이며 코치이자 퍼실리테이터(Facilitator)이다.

프로젝트 완료일
프로젝트 완료나 주요한 중간 산출물의 완료 일자를 지정한다.

고객 인수 기준
고객의 최종 산출물 인수에 대한 승인을 판단하기 위한 기준을 제시한다. 프로젝트 팀원들에게 고객이 무엇을 원하는지를 명시하여 최종 산출물에 정확히 반영할 수 있도록 돕는다. 모호한 문구는 사용하지 않으며 측정 가능하게 내용을 기술한다.

결재
프로젝트와 관련한 주요 이해관계자 (Stakeholder)들에게 헌장에 대한 승인을 얻는다.

N.O.T.E

프로젝트 이해관계자

프로젝트 이해관계자는 프로젝트의 수행이나 완료 결과에 따라 영향을 받는, 또는 그래서 프로젝트에 영향력을 행사하려고 하는 개인 혹은 조직을 말한다. 프로젝트 인수책임자와 사용자, 경영층, 스폰서는 물론이고 프로젝트 팀원, 지원 부서, 협력업체 직원 등 다양한 계층을 포함하고 있다. 이해관계자간에는 상반된 요구사항을 갖는 경우도 많으므로 프로젝트 관리자는 프로젝트에 어떤 이해관계자들이 있는지 식별하고, 그들의 요구사항을 파악하고 조정해야 한다.

:: Template

프로젝트 헌장 (Project Chapter)			
프로젝트명		프로젝트코드	
실행 조직		프로덕트 오너	
수행 기간	○○○ .○○.○○ ~ ○○.○○	초기 예산	
개발팀원		프로젝트 리더	
프로덕트 비전			
프로젝트 목적			
프로젝트 범위			
작업 및 릴리즈 주요일정			
주요 이해관계자			
요구 및 기대사항			
가정 및 제약조건			
결재			

13-2. 프로젝트 계획 (Project Plan) 수립

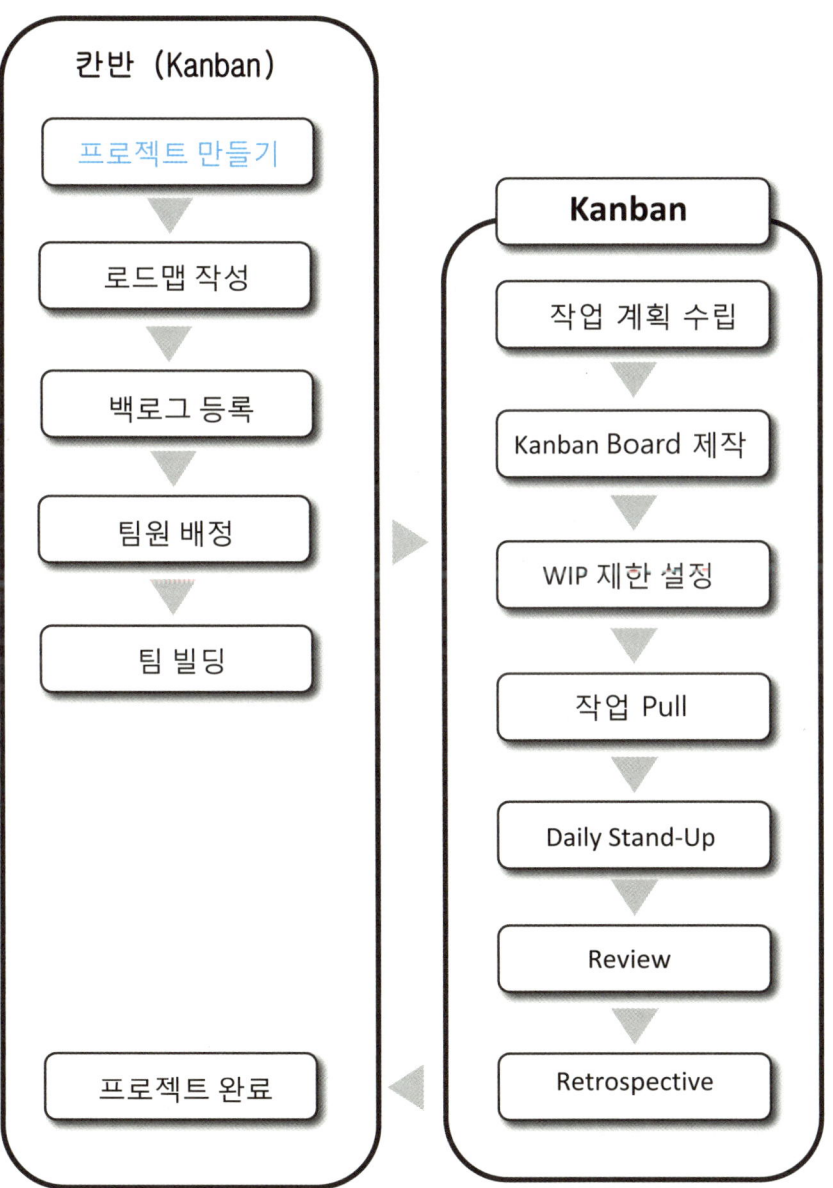

N.O.T.E

프로젝트 계획서 (Project Plan)

칸반의 프로젝트 관리 계획서는 프로젝트 진행정책을 가시화하고 지속적 개선 작업을 유도하기 위한 세부적인 계획들을 정의, 준비, 통합, 조정하기 위해 필수적인 활동들을 정의한 문서이다. 프로젝트 관리 계획서에는 필요한 모든 보조 계획들을 정의하고 통합 및 조정하는데 필요한 조치들을 포함하며, 이는 프로젝트의 복잡한 정도나 적용 영역에 따라 달라질 수 있다. 변경이 필요할 경우에는 통합 변경 통제 프로세스를 통해서 개정되고, 프로젝트를 수행하거나 감시 및 통제 종료 방법을 정의하고 있다.

칸반 프로젝트 관리 계획서의 목적은 "프로젝트의 결과물을 목표한 기간 내에 정해진 예산 안에서 높은 수준의 품질을 가지고 달성하기 위한 지속적인 개선활동의 표준절차"를 정하는 것이다.

워크플로우 도출
지속적 개선 활동
출시케이던스
입력 케이던스
프로젝트 기간 준수
승인된 예산내의 지출
높은 수준의 품질 유지
프로젝트 목표 달성을 위한 일관성 있는 개별 업무 활동
위험 사건의 최소화
의사소통의 기준
용어 및 기준 지표에 대한 정의

케이던스 (Cadence)

케이던스(Cadence)는 주기적인 리듬 혹은 비트를 뜻하는 단어이다.

제품 출시를 위한 릴리즈, 스크럼에서 하는 스프린트와 같은 이벤트 또한 케이던스(Cadence)를 가지고 있는 대표적인 행위이다.

프로젝트 관리 계획서 구성

프로젝트 관리 계획서는 프로젝트가 정해진 목표를 향해 나가는 과정에 대한 절차서라고 할 수 있다. 따라서 프로젝트 생명주기 동안의 모든 영역에 대한 활동계획을 담고 있어야 하며 프로젝트의 목표를 달성하기 위한 역할, 책임, 절차, 수행활동, 템플릿, 기준지표에 대한 정의서 역할을 하게 된다.

프로젝트 관리 계획서의 내용

프로젝트 팀에 의해 선정된 프로젝트 진행 프로세스

선택된 프로세스의 구현 단계

프로세스를 완수하는데 사용할 도구와 기법 설명

변경사항 감시 및 통제 방법

성과 지표 및 평가 기준선 적용 및 관리 방법

이해관계자 사이의 의사소통 필요성 및 기법

작업 일정

릴리즈 일정

서비스 수준 합의

입력 케이던스

출력 케이던스

조직도

품질 관리 계획

인력 관리 계획

마일스톤 목록

자원 현황 달력

형상 관리(Configuration management) 수행 방법

위험 등록부

N.O.T.E

이해관계자(Stakeholder)

프로젝트 수행, 성공 여부와 관련하여 긍정적, 부정적으로 영향을 받는 개인 혹은 조직

이해관계자의 사전적 정의
※ 어원 : Stake(지주, 막대기) + Holder(떠받치는 사람) → Stakeholder(지주나 막대기가 무너지지 않게 떠받치는 사람들)

- 게임이니 경쟁에시 돈을 긴 사람(One who holds the bets in a game or contest)
- 기업체와 같은 곳에서 이익이나 공유된 부분을 갖는 사람(One who has a share or an interest, as in an enterprise)

프로젝트 기준선(Baseline)

프로젝트 기준선(Baseline)은 관리 통제를 위해 프로젝트 수행을 계획과 비교하고 차이를 측정할 것을 승인한 계획서이다. 따라서 프로젝트 관리 계획서가 변경되어 승인되면 기준선도 바뀌게 된다. 프로젝트 기준선은 통제 도구의 역할을 하게되며 프로젝트의 수행 감독 및 관리와 작업 결과는 기준선에 대비하여 측정되게 된다.

:: Template

프로젝트 관리 계획서 목차 예시

1. 프로젝트 개요
    1.1 프로젝트 목표
        1.1.1 프로젝트 목적과 범위
        1.1.2 프로젝트 목표
        1.1.3 프로젝트 산출물/결과물
    1.2 제약 조건
        1.2.1 종료 기준
        1.2.2 품질 기준
    1.3 주요일정
        1.3.1 주요 작업 일정
        1.3.2 주요 릴리즈 일정
2. 조직 구성
    2.1 외부 연결 조직도
    2.2 프로젝트 팀 조직도
    2.3 역할과 책임
    2.4 작업 승인 프로세스
3. 프로젝트 관리 계획
    3.1 주요 기준선
    3.2 프로젝트 범위
    3.3 프로젝트 일정
    3.4 프로젝트 원가
    3.5 프로젝트 성과
4. 프로젝트 수행 활동
5. 품질 관리
    5.1 품질 관리 계획
    5.2 품질 관리 조직
    5.3 품질 보증 활동
6. 위험 관리
    6.1 위험 관리 계획
    6.2 위험 식별
    6.3 위험 분석
    6.4 위험 대응 계획
    6.5 위험 통제
7. 프로젝트 종료

첨부-A. Product Roadmap
첨부-B. Product Backlog
첨부-C. Release Plan
첨부-D. Kanban Plan

13-3. 릴리즈 계획 (Release Plan) 수립

N.O.T.E

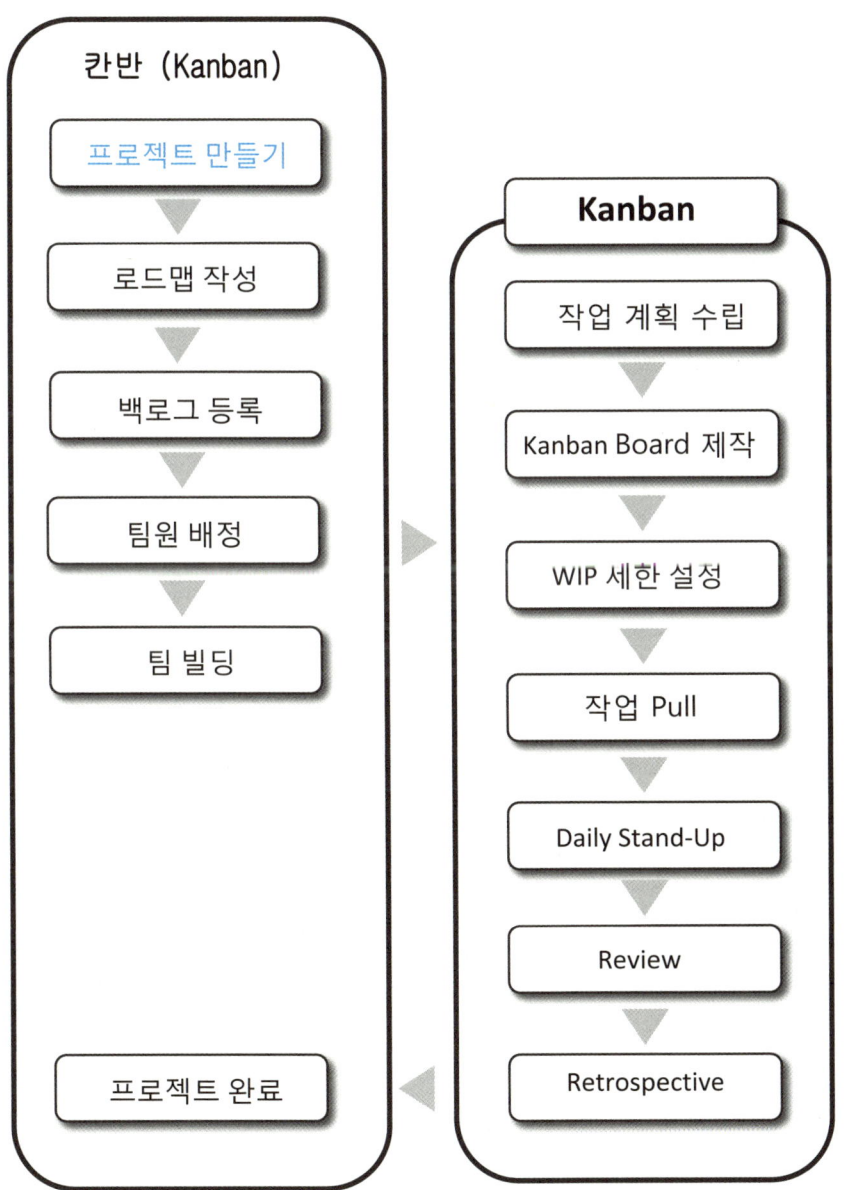

Chapter 6 칸반 프로젝트

227

릴리즈계획(Release Plan)

릴리즈 계획은 Product Backlog를 구현하기 위한 작업의 주기, Product Backlog Item 구현 우선순위, 작업 규모를 결정하고 계획하는 것을 말한다.

릴리즈 계획의 세부 내용은 아래와 같다.

구현해야 할 Product Backlog의 규모 파악을 위한 사용자 스토리 추정

작업 주기 결정을 위한 타임박스, 출시 케이던스 설정

작업 주기 결정

개발팀의 속도 추정을 통한 개발 속도 결정

작업 백로그 결정

릴리즈 마일스톤 결정

칸반에서는 작업 결과로 산출물이 만들어지며 만들어진 산출물의 상태를 표시하는 Data를 버전이라 한다. 일반적인 경우 대부분의 작업에서 산출물의 버전이 만들어지며 산출물에 대한 릴리즈는 사전에 계획된 소프트웨어 생명주기에 따라 실시된다. 모든 버전의 산출물을 릴리즈 하지 않으며 선택적 버전의 산출물만 릴리즈 되는 경우가 대부분이다.

N.O.T.E

케이던스 (Cadence)

케이던스(Cadence)는 주기적인 리듬 혹은 비트를 뜻하는 단어이다.

제품 출시를 위한 릴리즈, 스크럼에서 하는 스프린트와 같은 이벤트 또한 케이던스(Cadence)를 가지고 있는 대표적인 행위이다.

마일스톤의 의미

마일스톤의 사전적인 의미는 '초석'이다. 즉 프로젝트에서 근간이 되는 주요한 이벤트이다. 이벤트는 액티비티와 달리 기간이 없으므로 자원도 할당할 수 없다. 그러나 기간이 없다는 말을 사전적으로 받아들이면 안 된다. 'Key Deliverable의 완료'와 같은 마일스톤은 문장에서 느낄 수 있는 바와 같이 시간축 상에서 점(Point)으로 나타난다. 하지만 '중간 진행 상황의 보고'와 같은 마일스톤은 상식적으로 보고를 올리고 프리젠테이션하고 피드백을 받는 등의 실제 시간이 소요된다. 물론, 이를 액티비티로 기술할 수 있으나, 다른 액티비티와 비교했을 때 기간이 짧고 사안이 중요하다는 점에서 마일스톤으로 기술하는 것이 옳다.

:: Template

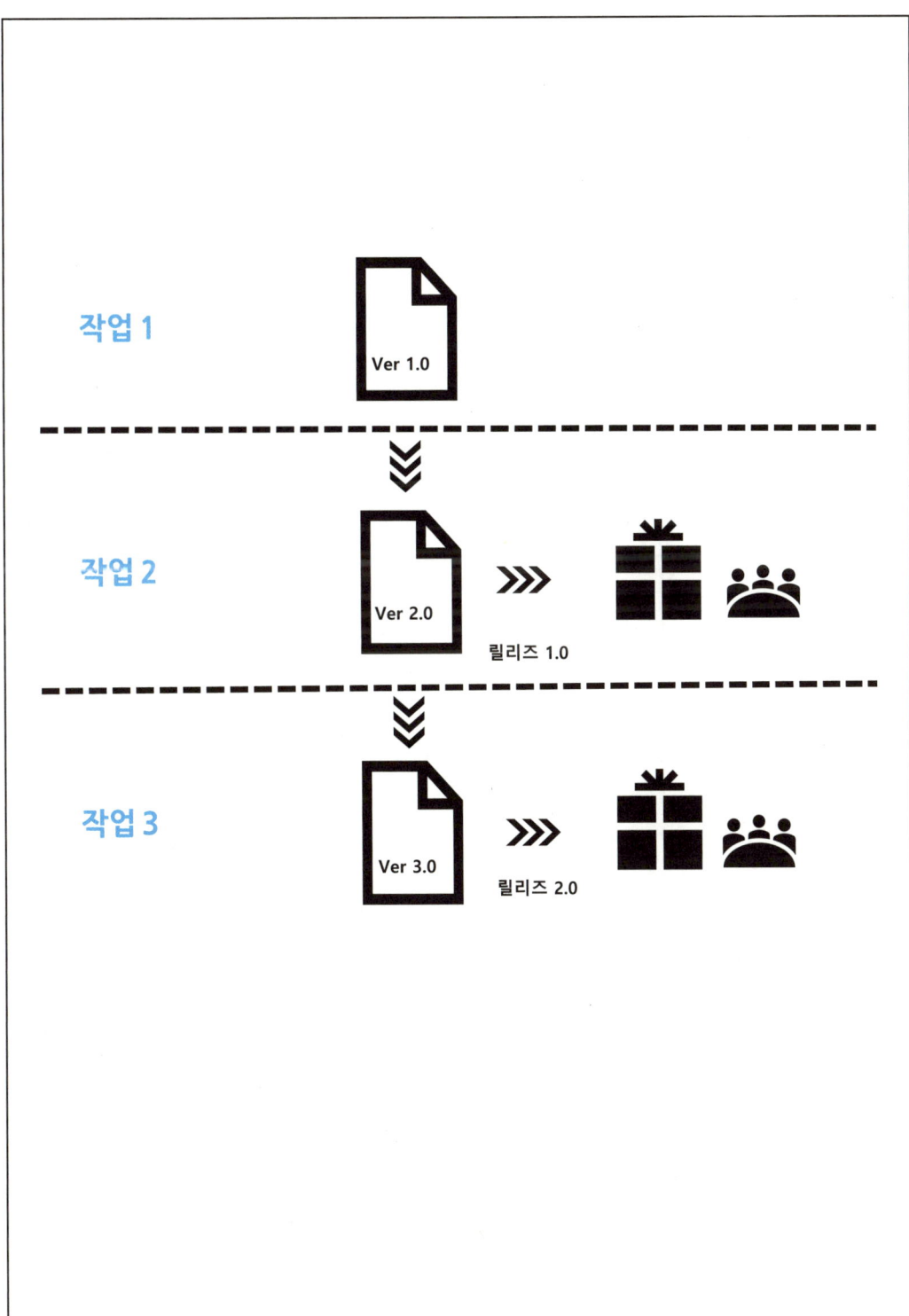

N.O.T.E **13-4. 프로덕트 로드맵 (Product Roadmap) 작성**

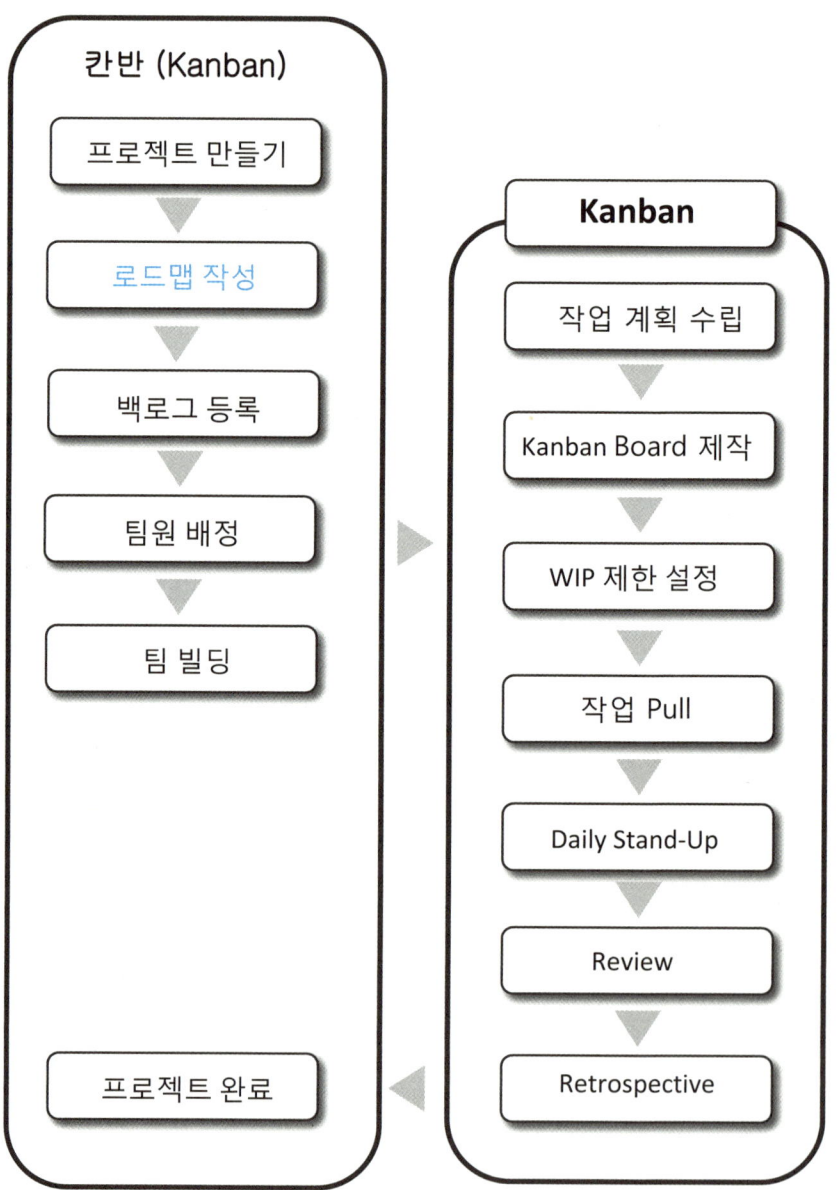

프로덕트 로드맵 (Product Roadmap)

Product Roadmap은 칸반방법 (Kanban Method)의 수행작업에서 프로덕트와 관련된 이해관계자의 요구사항이 어떻게 제품으로 만들어지는지 시간의 흐름에 따라 시각화한 도구이다. Theme, Epic, User Story Task로 구성되며 각각의 내용은 다음과 같다.

Theme
프로젝트에서 구현하고자 하는 프로덕트의 가장 큰 가치와 목표를 표현한다.
프로젝트가 조직의 전략적 방향과 일하는지 확인시켜준다.
동일한 기능영역에 존재하는 Epic의 집합체이다.

Epic
아직 구체화나 세분화되지 않은 상위레벨 요구사항의 묶음을 말한다. 큰 틀의 요구사항으로 Use Story로 세분화 시켜 구현한다. 단일 작업으로 구현할 수 없는 경우 여러 작업에 걸쳐 구현된다.

User Story
사용자 요구사항의 가장 작은 단위
User Story의 표현은 고정되어 있지 않으며 사용자가 편한 방식으로 기술된다.
독립적이고 협상 가능하며 가치 있고 추정 가능하며 작고 테스트할 수 있어야 한다.

Task
User Story를 구현하는 작업이며 개발팀이 수행한다.
작업 담당자가 지정되어 있으며 작업시간을 계산할 수 있다. 비즈니스 담당자가 작업 방법을 이해하기 어려울 정도의 기술영역이 될 수도 있다.
작업시간과 비용을 정확히 산정하고, 담당자를 명확히 지정하며, 성과를 현실적으로 평가할 수 있어야 한다.

> **N.O.T.E**
>
> **Epic**
> Epic은 구현해야 할 산출물, 기능, 서비스 중 WBS의 최상위 레벨이며 사용자 스토리의 집합체로 볼 수 있다

N.O.T.E Roadmap 작성 시 중요한 점은 이해관계자의 요구사항을 적절한 수준으로 분해되는 것과 Roadmap 전체를 통하여 분해 수준의 일관성을 가져가는 것이다.

● **Roadmap의 계층적 Level**

Level	이 슈	설 명
1	Theme	프로덕트의 가치와 목표
2	Epic	큰 틀의 요구사항
3	User Story	사용자 세부 요구사항
4	Task	User Story 구체화 작업
5	Subtask	Task의 하위 작업
6	Activity	작업 수행 활동

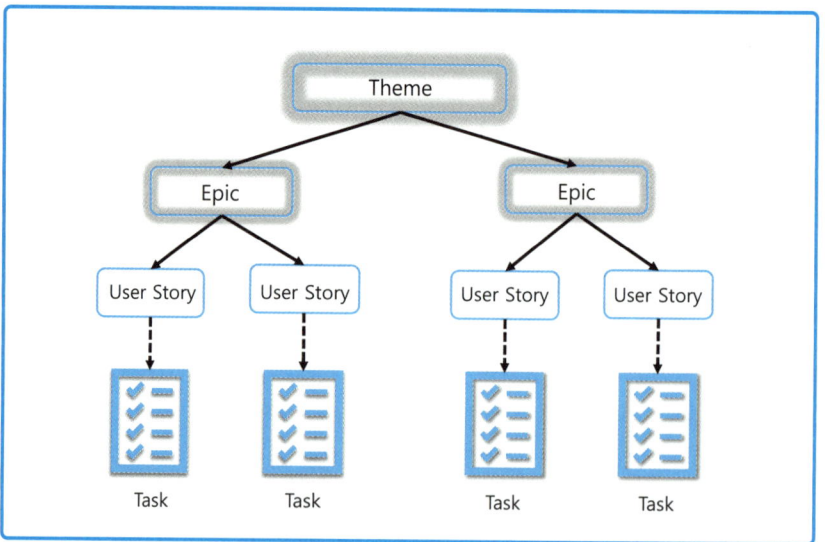

[Roadmap 계층도]

Product Roadmap 작성 순서는 다음과 같다.

High Level Product Backlog에서 Epic을 도출한다.

도출된 Epic을 Roadmap에 배치시킨다.

User Story와 Task를 작성하여 Product Backlog에 등록한다.

Product Backlog Grooming을 실시하여 User Story와 Task를 확정한다.

확정된 User Story와 Task을 Roadmap의 Epic과 링크시킨다.

작업 계획을 수립하고 작업 계획을 Roadmap에 등록한다.

> **N. O. T. E**
>
> **Epic**
>
> Epic은 구현해야 할 산출물, 기능, 서비스 중 WBS의 최상위 레벨이며 사용자 스토리의 집합체로 볼 수 있다
>
> **프로덕트 백로그 (Product Backlog)**
>
> Product Backlog는 우선 순위가 있는 요구 사항의 목록이다.
>
> 이해관계자의 요구사항은 제품, 서비스, 기능과 같이 다양한 항목들이다. 또한 Product Backlog는 이해관계자가 추구하는 기능적 비기능적 가치와 연결되어 있다.
>
> Product Backlog는 Backlog Item으로 구성되어 있는데 Backlog Item은 제품기능, 제품 결함, 기술적 작업, 관련 지식을 말한다.

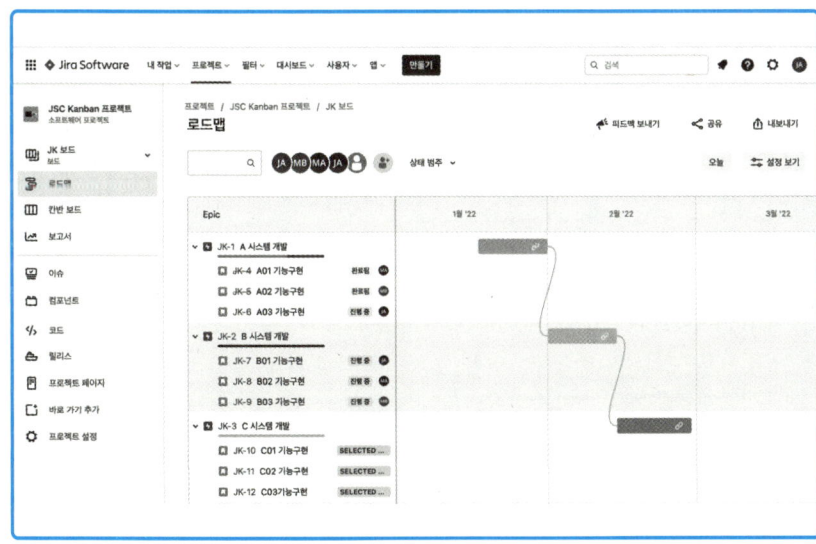

[JSC Project Roadmap]

:: Template

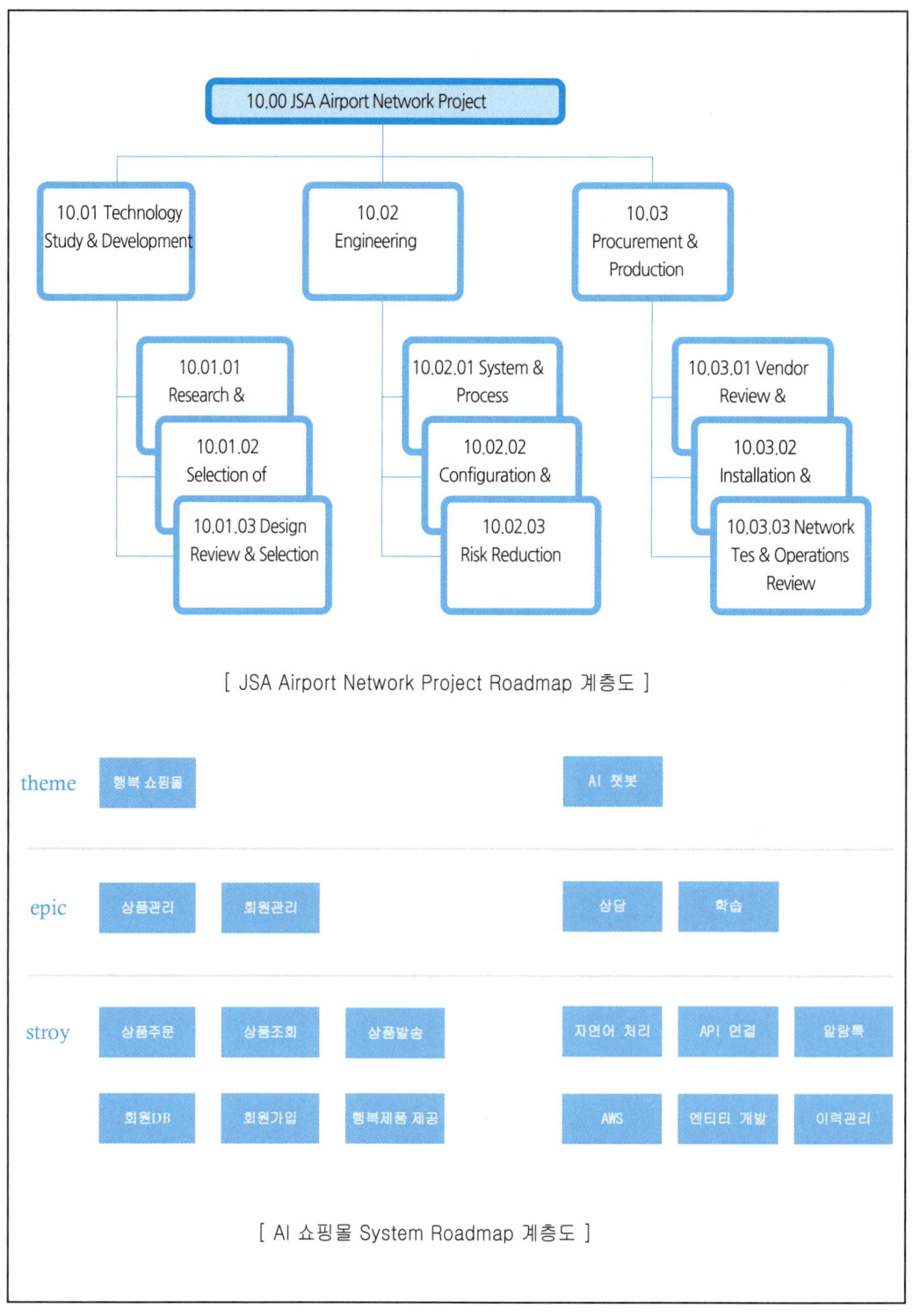

13-5. 프로덕트 백로그 (Product Backlog) 작성

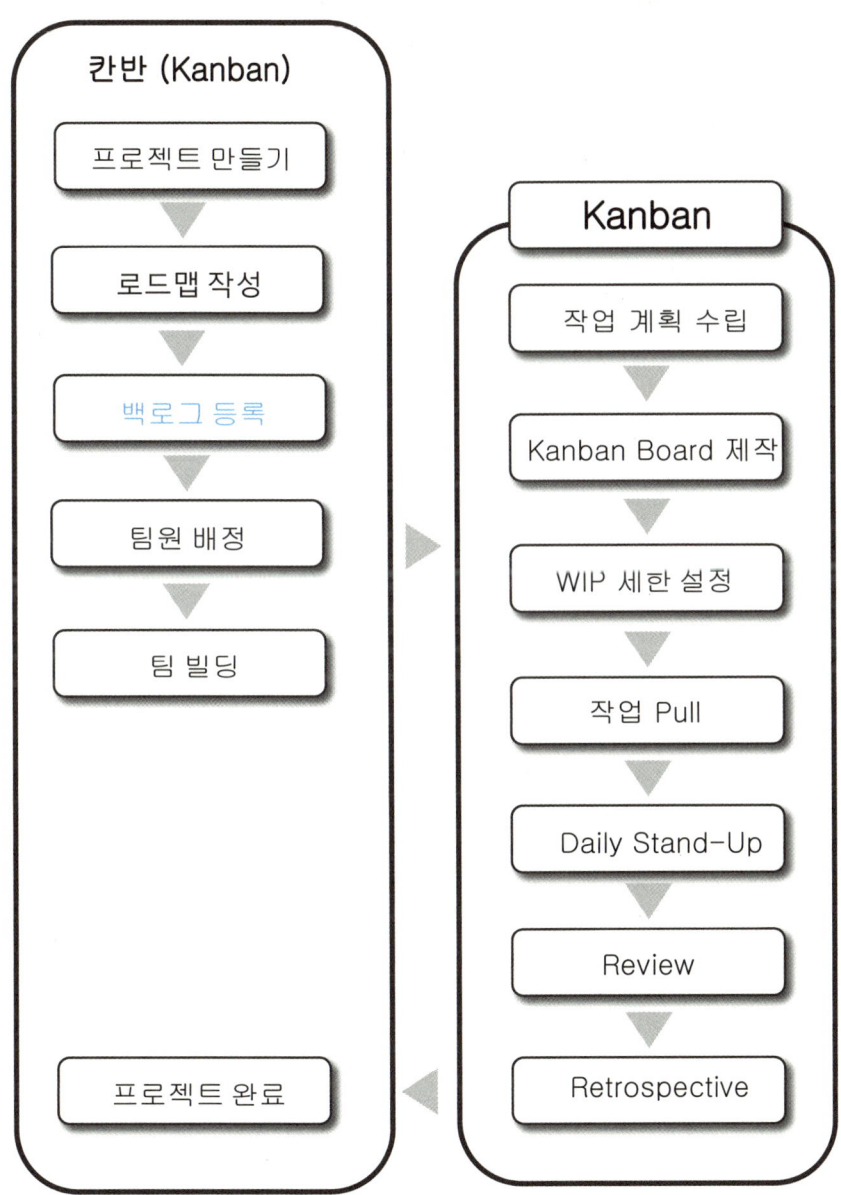

N.O.T.E

프로덕트 백로그 (Product Backlog)

Product Backlog는 우선순위가 있는 요구사항의 목록이다. 이해관계자의 요구사항은 제품, 서비스, 기능과 같이 다양한 항목들이다. 또한 Product Backlog는 이해관계자가 추구하는 기능적 비기능적 가치와 연결되어 있다.

Product Backlog는 Backlog Item으로 구성되어 있는데 Backlog Item은 제품기능, 제품결함, 기술적 작업, 관련 지식을 말한다.

Product Backlog는 이해관계자의 요구사항이 프로젝트가 진행하면서 달라지는 것과 동일하게 Product 개발과정에서 끊임없이 변화하면서 발전한다.

애자일 프로젝트에서는 Product Backlog의 개별 Backlog Item에 대한 사용자 요구사항은 사용자 스토리 (User Story) 형식으로 작성된다.

사용자 스토리(User Story)

사용자스토리(User Story)는 사용자 관점에서 요구하는 제품 기능을 이야기하는 형태로 서술(written description)한 것을 말한다.

사용자스토리를 사용하는 주된 이유는 요구사항 수집 시 요구하는 기능을 상세히 파악하는 것보다 먼저 사용자가 원하는 기능에 대해 자연스럽게 표현하게 하여 사용자 관점에서 기능에 대해 사고(思考)하기 위함이다.

일반적으로 잘 작성된 사용자 스토리의 기준을 "빌 웨이크의 "NVEST"라 하는데, 이는 잘 작성된 스토리는 독립적이고 (Independent), 협상 가능하며 (Negotiable), 가치가 존재하고 (Valuable), 추정 가능하며 (Estimable), 적합한 사이즈로 작고 (Small), 확인 가능한 (Testable) 스토리라는 뜻이다.

Product Backlog의 내용

제품기능, 결함수정, 변경요청, 기술적 개선, 수행지식과 관련 된 세부 요구사항이다.

Product Backlog Item은 Product 이해관계자에게 실질적인 가치를 부여하는 세부 요구사항이며 Product 구현을 위해 사전에 파악되어 프로젝트 팀이 반드시 알아야 하는 내용이다.

Product Backlog의 특징

지속적 갱신, 우선 순위 존재, 크기 추정, 점진적 발전, 다양한 Source

Product Backlog는 프로젝트 초기에는 단순하고 추상적이나 프로젝트가 진행되면서 점차적으로 구체화되고 발전한다.

작업 혹은 제품 릴리즈를 위해 우선순위를 부여하고 작업량을 측정하기 위해 크기 추정을 한다. Product Backlog의 Source는 Product와 관련된 다양한 이해관계자로부터 발생한다.

> **N.O.T.E** Product Backlog Grooming
>
> 내용을 다듬고, 우선순위와 크기 추정을 통해 Product Backlog를 정제하는 작업
>
> 초기 Product Backlog는 불완전 하며 추상적이다. 이를 정제하는 작업이 Product Backlog Grooming이다.
>
> Product Backlog Grooming은 Product Backlog의 추상적인 내용은 상세화 하고 우선순위를 부여하고 크기를 추정한다.
>
> Product Backlog Grooming은 프로덕트 오너가 주관하고 팀 리더, 개발팀 그리고 Product와 관련된 모든 이해관계자가 참여하는 공동작업이다.

Product Backlog 의 작성 시 고려사항

앞서도 언급했지만 프로젝트에서 Product Backlog는 이해관계자 요구사항의 집합체이며 모든 계획을 수립할 때, 중요한 의사 결정 도구이다.

칸반 계획, Product 릴리즈 계획을 수립할 때 반드시 필요한 정보이기 때문에 Product Backlog를 작성할 때 세심한 주의가 필요하며 목적에 맞게 작성되어야 한다.

일반적으로 칸반 프로젝트의 Backlog는 Product Backlog와 작업 Backlog가 있다.

서로 비교해 보면 분명한 차이가 있는데, Product Backlog는 "what"을 표현한다면 작업 Backlog는 "How"에 중점을 두고 작성된다는 점이다.

Product Backlog를 구성하는 Data 필드에는 우선 순위와 작업 크기 추정정보인 Story Point가 있는데 우선순위를 정할 때는 제품 자체 뿐 아니라 프로젝트 혹은 조직의 전략적인 부분도 고려하는 다각화된 시각이 프로젝트 팀에 반드시 필요하다.

작업 크기의 추정 시에도 절대적 크기의 추정이 아닌 상대적 크기의 추정을 실시해야 한다. 또한 추정 시 함께 고려할 것은 프로젝트의 규모, 구현 난이도이다.

N.O.T.E

> **N.O.T.E**
>
> **Product Backlog 의 작성절차**
>
> 칸반 프로젝트에서는 Product Backlog를 작성하는 정형화된 표준 절차는 존재하지 않으나 아래와 같은 절차로 진행한다면 순도 높은 Product Backlog를 작성할 수 있다.
>
> 사전에 수립된 이해관계자 요구사항을 기반으로 초기 Product Backlog를 작성한다.
>
> 초기 Product Backlog를 대상으로 Product Backlog Grooming을 실시한다.
>
> Grooming 된 User story, Task, 버그를 확정한다.
>
> User Story와 Task, 버그 같은 이슈를 작성하여 Product Backlog에 등록한다.
>
> 등록된 이슈를 Road Map의 Epic과 연계시킨다.
>
> 이슈 별로 우선순위를 판별해서 우선순위를 부여한다.
>
> 이슈 별로 규모 추정을 실시하여 Story Point에 등록한다.

Epic

Epic은 구현해야 할 산출물, 기능, 서비스 중 WBS의 최상위 레벨이며 사용자 스토리의 집합체로 볼 수 있다

:: Template

Product Backlog

ID	Name	User Story	Story Point	우선순위
1	조회	시스템에서 사용자가 지난 1년 간의 로그를 조회할 수 있어야 한다.	2	2
2	확장성	시스템이 다양한 유형의 데이터베이스와 연동할 수 있어야 한다.	3	3
3	무결성	시스템은 24시간 데이터 무결성을 보장 해야 한다.	5	1

[Product Backlog 사례]

14 칸반(Kanban) 작업수행

14-1. 칸반 (Kanban) 작업

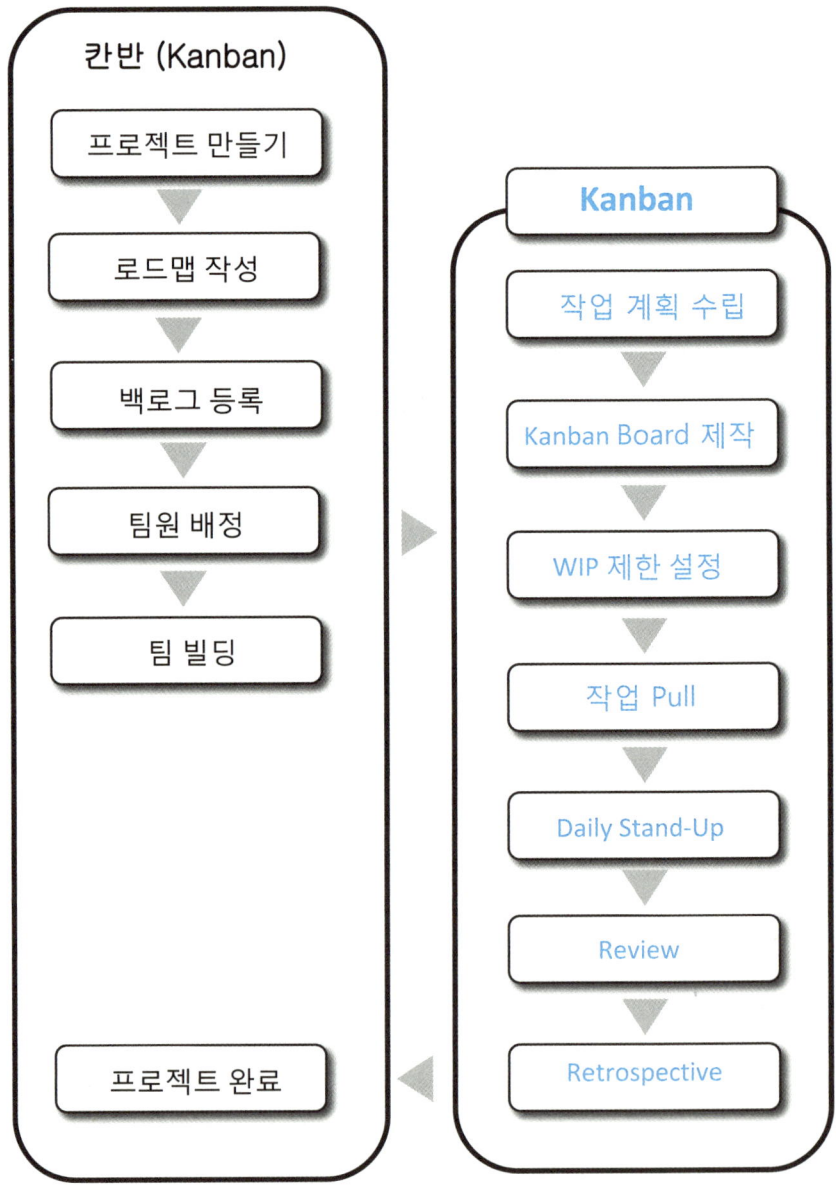

Chapter 6 칸반 프로젝트

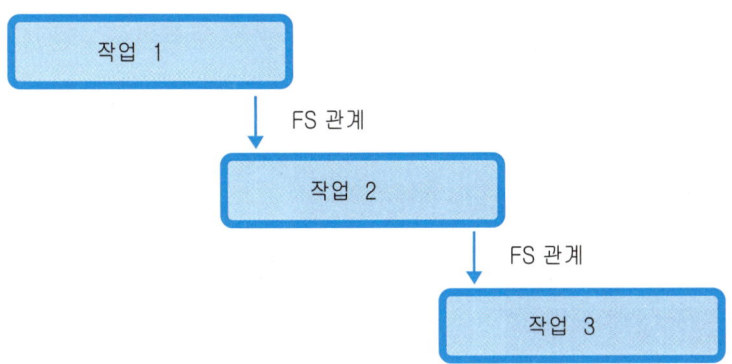

개발 팀은 작업을 단계적으로 수행하면서 이해관계자와 합의된 Product Backlog Item을 모두 구현 하고 Product Goal을 달성 시킨다.

첫번째 작업이 끝나면 다음 작업자가 지체없이 두번째 작업을 시작한다. 개발팀원은 자신이 작업에서 정해진 WIP이내에서 작업을 당겨서 수행(Pull System)한다.

작업을 수행하는 개발 팀원은 협업하며 정해진 서로 간의 약속을 지키기 위해 노력하여야 한다. 모든 업무를 자율적으로 수행하고 팀원 스스로 무엇을 언제 어떻게 할 지를 결정한다. 또한 그 결과 역시 팀원이 스스로 책임 진다.

개발 팀은 작업 수행 시 유효하고 가치 있는 Product Increment를 만들어 내기 위해 노력해야 한다.

작업을 수행하는 동안 개발 팀은 작업 중간에 목표달성에 영향을 주는 변경을 해서는 안되며 산출물과 작업의 품질을 지켜야한다. 또한 수행 작업의 범위가 불명확 해서는 안되며 만일 범위가 불명확 하다면 프로덕트 오너와 다시 범위를 조율해야 한다.

작업이 목표를 잃고 표류한다면 작업을 중단시킬 수 있으나 그것은 전적으로 프로덕트 오너의 권한이다.

N . O . T . E

증분 (Increment)

증분(Increment)은 작업 산출물의 증가분을 말한다. 증분(Increment)은 목표한 작업 Backlog의 수행 결과이며 한 작업내에서 여러가지의 증분이 만들어 질 수 있다.
작업의 증분(Increment)이 누적되어 Product 가 최종적으로 완성된다.

N.O.T.E

칸반 작업은 4 가지 단계적 절차를 수행하면서 진행하며 주요 산출물은 다음과 같다.

작업 계획	작업 백로그
데일리 스텐드 업	작업 협업, 목표 동기화
작업 리뷰	산출물 점검 리스트
작업 회고	작업 회고록

- **작업 계획**
  : 작업 목표 설정, 작업 완료의 정의, 작업 수행 방법 결정

- **데일리 스텐드 업**
  : 1일 15분간의 협업 미팅, 스프린트 목표 대비 진척확인, 팀 의사소통 도구

- **작업 리뷰**
  : 작업 산출물 점검, 프로덕트 목표 대비 진척확인, 프로덕트 백로그 수정

- **작업 회고**
  : 다음 작업 품질 및 효율성 향상 방법 모색, 작업 개선책 강구

:: **Template**

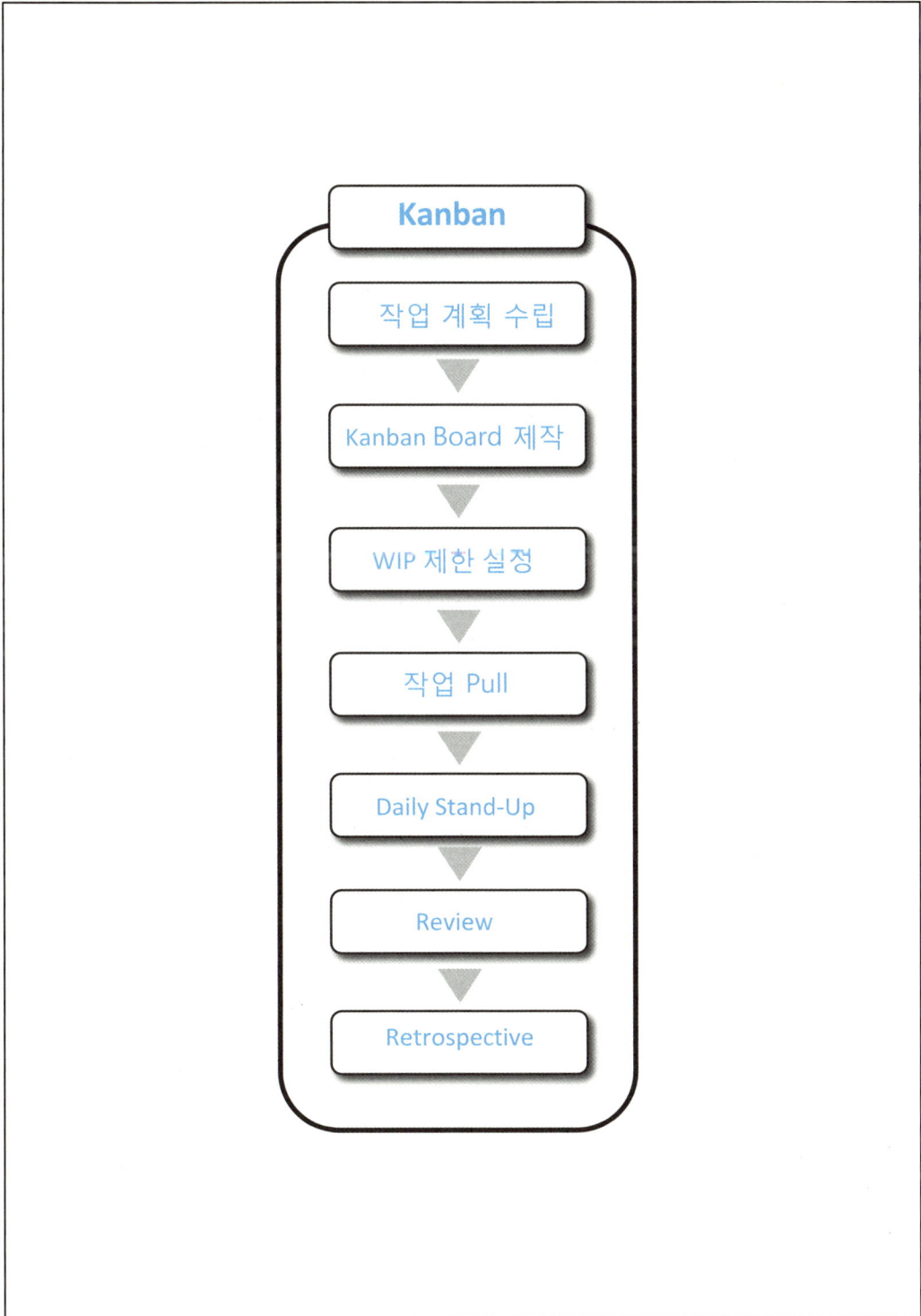

14-2. 칸반 계획 (Kanban Plan)

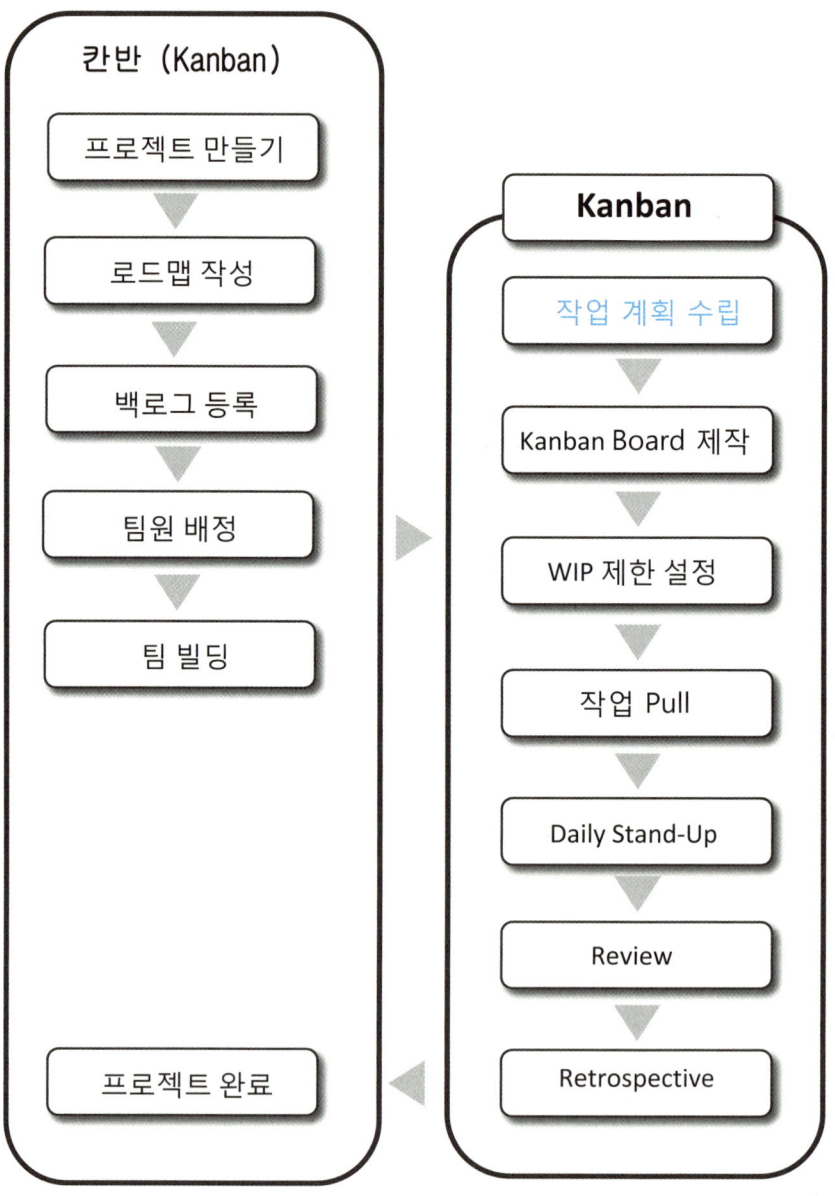

칸반 작업 계획은 프로젝트 팀이 본격적으로 칸반보드를 활용한 작업을 실시하기 앞서서 작업의 목표를 정하고 수행 작업에서 무엇을 만들어내며 작업의 흐름과 우선순위 그리고 WIP를 정하는 프로젝트 팀 합의 하는 행위이다.

칸반 작업 계획 회의 참석자, 준비물, 진행 방식은 다음과 같다.

칸반 작업 계획 회의 참석자

프로덕트 오너
프로젝트 리더
프로젝트 팀원
관련 분야 전문가

칸반 작업 계획 회의 준비물

Product Backlog
팀 속도 측정 데이터
팀 역량 추정 데이터
프로젝트 제약사항
프로젝트 가정

칸반 작업 계획 회의 진행방식

계획수립 주제 별 타임박스를 사용
프로덕트 오너와 개발 팀 간의 합의에 의한 의사결정
자율적이고 자유로운 의사소통
전문가로서 책임 있는 의사소통

| Part 4 칸반 프로젝트 관리 실무

> **N.O.T.E** 칸반 작업 계획 회의 주요 산출물은 다음과 같다.

작업 목표

작업을 진행하는 이유

작업에서 만들어지는 비즈니스 가치와 팀원의 동기부여

작업 완료의 정의

칸반 작업 Backlog

Product Backlog의 세분화

User Story의 세분화

Task의 세분화

작업 마일스톤

작업 기간결정

칸반 설계

수행 중 작업 (WIP) 제한

작업 우선순위

대기열 제한

리뷰, 회고 진행 절차

리뷰, 회고 시간 장소 결정

프로덕트 백로그 (Product Backlog)

Product Backlog는 우선순위가 있는 요구사항의 목록이다.

이해관계자의 요구사항은 제품, 서비스, 기능과 같이 다양한 항목들이다. 또한 Product Backlog는 이해관계자가 추구하는 기능적 비기능적 가치와 연결되어 있다.

Product Backlog는 Backlog Item으로 구성되어 있는데 Backlog Item은 제품기능, 제품 결함, 기술적 작업, 관련지식을 말한다.

:: Template

Backlog Code	Product Backlog
HP1	▲마음의 정원 **Product Backlog**
HP1.1	▲행복쇼핑몰 기능분석
HP1.1.1	▲상품관리 기능
HP1.1.1.1	상품조회
HP1.1.1.2	상품주문
HP1.1.1.3	상품발송
HP1.1.2	▲회원관리 기능
HP1.1.2.1	회원가입
HP1.1.2.2	회원조회
HP1.1.2.3	회원수정
HP1.1.2.4	회원삭제
HP1.2	▲행복쇼핑몰 구축
HP1.2.1	기술 요구사항 정의
HP1.2.2	인터페이스 요구사항 정의
HP1.2.3	컨텐츠 정의
HP1.2.6	데이터 모델링
HP1.2.10	아키텍처 정의
HP1.2.13	컨텐츠 설계
HP1.2.19	시스템 구조 설계
HP1.2.20	데이터코드 설계
HP1.2.21	데이터베이스 설계
HP1.2.22	웹페이지 제작
HP1.2.23	멀티미디어 리소스 제작
HP1.2.25	코딩 및 단위테스트 실시
HP1.2.26	데이터베이스 구축
HP1.2.27	소프트웨어 설치
HP1.2.28	시범운영 실시
HP1.3	▲상담챗봇 기능분석
HP1.3.1	User Service Analysis
HP1.3.2	User Service Segmentation
HP1.3.3	User Needs Analysis
HP1.3.4	Service Process Design
HP1.3.5	Set Conversation Type
HP1.4	▲상담챗봇 구축
HP1.4.1	API 선정
HP1.4.2	인텐트 설정
HP1.4.3	엔티티 추출
HP1.4.4	Dialog 설정
HP1.4.5	카카오톡 연결

N.O.T.E 14-3. 칸반 보드 (Kanban Board) 제작

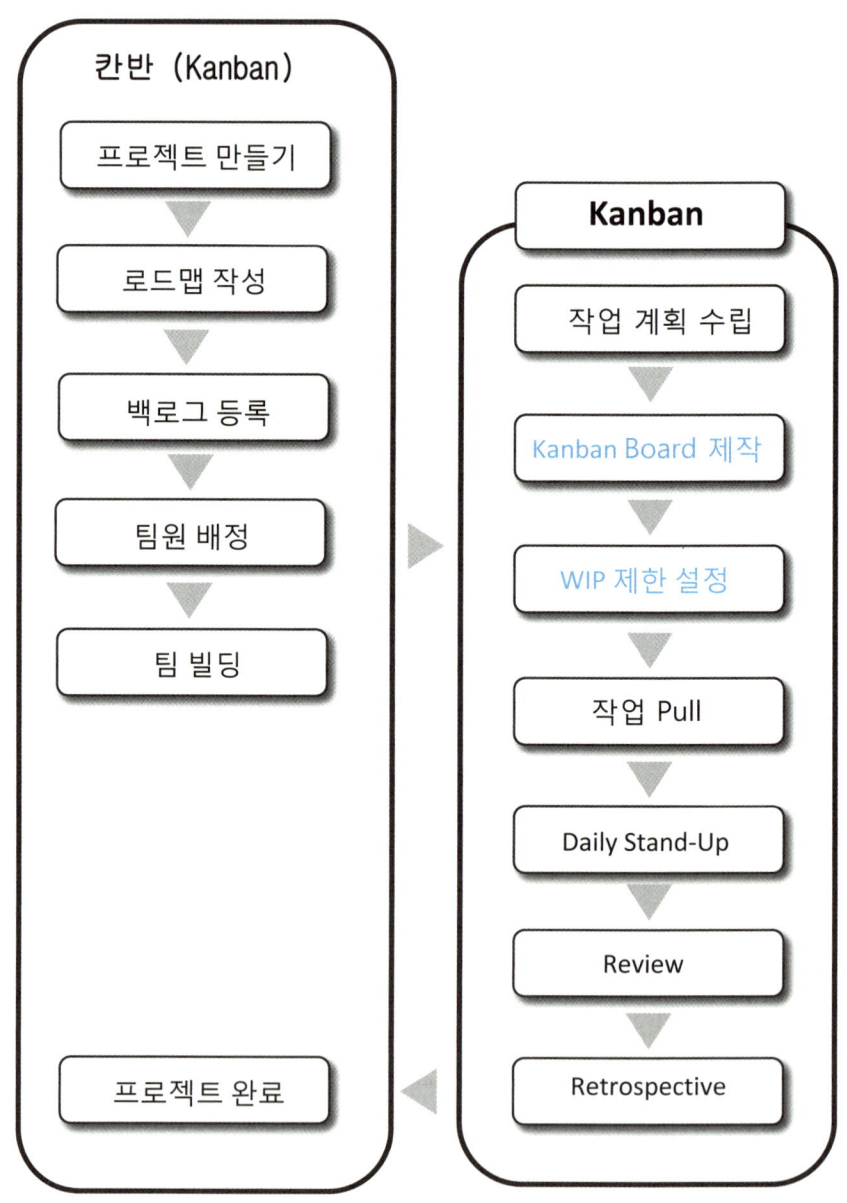

Chapter 6 칸반 프로젝트

Kanban Board 제작

칸반보드는 아래와 같은 단계적 절차를 수행하면서 제작하며 주요 산출물은 다음과 같다.

작업절차(Work Process) 설계	작업절차서
작업흐름(Workflow) 설계	작업흐름(Workflow)설계도
칸반화면 설계	칸반화면 설계 WIP 제한 설계
칸반화면 제작	프로젝트 칸반보드

N.O.T.E

칸반 보드 (Kanban Board)

칸반보드는 프로젝트 작업수행 내용을 시각화하는 도구이다.

작업수행은 반드시 왼쪽에서 오른쪽으로 작업자가 당겨서 수행한다.

하나이상의 약속지점(commitment point)과 제공지점(delivery point)이 있다.

진행 중 업무(Work In Progress)를 제한한다.

- **작업절차(Work Process) 설계**
  : 작업 목표 설정, 작업 완료의 정의, 작업 수행 단계 결정, 적용 방법론 결정

- **작업흐름(Workflow) 설계**
  : 작업흐름(Workflow) 결정, 작업 열 WIP 제한 설계

- **칸반화면 설계**
  : 보드 화면 작업 행열 정의, 작업흐름(Workflow) 매핑 설계

- **칸반화면 제작**
  : 보드 작업 행열 셋팅, 이슈 상태 매핑, 작업 열 WIP 제한 설정

Part 4 칸반 프로젝트 관리 실무

N.O.T.E 칸반보드 구조 (Structure) 설계

칸반보드의 제작은 일반적으로 두가지 형식의 시각적 구조로 제작할 수 있다.

첫번째 형식은 수평 방향 프로세스 구조 (horizontal direction process structure)이며

두번째 형식은 수직 방향 프로세스 구조(vertical direction process structure)이다.

아래 그림은 수평 방향 프로세스 구조 (horizontal direction process structure)의 Kanban Board 화면이 어떻게 표현되며 동작하는지 보여준다.

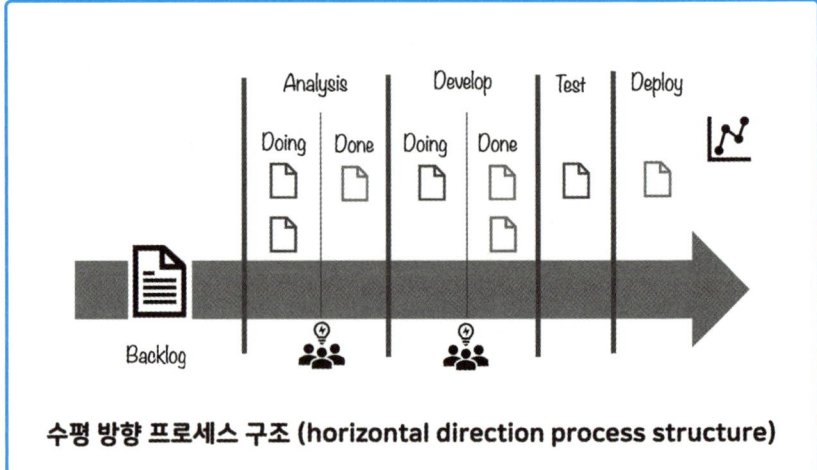

Chapter 6 칸반 프로젝트

아래 그림은 수직 방향 프로세스 구조(vertical direction process structure)의 Kanban Board 화면이 어떻게 표현되며 동작하는지 보여준다.

N . O . T . E

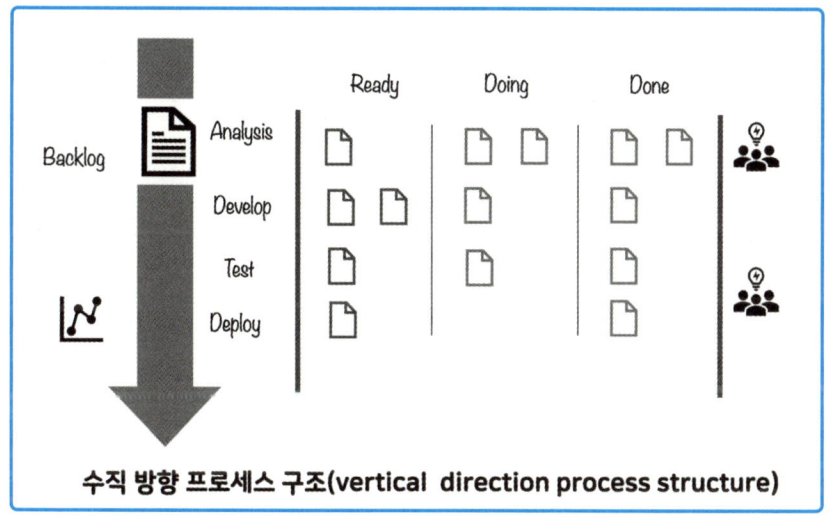

수직 방향 프로세스 구조(vertical direction process structure)

N.O.T.E 칸반보드 작업 열의 작업 중 진행 (WIP) 최소 작업 수와 최대 작업 수를 제한한다.

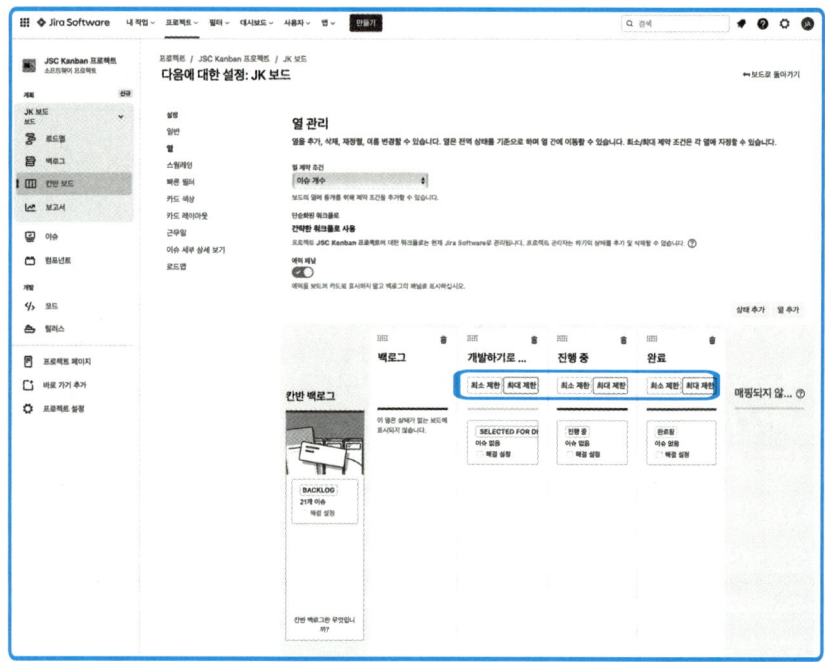

:: Template

N.O.T.E 14-4. 데일리 스탠드업 미팅 (Daily Stand-Up Meeting)

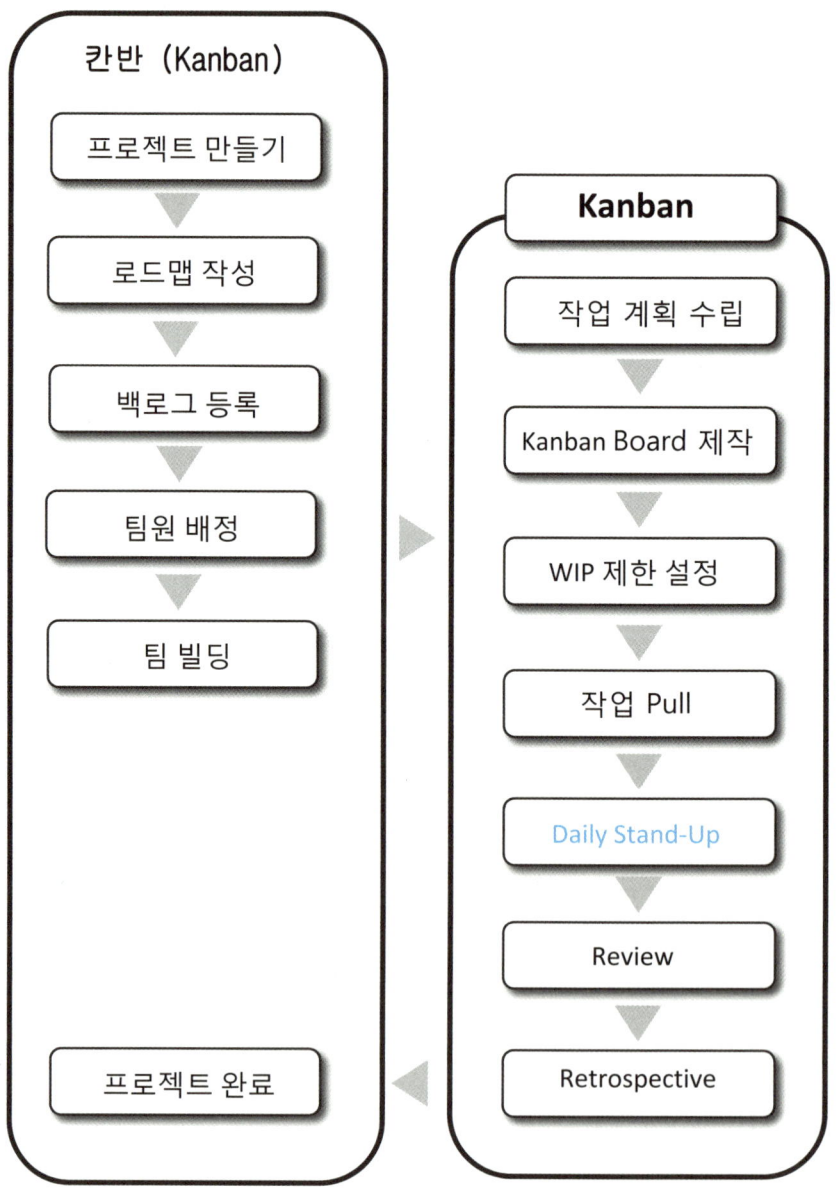

데일리 스탠드업 미팅 (Daily Stand-Up Meeting)

애자일 팀이 매일 약속된 시간에 모여 팀원들의 작업수행의 진척 상황을 공유하고 다음 작업의 변경 사항을 작업 Backlog에 반영하는 15분 정도의 타임박스를 활용한 일일 스탠드업 미팅이다.

데일리 스탠드업 의제

데일리 스탠드업에서는 크게 세가지 주제로 이야기한다. 첫째는 어제한 작업내용, 둘째는 오늘 할 작업, 셋째는 작업에 장애가 되는 사항이다. 데일리 스탠드업 회의에서 이 세가지 주제에 대한 이야기를 하지만, 미팅 시 주의할 점은 데일리 스탠드 업은 답을 찾는 미팅이 아니라는 점이다. 데일리 스탠드 업의 목적은 팀원들이 처한 상황을 공유하고 협업을 하기 위한 미팅이기 때문이다.

데일리 스탠드업 도구

데일리 스탠드업 미팅 시 몇 가지 도구를 사용하면 효율적이다. 대표적인 도구는 칸반 보드이다. 칸반 보드는 현재 작업 Backlog의 처리 진행 상황에 대해 시각적 보드를 이용하여 직관적으로 표현하고 있어 데일리 스탠드업 미팅 의사소통에 효율적이다. 또 다른 대표적 도구는 누적 흐름 도표이다. 누적 흐름 도표는 작업 Backlog의 작업 흐름을 가시화 시켜 팀에게 제공 할 수 있는 장점이 있다.

N . O . T . E   칸반 보드는 작업 팀이 매일 약속된 시간에 모여 팀원들의 업무 진척 상황을 공유할 때 팀원들의 업무 진행 상황을 가시적으로 볼 수 있는 도구이다.

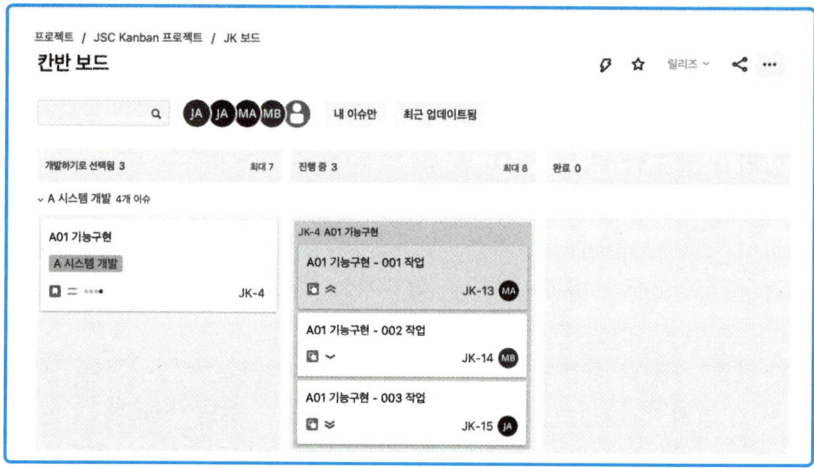

칸반 보드에서는 작업 별 담당자를 쉽게 파악 할 수 있으며 작업 진행 상태에서 팀원 별로 담당하고 있는 예정된 작업과 진행중인 작업 그리고 완료된 작업으로 나누어 시각적으로 보기 쉽게 표현해 준다.

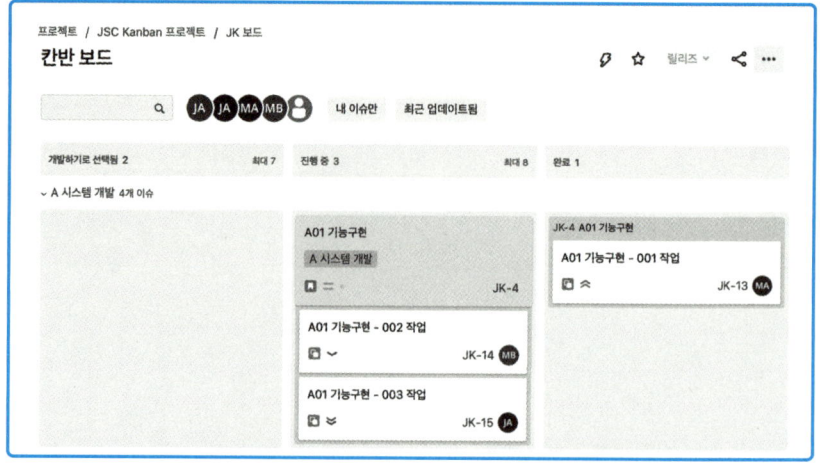

데일리 스탠드 미팅에서 의사소통 수단으로 많이 사용 하는 누적 흐름 도표는 작업수행 시 작업의 흐름과 작업 병목 구간을 쉽게 검토할 수 있는 차트이다.

누적 흐름 도표에서 스토리포인트의 증가가 계획보다 너무 느리다면 업무 진척에 장애가 생긴 것이고 반대로 계획보다 너무 급격한 속도로 빠르게 스토리 포인트가 증가된다면 작업 계획에 오류가 있는 경우일 수 도 있다.

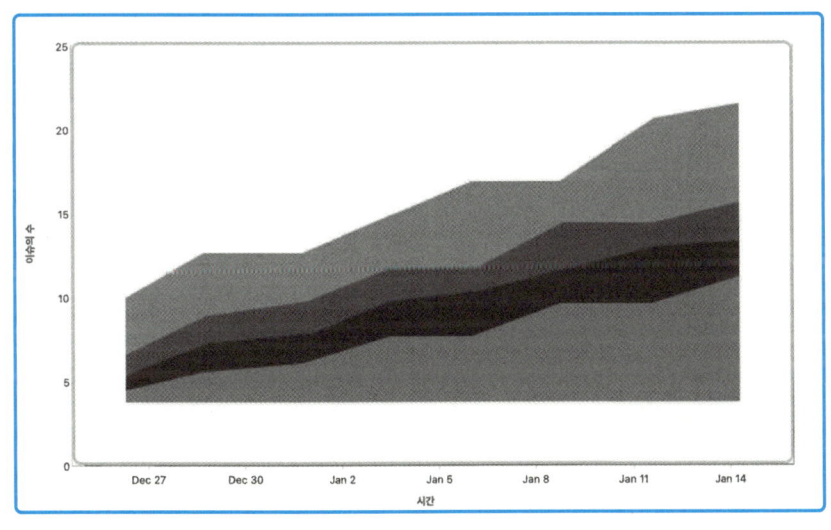

N.O.T.E

작업 의사소통 수단으로 많이 사용 하는 번 다운 차트와 번 업 차트는 작업의 남은 시간과 남은 작업의 총량으로 작업진행 상황과 작업완료 시기를 추정하는 데 사용하는 차트이다.

번 다운 차트에서 스토리 포인트의 소멸이 계획보다 너무 느리다면 업무진척에 장애가 생긴 것이고 반대로 계획보다 너무 급격한 속도로 빠르게 스토리 포인트가 소멸된다면 작업 계획에 오류가 있는 경우일 수 도 있다.

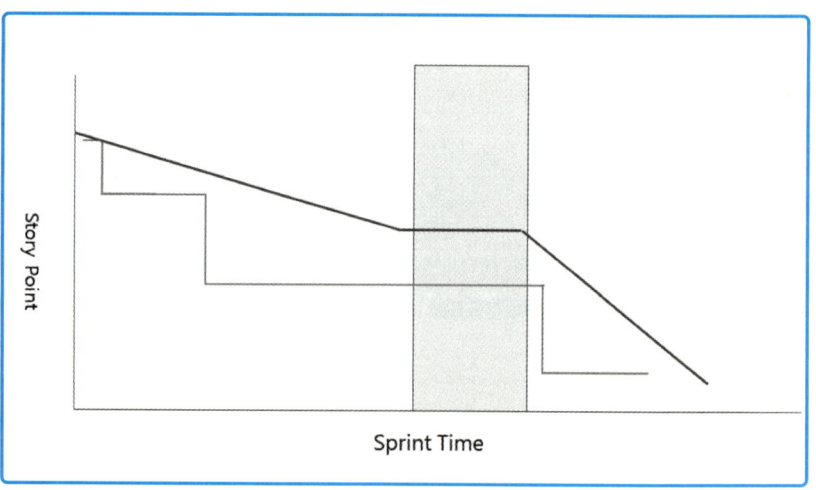

:: Template

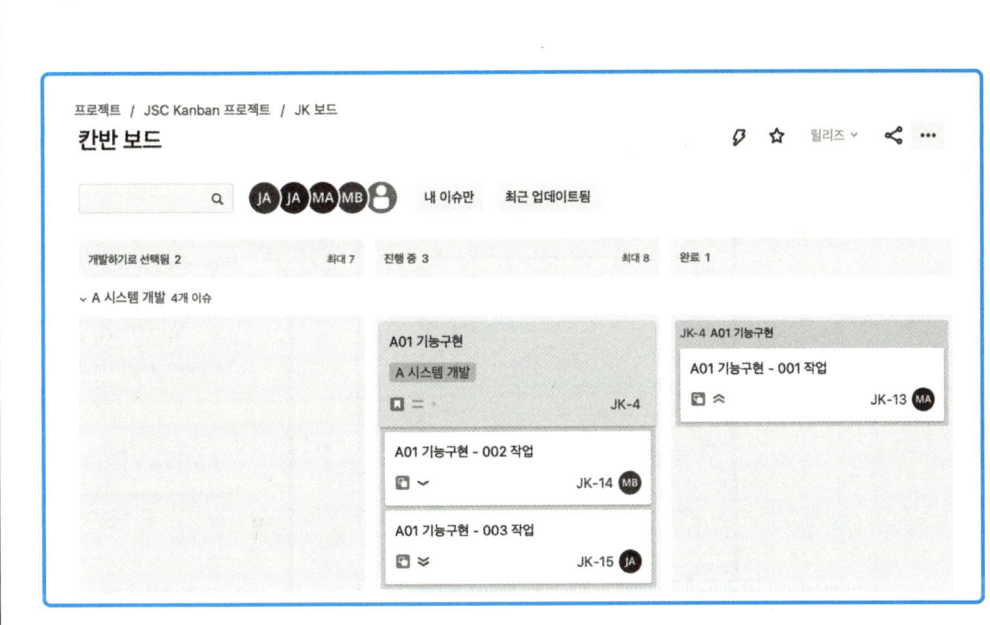

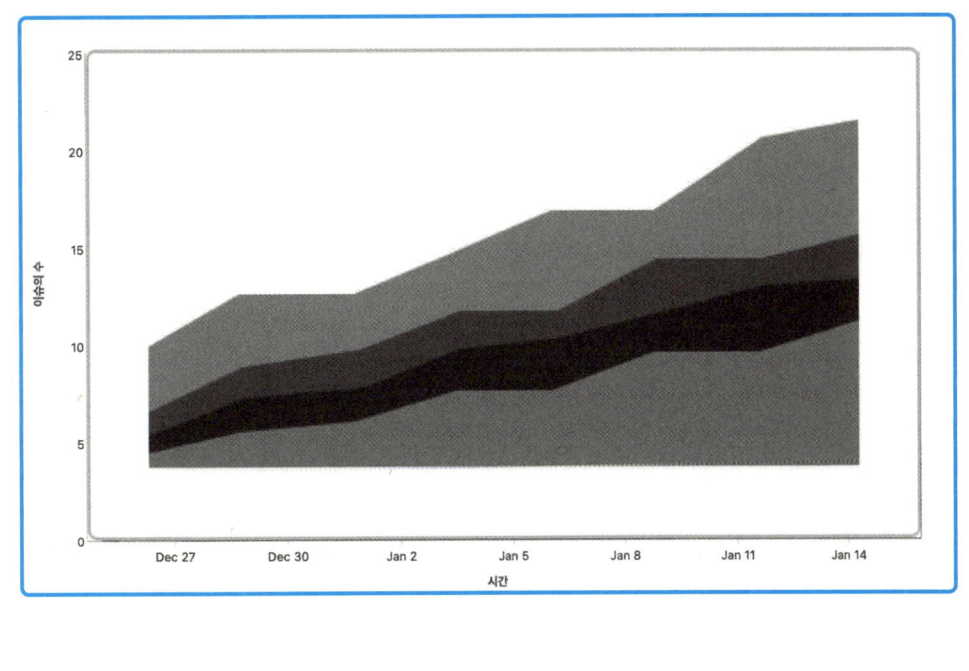

N.O.T.E 14-5. 리뷰 (Review)

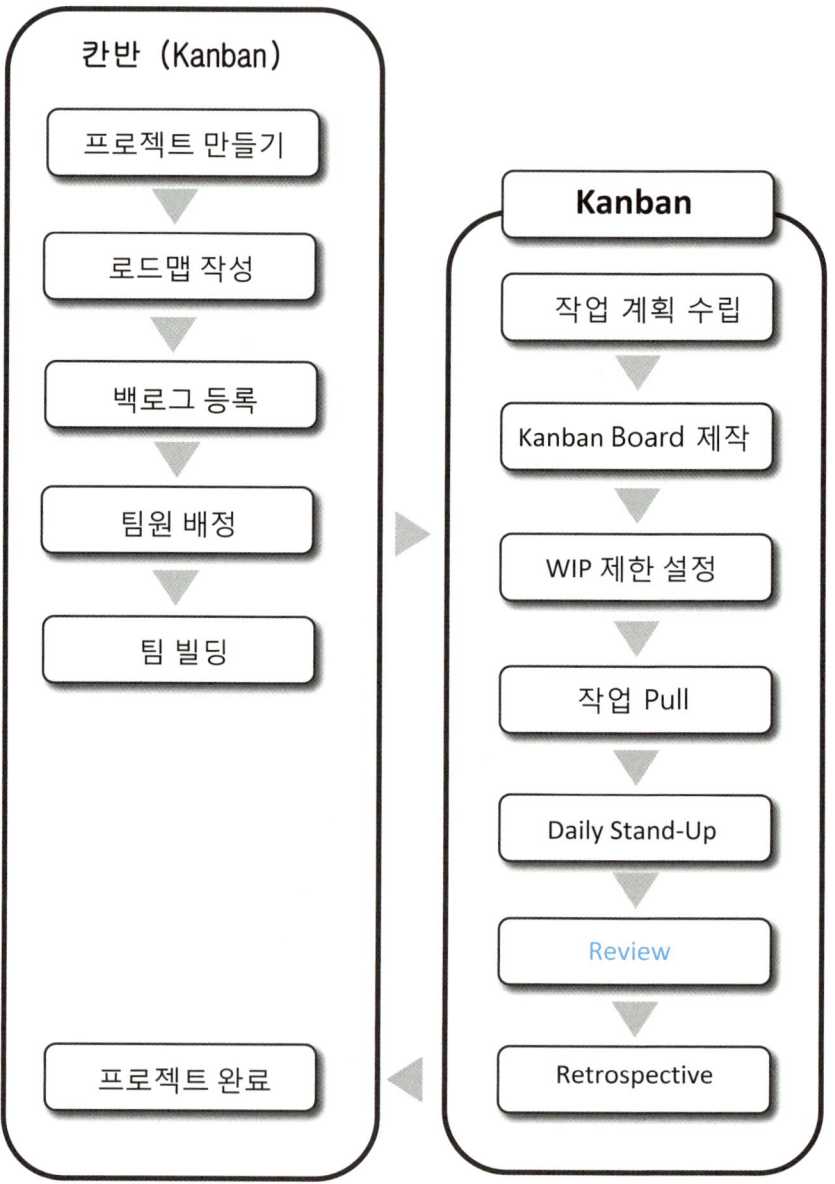

리뷰 (Review)

작업 리뷰는 작업 종료단계에서 작업 산출물(Increment)의 완료의 정의(Definition of Done)를 위해 수행하는 애자일 팀 이벤트이다.

작업 리뷰에서는 작업의 계획 대비 진척 상태를 점검하고 Product Backlog를 애자일 팀이 함께 수정할 수도 있다.

작업에서 완료의 정의(Definition of Done)는 수행하는 작업의 산출물(Increment)이 품질목표를 충족시킨 상태를 말한다.

다시 말하면 수행하는 작업이 작업 Backlog에 대한 완료의 정의 (Definition of Done)가 되면 작업 산출물이 완성된 것을 의미 한다.

작업 산출물(Increment)은 목표한 작업 Backlog의 수행 결과이며 한 작업내에서 여러 개의 산출물이 만들어 질 수 있다. 작업의 산출물이 누적되어 Product가 최종적으로 완성된다.

> **N.O.T.E**
>
> **증분 (Increment)**
>
> 증분 (Increment)은 작업 산출물의 증가분을 말한다.
>
> 증분(Increment)은 목표한 작업 Backlog의 수행 결과이며 한 작업내에서 여러가지의 증분이 만들어 질 수 있다.
>
> 작업의 증분 (Increment)이 누적되어 Product가 최종적으로 완성된다.

:: Template

Review Meeting Agenda

순번	시간	주요활동	내용	발표자	비고
1	10분	작업 소개	작업 목표설명 릴리즈 계획 설명 작업 계획 리뷰	프로덕트 오너	
2	10분	작업 백로그 리뷰	작업 백로그 리뷰	프로덕트 오너	
3	20분	작업 진행사항	작업 진행 사항 리뷰 기술사항 리뷰 결함사항 리뷰 산출물 리뷰	팀 리더	
4	20분	산출물 시연	작업 산출물 리뷰	개발 팀	
5	10분	피드백	작업 백로그 구현 결과 피드백	팀 리더	
6	5분	리뷰 종료	다음 리뷰 일정공유 리뷰결과 문서화	팀 리더	

14-6. 회고 (Retrospective)

Chapter 6 칸반 프로젝트

N.O.T.E

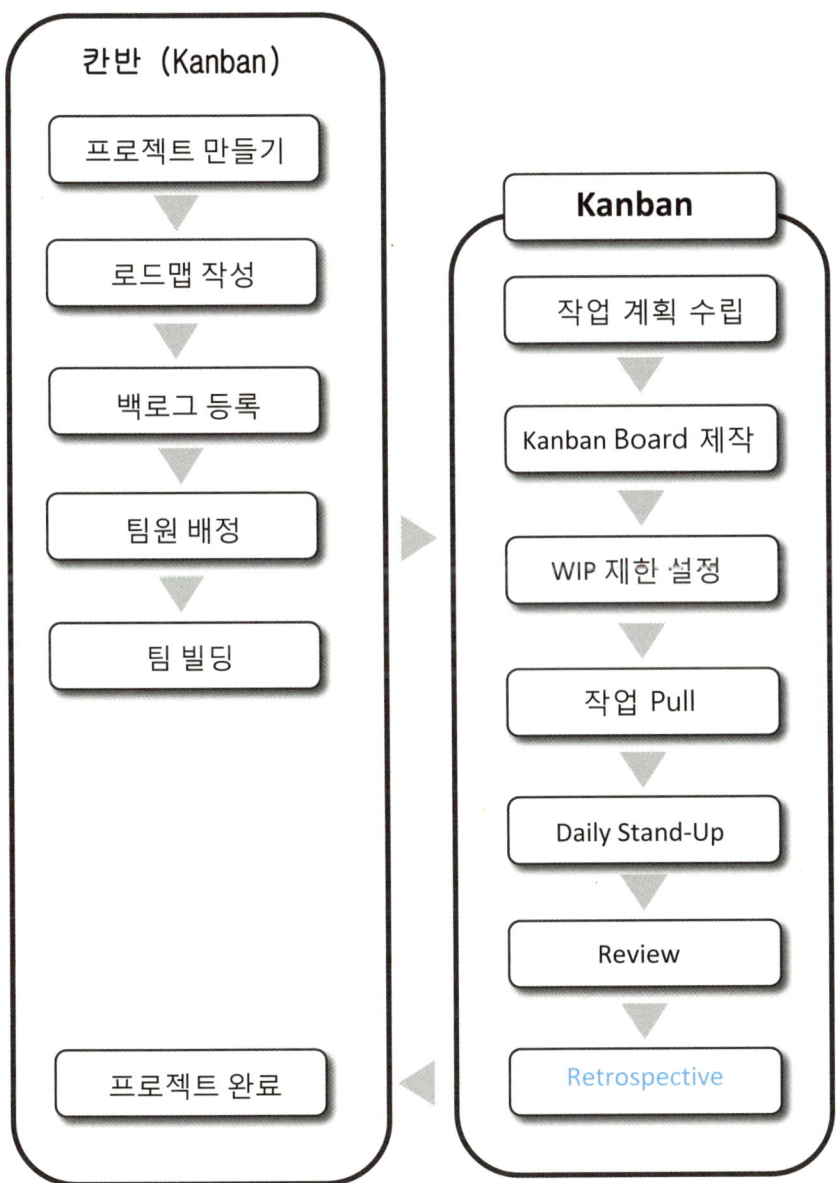

> **N.O.T.E**

회고 (Retrospective)

작업 회고는 작업 종료단계에 프로젝트 팀이 같이 모여서 팀원들이 작업수행을 통해 얻은 경험과 지식을 공유하는 자리이다.

작업을 하면서 좋았던 점 그리고 개선하고 싶은 사항을 같이 공유하고 다음 작업수행에 반영하도록 한다. 또한 Product Backlog에 추가할 사항도 같이 정리한다.

작업 회고 (Retrospective)의 인식

작업 회고 (Retrospective)를 명확히 인식하기 위해서 다음과 같은 질문을 던져보도록 하자.

작업 수행 동안 가장 만족스러웠던 부분은 어떤 것이며 왜 그랬는가?
작업 수행 동안 가장 골치 아팠던 부분은 어떤 것이며 왜 그랬는가?
무엇이 성공적이었는가?
무엇이 실패적이었는가?
무엇이 달성되지 못하였는가?
다른 팀원들에게 주지시키고자 하는 경험과 지식이 있는가?

회고 (Retrospective)의 마무리

회고 (Retrospective)에서 얻은 지식을 다음 스프린트에서 실천할 방법과 실천 사항을 개발 팀이 같이 정리한다. 그리고 이번 작업에서 수고한 개발 팀과 같이 참여한 이해관계자들에게 격려와 감사를 표현하는 것도 중요한 사항이다.

:: Template

Retrospective Meeting Agenda

순번	시간	주요활동	내용	발표자	비고
1	10분	작업 개요	작업 목표설명 작업 백로그 리뷰 프로덕트 백로그 리뷰	프로덕트 오너	
2	15분	작업 성공 공유	성공 사례 공유	개발 팀	
3	15분	작업 실패 공유	실패 사례 공유	개발 팀	
4	10분	교훈 리뷰	교훈 사항 리뷰	팀 리더	
5	15분	후속 작업 개선활동	개선 활동 도출	개발 팀	
6	5분	팀원에 대한 감사	팀원 서로에게 칭찬과 감사	팀 리더	

Part 4 칸반 프로젝트 관리 실무

Summary

POINT 1 카이젠 이벤트 (Kaizen Event)
- 애자일에서 수행하는 지속적 개선 활동을 의미하며, 칸반에서는 개발팀이 수행하는 워크플로우 프로세스 개선 및 작업 수행 활동 개선을 위한 정규적인 이벤트 활동을 말한다.

POINT2 칸반보드 구조 (Structure) 설계
- 칸반보드의 제작은 일반적으로 두가지 형식의 시각적 구조로 제작할 수 있다.
  첫번째 형식은 수평 방향 프로세스 구조 (horizontal direction process structure)이며
  두번째 형식은 수직 방향 프로세스 구조(vertical direction process structure)이다.

POINT3 데일리 스탠드업 미팅 (Daily Stand-Up Meeting)
- 애자일 팀이 매일 약속된 시간에 모여 팀원들의 작업수행의 진척상황을 공유하고 다음 작업 변경사항을 작업 Backlog에 반영하는 15분 정도의 타임박스를 활용한 일일 스탠드업 미팅이다.

Key Word
- 출력 케이던스
- WIP
- 칸반보드
- Pull system
- Daily Stand-Up Meeting

Project Management

PART 05

JIRA Project 애자일 실무

Chapter 07 ― JIRA 애자일 프로젝트

Chapter 07 JIRA 애자일 프로젝트

15. Jira Software 이해

15-1. Jira Software 활용 이유

프로젝트를 관리하면서 컴퓨터를 기반으로 하는 프로젝트 관리 전용 소프트웨어의 도움을 받지 않는 경우를 생각해 보자. 그런 경우 프로젝트와 관련된 대용량의 자료를 보관하기가 쉽지 않다.

일반적으로 프로젝트는 다양한 정보를 기반으로 진행된다. 따라서 프로젝트는 작업에 관한 정보, 산출물에 관한 정보, 일정에 관한 정보, 분석 정보 등 무수한 정보를 사용하여 프로젝트의 진행을 관리하지 않을 수 없다.

이 때 절대적으로 필요한 것이 프로젝트 관리 전용 소프트웨어이다. 프로젝트 관리 소프트웨어의 방대한 자료 저장 능력, 검색 능력, 비교 연산 능력을 효과적으로 활용하면 최단시간 내에 프로젝트에서 필요한 자료를 얻을 수 있으며, 적절한 조치를 적기에 취할 수 있어 자료 처리에 소요되는 시간을 절약하고 효율적으로 업무를 처리할 수 있게 된다.

프로젝트 관리 소프트웨어의 다른 이점은 각종 보고서를 다양한 형태로 제공하여 프로젝트와 관련된 사람 간에 정보를 공유하고 협업할 수 있게 한다는 것이다. 좀더 발전된 형태로 나아가면 웹 브라우저를 통한 정보의 공유까지도 확장이 가능해진다. 이런 것들이 많은 프로젝트에서 Jira를 사용하는 기본적인 이유이다.

또 다른 이유의 한가지는 애자일 방식으로 수행하는 프로젝트의 폭발적인 증가이다. 특별히 애자일 프레임워크들 중에 스크럼과 칸반을 적용하는 경우에서 Jira는 뛰어난 기능을 제공한다.

또한, Jira는 이슈 관리 데이터베이스로써, Jira의 내부에는 이슈와 관련된 자료를 저장할 수 있는 테이블들이 들어있다. Jira를 한마디로 표현한다면 애자일 프로젝트 팀의 원활한 협업을 위한 이슈 및 진척 관리 엔진이다.

프로젝트에서 Jira와 같은 이슈 및 진척 관리 엔진을 사용하지 않고 수작업에 가까운 업무처리로 만든 결과물은 매우 효율성이 낮거나 아니면 신뢰성에 문제가 있어서 Jira와 동일한 결과를 내기 위해서라면 매우 많은 노력이 들게 될 것이다.

15-2. Jira Software 소개

프로젝트 관리의 기본은 이해관계자 요구사항을 도출하고 구현하는 하는 것이다. 이해관계자의 요구사항이 구현되기 위해서는 프로젝트 팀의 원활한 의사소통과 협업이 중요하다. 또한 프로젝트가 실행되는 과정에서 프로젝트의 이슈와 진척상황을 주기적으로 점검하고, 프로젝트의 위험, 문제, 변경사항을 반영하여 프로젝트 계획을 수정하고 관리하는 것 또한 성공적인 프로젝트 수행을 위해 필수적이다. 특히 애자일 팀은 신속한 의사소통과 협업이 반드시 이루어져야 하며 애자일 팀을 지원할 수 있는 프로젝트 관리 솔루션이 반드시 필요하다.

본서에서는 애자일 프로젝트 이슈관리를 지원하기 위한 대표적인 솔루션으로 Jira를 소개한다.

Jira Software 제품군을 간략히 설명하면 다음과 같다.

■ Team Solution : 클라우드 / 온 프레미스 솔루션

프로젝트 팀이 전사 자원과의 연동 없이 단독으로 진행하는 프로젝트에서 사용한다. 그러나 프로젝트 규모가 커서 한 명의 스크럼 프로젝트 관리자가 모든 프로젝트 작업을 관리하기 힘들 때는 프로젝트를 이슈단위로 나누어 프로젝트 팀원에게 관리 권한을 위임하는 것이 좋다. 각 팀원들이 작성한 이슈는 프로젝트 보드에서 통합되어 관리된다. 이슈들을 통해 스크럼 프로젝트 보드에서 통합 관리를 수행할 수 있는 기능을 Jira Software는 제공하고 있다

[Jira Software Cloud Standard / Premium] 단일 혹은 다중 프로젝트 관리

■ Enterprise Solution : 클라우드 / 온 프레미스 솔루션

기업에서 수행되는 프로젝트는 각 프로젝트의 성공적인 수행을 위해 거버넌스 차원에서 프로젝트의 지원과 통제가 필요하다. Jira Software Enterprise 제품별 특성을 살펴보면 아래와 같다.

[Jira Software Cloud Enterprise] 글로벌 규모의 기업이며 보안 및 거버넌스 관리가 필요한 경우 사용하며 조직의 상위 관리자는 조직의 전략적 목표에 맞게 프로젝트 선정과 우선순위를 결정하고 프로젝트 수행 과정을 조직의 전략적 목표에 맞춰 모니터링 한다.

[Jira Software Data Center] 기업 자체 관리형 제품으로 기업 소유 하드웨어 또는 AWS와 같은 클라우드 호스팅 서비스를 통해 제품을 직접 설치, 호스팅 및 실행할 수 있다. 기업이 원하는대로 설정을 사용자 지정할 수 있으며 기업 내에 자체 관리 응용 프로그램에 대한 경험을 보유한 경우 사용하는 것이 바람직하다.

- Jira Software Cloud Enterprise, Data Center : 글로벌 거버넌스 기업

- Jira Software Cloud Standard / Premium : 단일 혹은 다중 프로젝트 팀

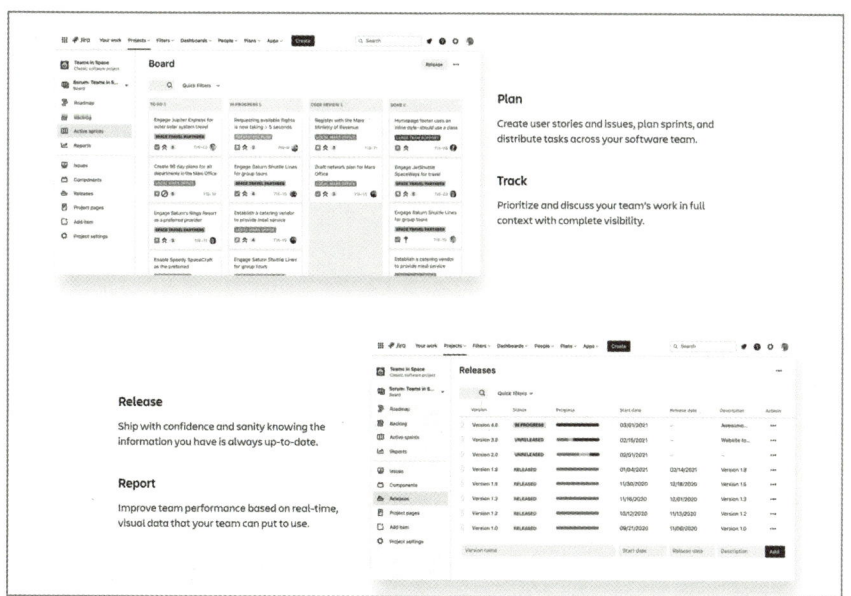

16. Jira Scrum Project 사용법

16-1. Jira Software 스크럼 화면구성

Jira SoftWare 프로젝트의 주요화면 구성은 위 그림과 같다.

1. 보드 : 프로젝트 보드를 선택하는 기능을 제공한다.

2. 로드맵 : 이슈를 등록하고 스프린트와 함께 시각화 시키는 기능을 제공한다.

3. 백로그 : 백로그 Item을 등록하며 스프린트를 생성시키는 기능을 제공한다.

4. 활성 스프린트 : 현재 작업 중인 이슈의 진척사항을 등록하고 시각화 시킨다.

5. 보고서 : 애자일 프로젝트를 관리하기 위한 다양한 시각적 보고서를 제공한다.

6. 이슈 : 프로젝트 이슈의 정보 표시와 관리 기능을 제공한다.

7. 프로젝트 설정 : 프로젝트의 설정 정보 표시와 관리 기능을 제공한다.

- 로드맵 화면

 이슈를 등록 및 표시하고 스프린트와 함께 시각화 시키는 기능을 제공한다.

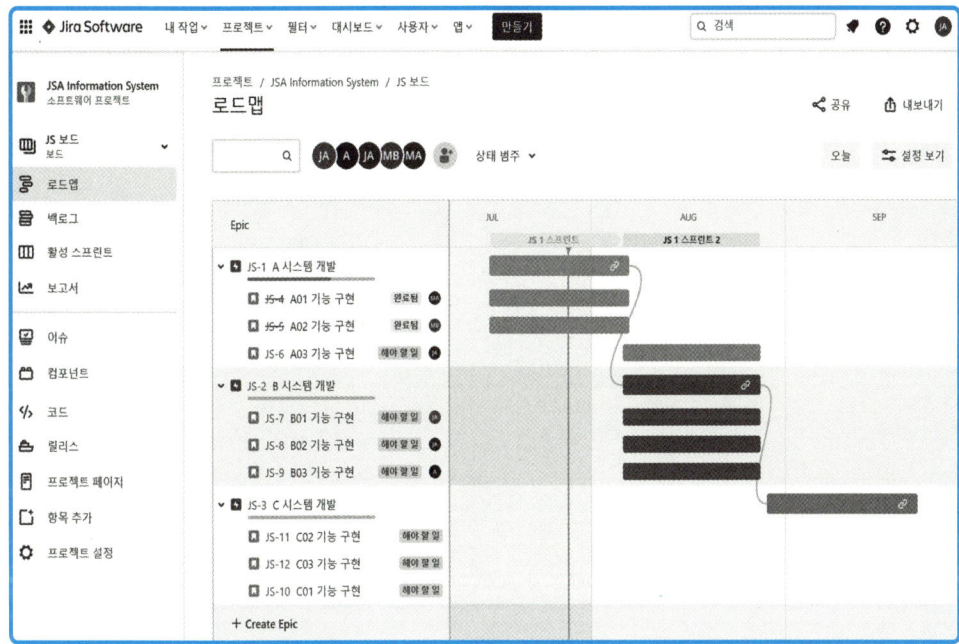

- 백로그 화면

 백로그 Item을 등록하며 스프린트를 생성시키는 기능을 제공한다.

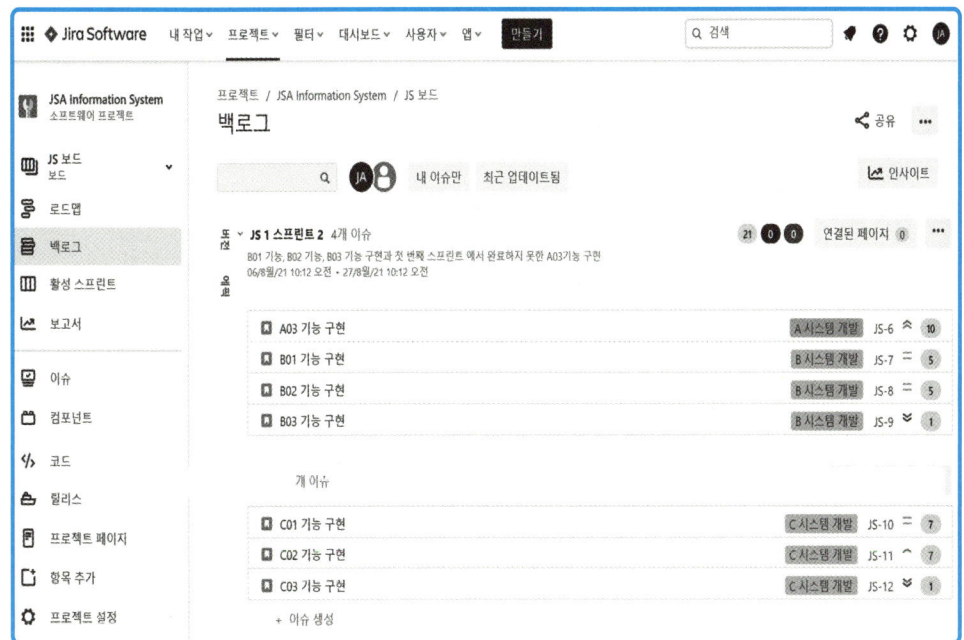

Part 5 JIRA Project 애자일 실무

- **활성 스프린트 화면**

  현재 스프린트의 진행 사항을 등록하고 시각화 시킨다.

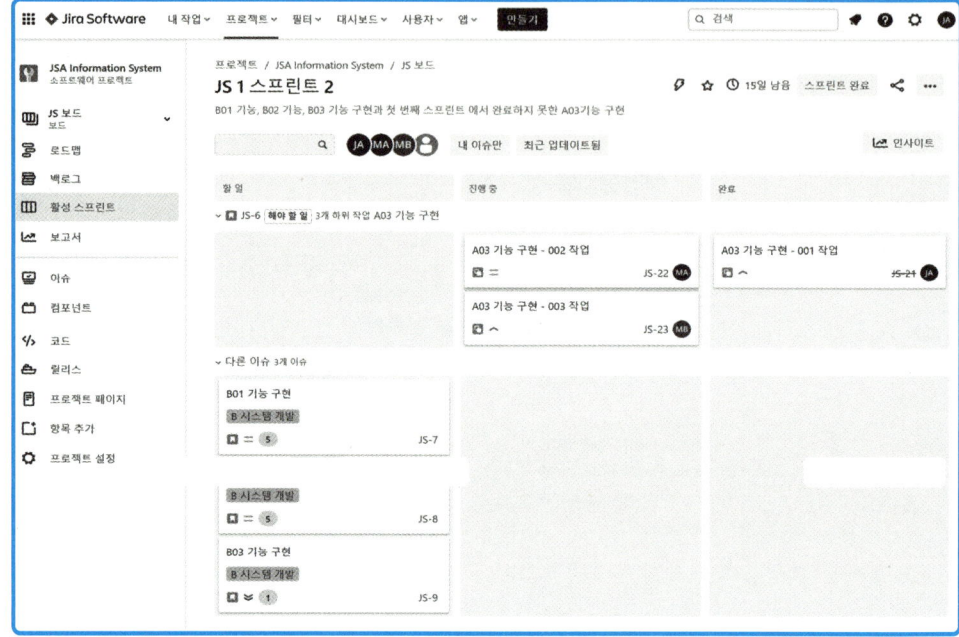

- **보고서 화면**

  애자일 프로젝트를 관리하기 위한 다양한 시각적 보고서를 제공한다.

Chapter 7 JIRA 애자일 프로젝트

- **이슈 화면**

  프로젝트 이슈 정보 표시와 검색 및 관리 기능을 제공한다.

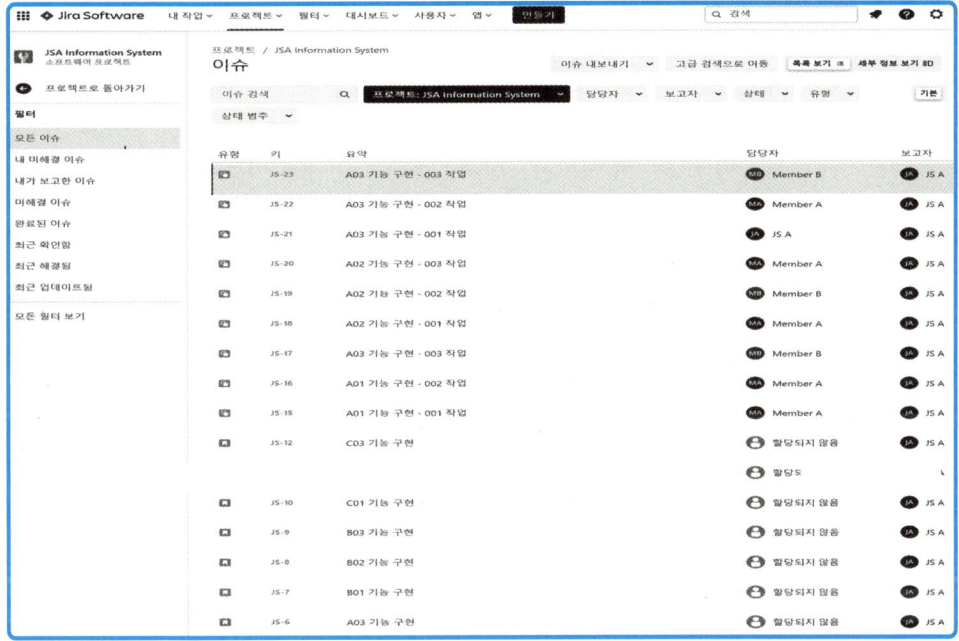

- **프로젝트 설정 화면**

  프로젝트의 설정 정보 표시와 관리 기능을 제공한다.

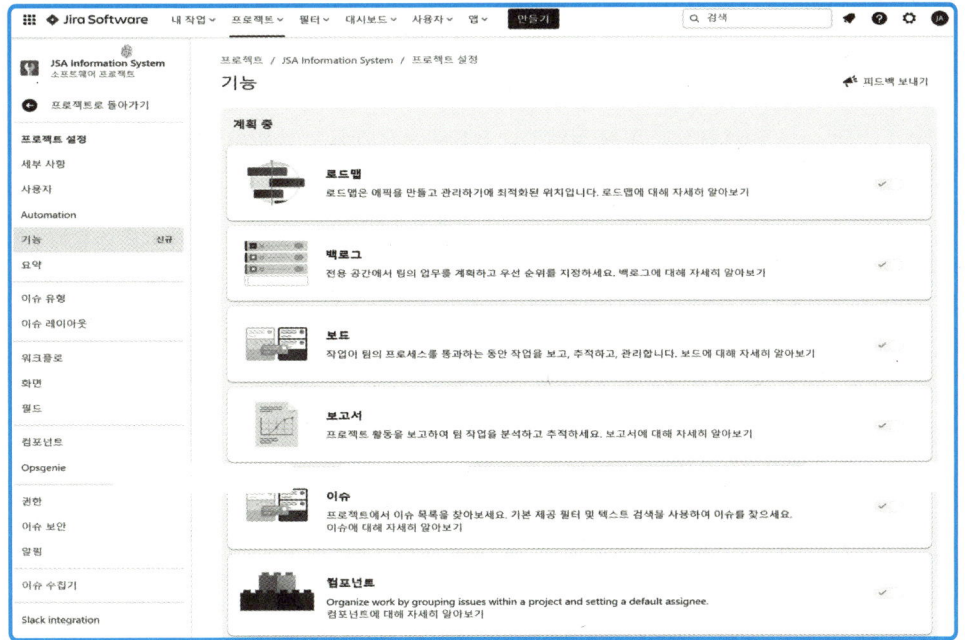

277

16-2. 이슈 (Issue)의 정의

Jira 에 나오는 "이슈"란 무엇일까?

"이슈"란, 사람들의 관심 대상이 되어 이야기할 만한 재료나 소재, 다시 말해 "이야깃거리"를 말한다. Jira에서의 "이슈"는 애자일 프로젝트의 관심 대상을 말하며 "이슈"를 이슈 유형 (Issue Type)으로 정리하면 Epic, 사용자 스토리, Task, Subtask, Bug가 있다.

Jira에서 애자일 프로젝트의 관심 대상인 "이슈"는 결론적으로 이야기하면 애자일에서 일반적으로 말하는 Backlog Item과 Backlog Item을 기술한 표현이라 볼 수 있다. 하지만 이슈 유형 (Issue Type) 또한 애자일 혹은 스크럼 전문 용어라 이해하기가 쉽지 않다.

지금부터 Jira를 이해하기 위해 필요한 최소한의 애자일 및 스크럼 용어를 하나씩 다시 한번 더 점검해 보자.

1. 애자일 방법론 : 신속 개발 방법론을 통칭하며 대표적인 방법론에는 스크럼, 칸반, XP, 린 소프트웨어 방법론이 있다.

2. 스크럼 : 애자일 방법론 중에 하나이며 사람과 팀, 조직이 복잡하고 어려운 일을 해결하기 위해 선택하는 행동방식을 이용하여 만든 경량 프레임워크이다.

3. 프로덕트 : 프로젝트에서 구현하고자 하는 목표 대상물

4. 백로그 : 이해관계자 요구사항 및 수행해야 할 작업의 목록

5. Epic : 구현해야 할 산출물, 기능, 서비스 중 WBS의 최상위 레벨이며 사용자 스토리의 집합체로 볼 수 있다.

6. 사용자 스토리 : 사용자의 세부 요구사항을 이야기 형태로 기술 한 것

7. Task : 프로젝트 팀이 수행 해야 할 작업

8. Subtask : Task 의 하위 레벨 작업

9. Bug : 결함 수정 항목

10. 스프린트 : 일정한 기간 내에 정해진 백로그 Item을 구현 하기 위해 수행하는 스크럼 팀 이벤트

11. 데일리 스크럼 : 스크럼 팀이 매일 15분 정도 진행하는 스프린트 동기화를 위한 협업회의

12. 스크럼 아티벡트 : 스크럼 수행 산출물

애자일 스크럼 방법론과 스크럼 아티벡트 그리고 Jira Software의 상호 연관 관계를 표현하면 아래와 같다.

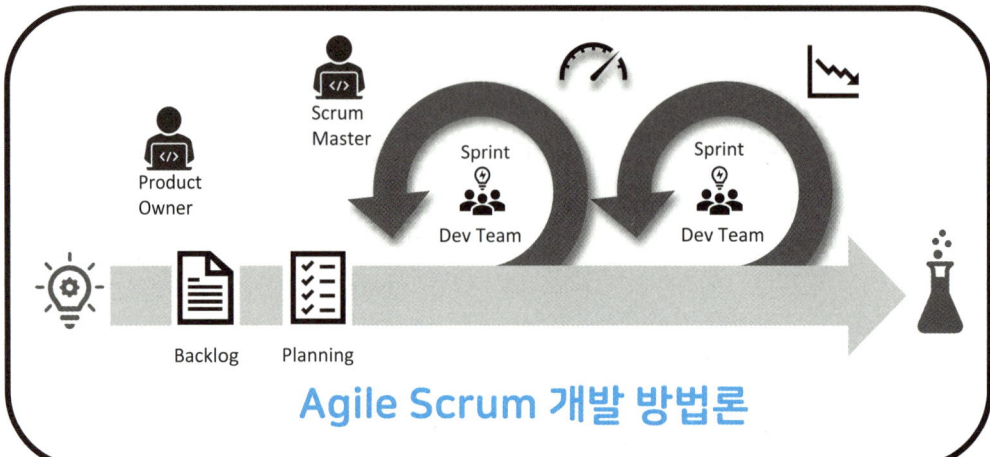

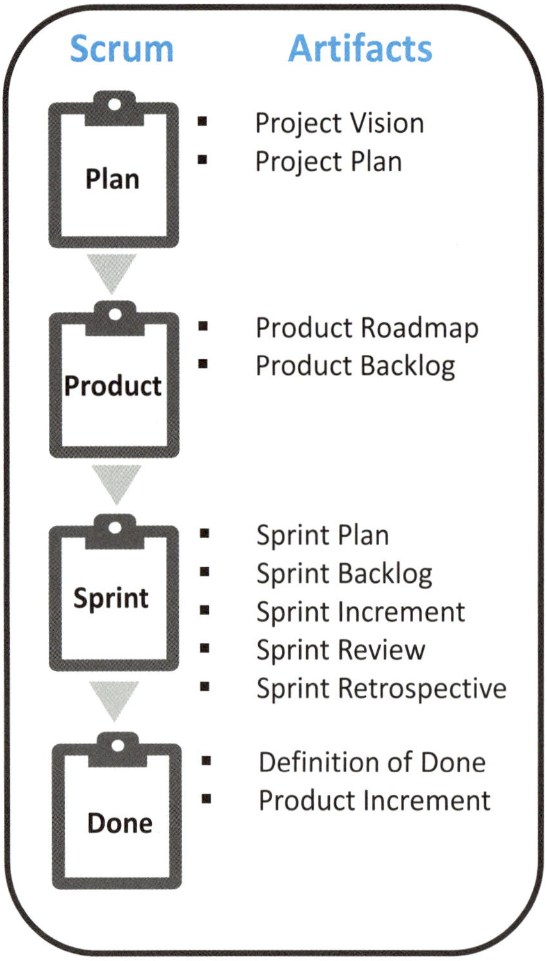

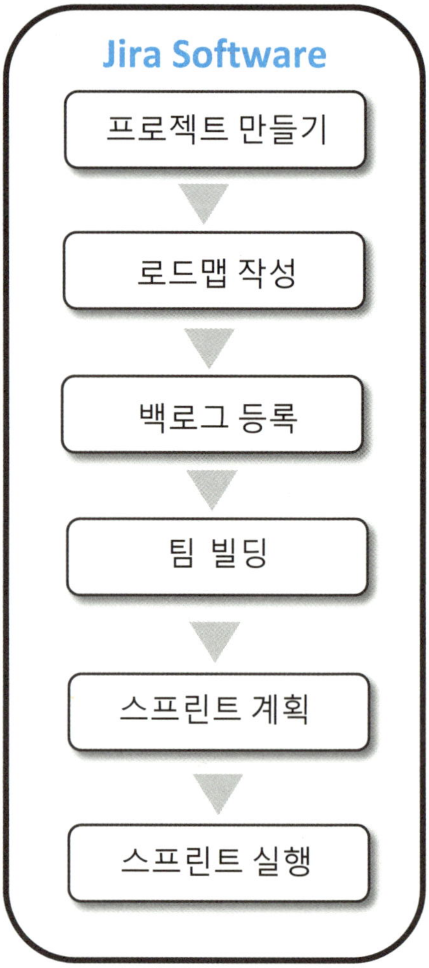

16-3. Jira Software 스크럼 사용 절차

Jira Software 스크럼 프로젝트 사용 절차는 아래 그림과 같은 순서로 진행된다.

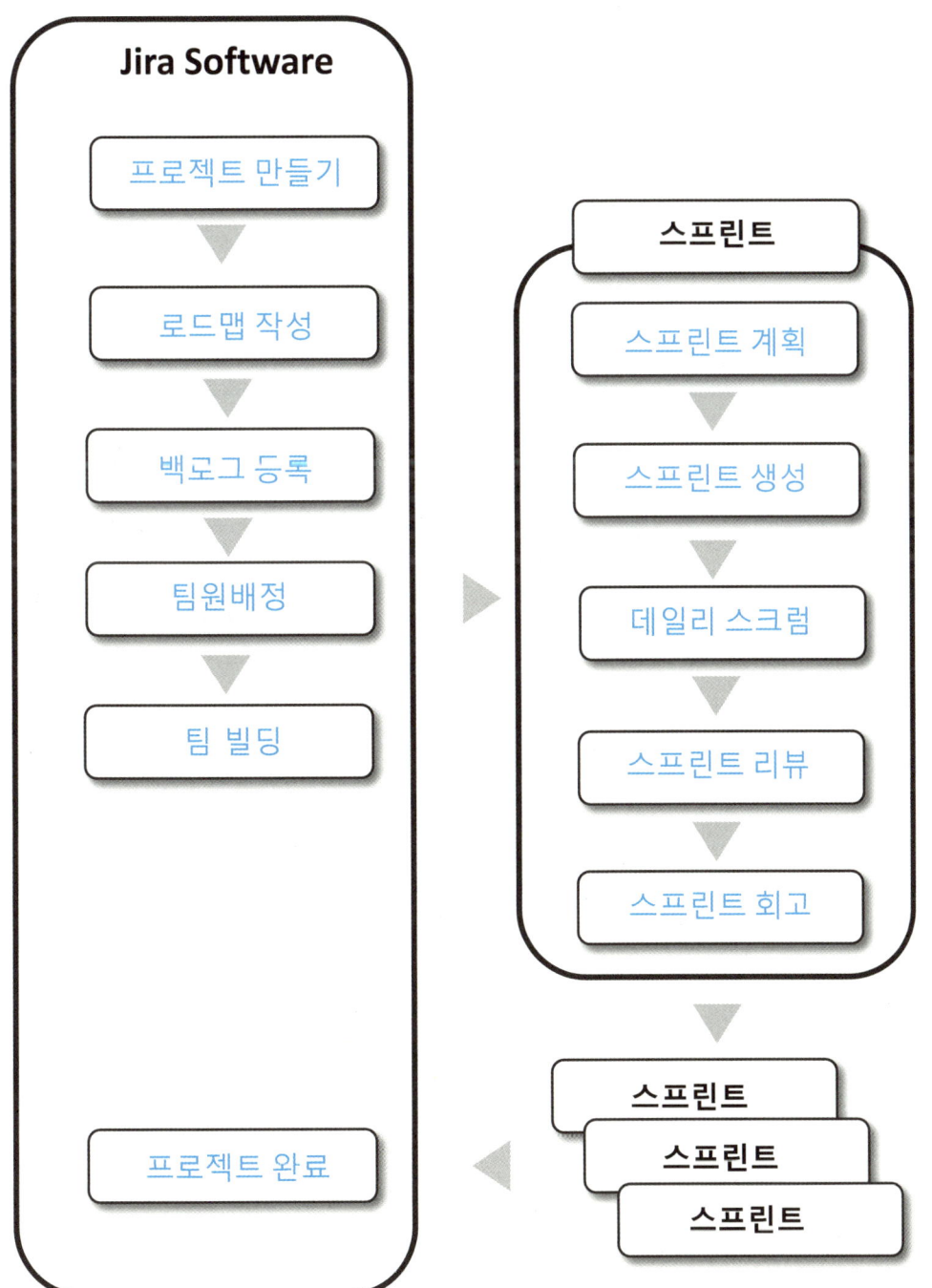

Part 5 JIRA Project 애자일 실무

● 간단한 Jira Software 스크럼 사용하기

초보 사용자들은 Jira로 프로젝트를 관리하기가 매우 어렵고 거창한 작업이라고 생각하기 쉽다. 하지만 Jira Software 로 프로젝트를 관리하는 일은 아래와 같이 매우 쉽고 간단하다.

:: 스크럼 프로젝트 관리 시 Jira Software 사용 절차 ::

① 프로젝트 만들기
② 로드맵 작성
③ 백로그 등록
④ 스프린트 생성
⑤ 스프린트 수행

1 프로젝트 만들기

Jira Software 계정에 들어가 [프로젝트 > 프로젝트 만들기] 를 선택한다.

프로젝트 템플릿에서 [소프트웨어 개발 > 스크럼]을 선택한다.

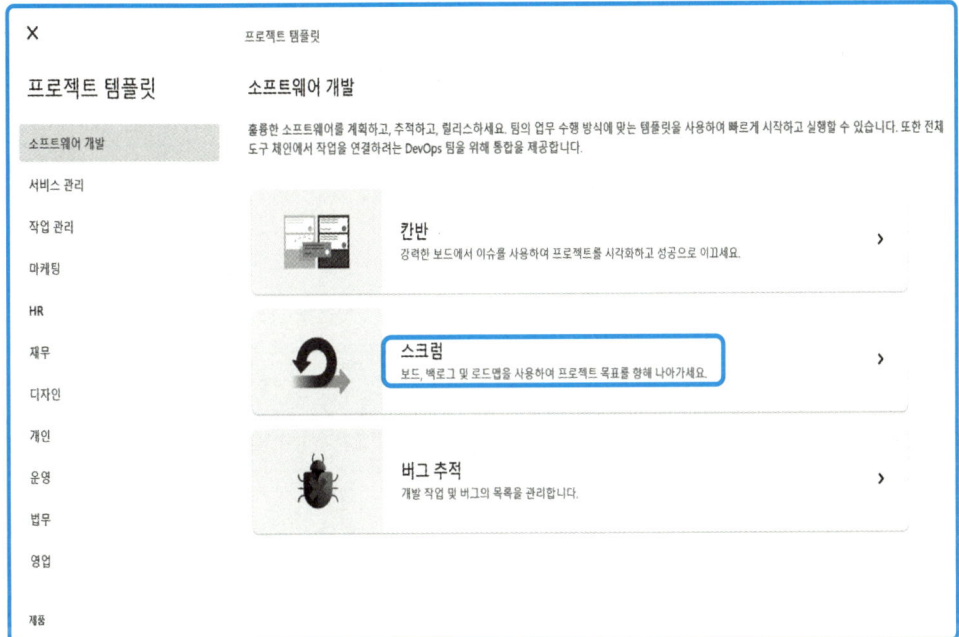

다음 화면에서 프로젝트 유형 선택을 [회사가 관리 하는 프로젝트 선택]으로 선택한 후 [프로젝트 명]을 입력하면 [키]가 자동 생성 되면서 스크럼 프로젝트가 만들어 진다.

② 로드맵 작성

좌측 메뉴에서 [로드맵]을 선택하면 이슈를 등록할 수 있는 화면이 나타난다.

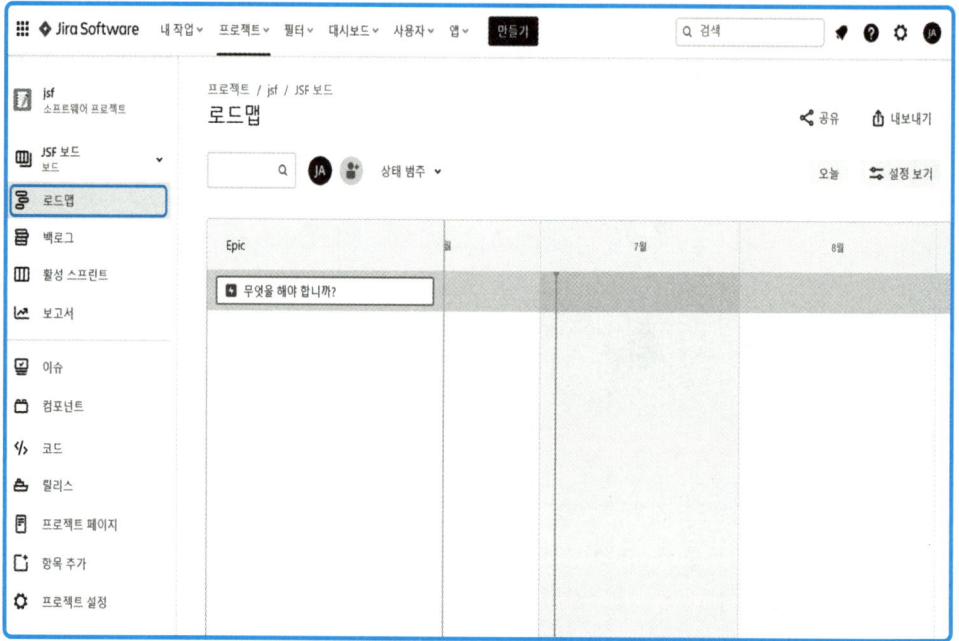

로드맵에 등록할 수 있는 이슈의 유형은 Epic, 작업, 스토리, 버그를 등록할 수 있다.

:: Note ::

이슈의 유형은 아래와 같다.
① Epic
② 작업
③ 스토리
④ 버그

로드맵에 Epic을 입력하면 순차적으로 등록되고 각 Epic에 이슈 번호가 나타난다.

아래 화면과 같이 일정 표시 화면에 마우스를 이동하면 Epic에 작업일정을 표시할 수 있다.

3 백로그 등록

좌측 메뉴에서 [백로그]를 선택하면 백로그 이슈를 등록할 수 있는 화면이 나타난다.

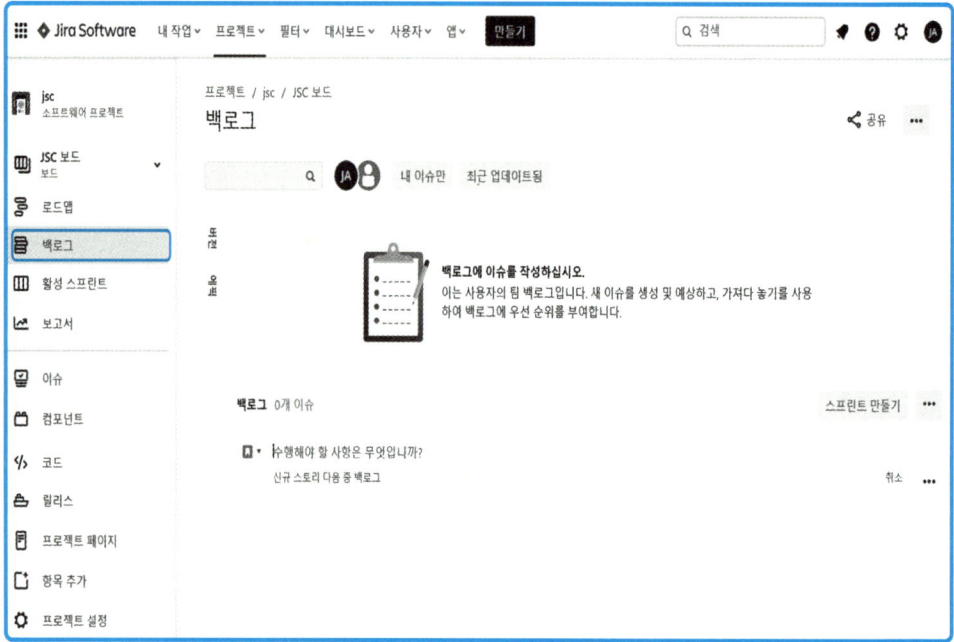

아래와 같이 백로그에 등록할 수 있는 백로그 이슈는 스토리, 작업, 버그 세가지 종류가 있다.

Chapter 7 JIRA 애자일 프로젝트

백로그에 백로그 이슈를 순차적으로 등록한다. 백로그 이슈를 표현하는 방법은 프로젝트 초기에 프로젝트에 사용할 표준절차매뉴얼을 만들어 표기방식을 미리 정하는 것이 좋다.

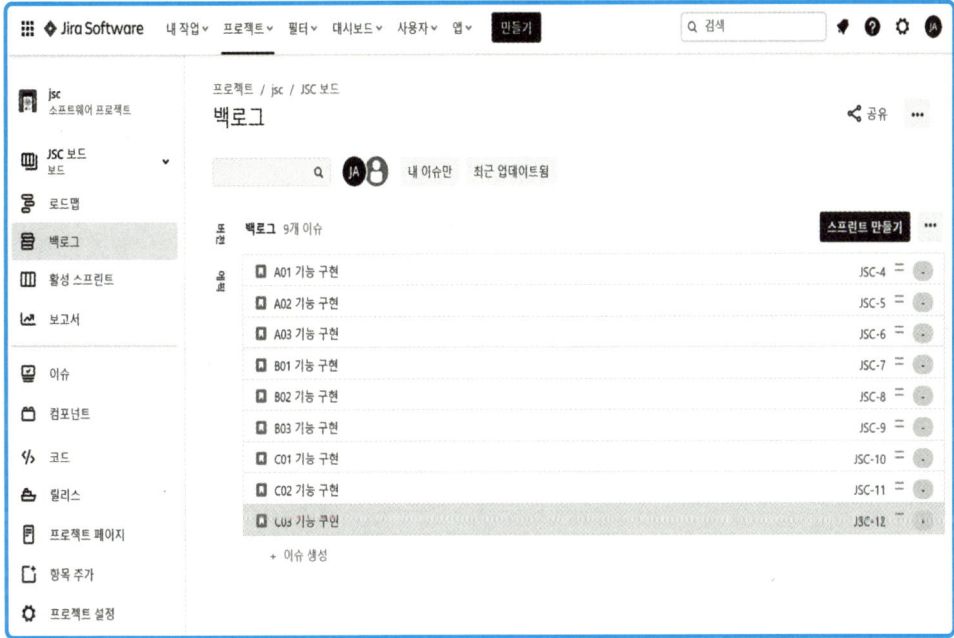

[백로그 이슈] 항목을 클릭하면 [이슈 정보] 창이 우측에 나타난다.

[이슈 정보] 창 하단에 [필드 더보기]를 클릭하면 추가적인 필드 항목들이 나타난다. 추가적으로 표시된 항목 중 [Epic Link] 를 열어 백로그 이슈들과 Epic을 화면과 같이 링크시킨다.

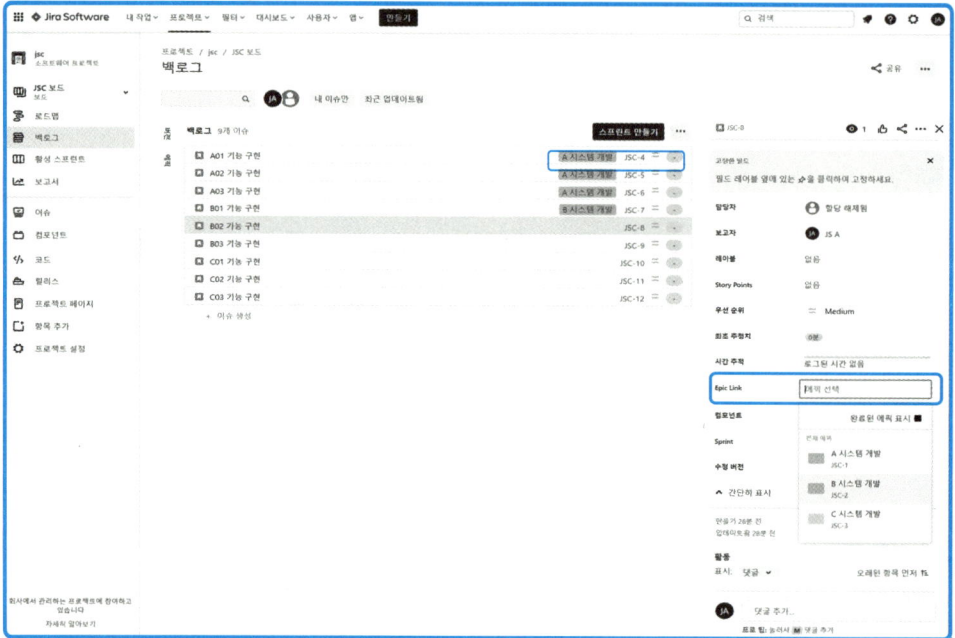

모든 백로그 이슈를 Epic과 연결하면 화면과 같이 백로그 이슈와 링크된 Epic이 표시된다.

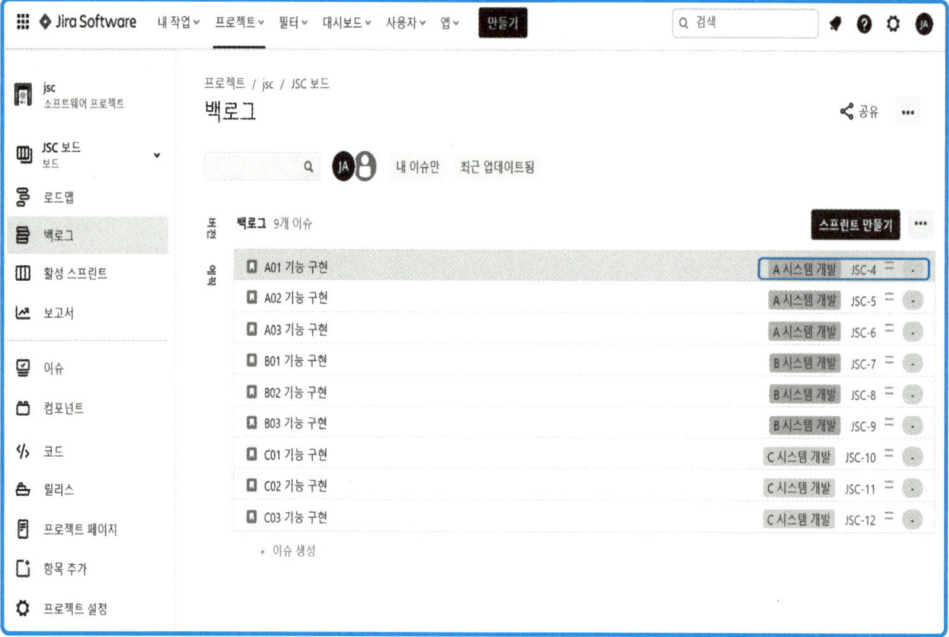

Chapter 7 JIRA 애자일 프로젝트

4 스프린트 생성

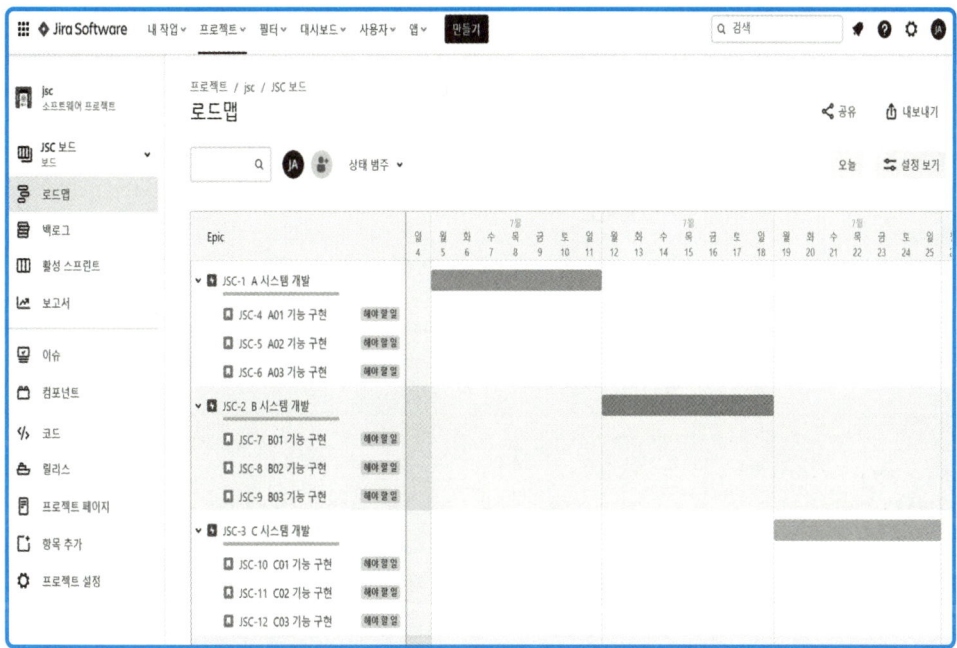

로드맵 화면으로 가서 보면 Epic과 백로그 이슈인 사용자 스토리가 작업 일정 정보와 함께 시각화 되어 표시된다. 이제 스프린트를 생성하기 위해 백로그 화면으로 이동한다. 백로그 화면에서 [스프린트 만들기] 를 선택하면 스프린트 계획 수립 창을 열 수 있다.

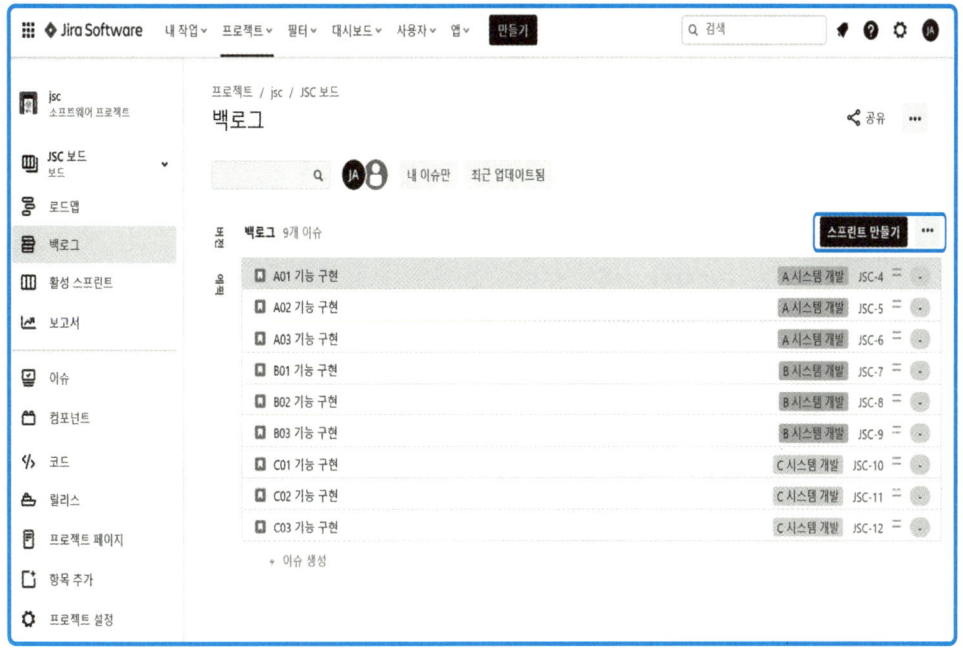

289

[스프린트 만들기]를 선택하면 스프린트 계획을 수립할 수 있는 창이 열린다. 이제 아래 백로그 이슈 중에 첫번째 스프린트에서 수행할 이슈들을 [스프린트 계획] 창으로 드래그해 이동 시킨다.

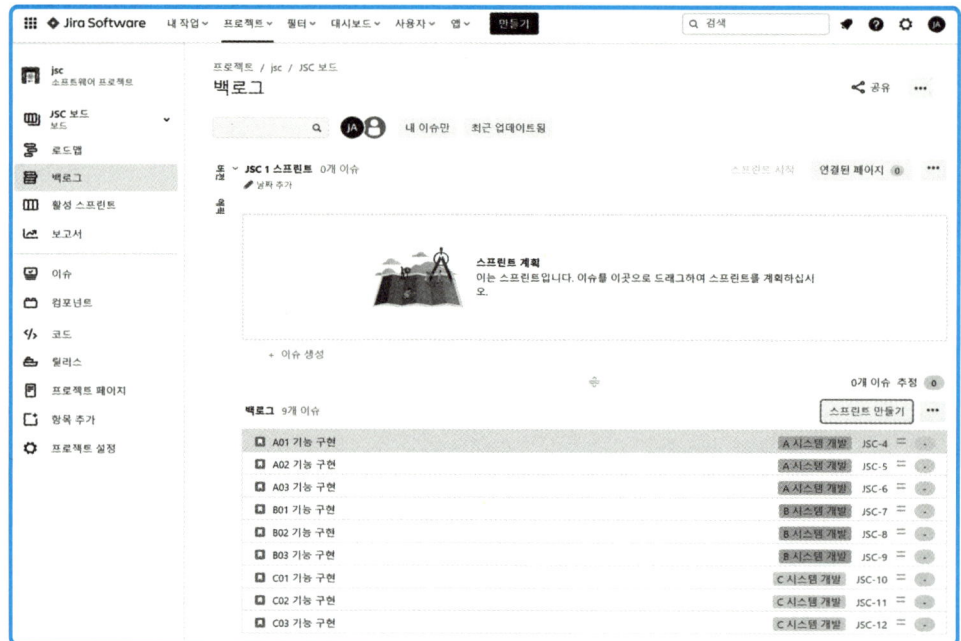

첫 번째 스프린트의 이슈 항목을 등록하고 계획 수립을 완료하면 [스프린트 시작]을 선택한다.

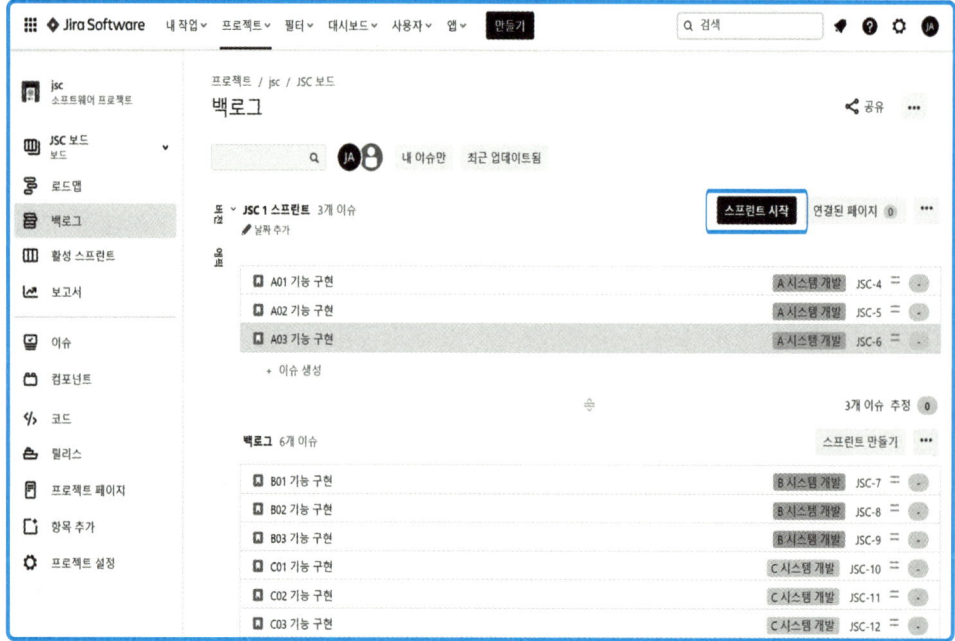

[스프린트 시작]을 선택하면 스프린트 시작 날짜와 기간 그리고 스프린트 목표를 입력할 수 있는 창이 열린다. 스프린트 팀에서 스프린트 계획 회의를 통해 사전에 정한 내용을 입력하면 된다.

활성화 스프린트 화면으로 이동해 보면 첫 번째 스프린트가 [할 일]에 표시된다.

⑤ 스프린트 수행

활성 스프린트 화면에서 현재 진행 중인 이슈는 [진행 중]에 드래그 해서 이동 시킨 후 로드맵 화면에 가서 보면 스프린트 진척 상황이 표시되어 있다.

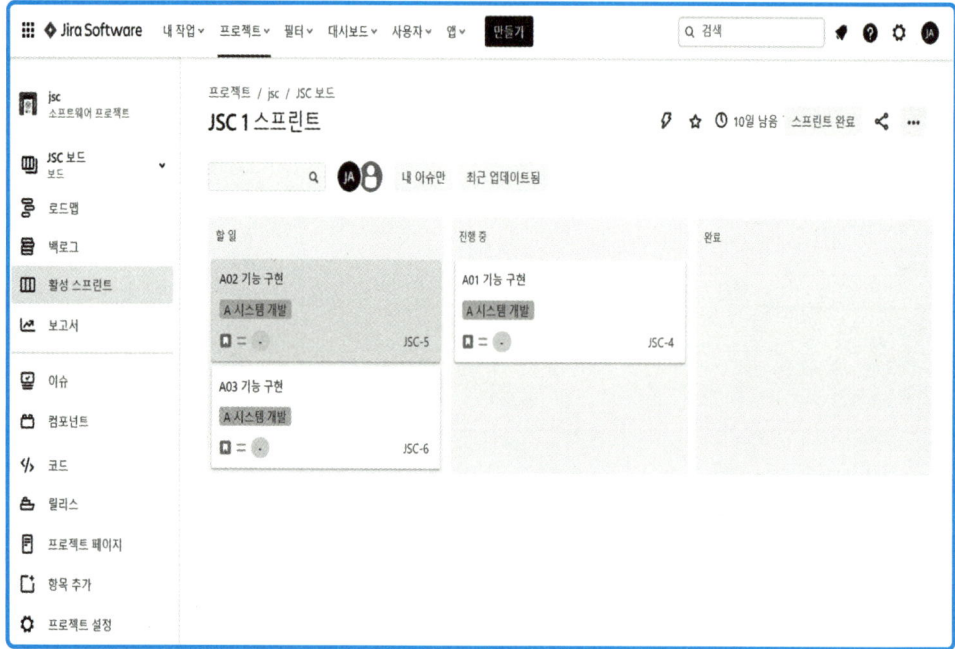

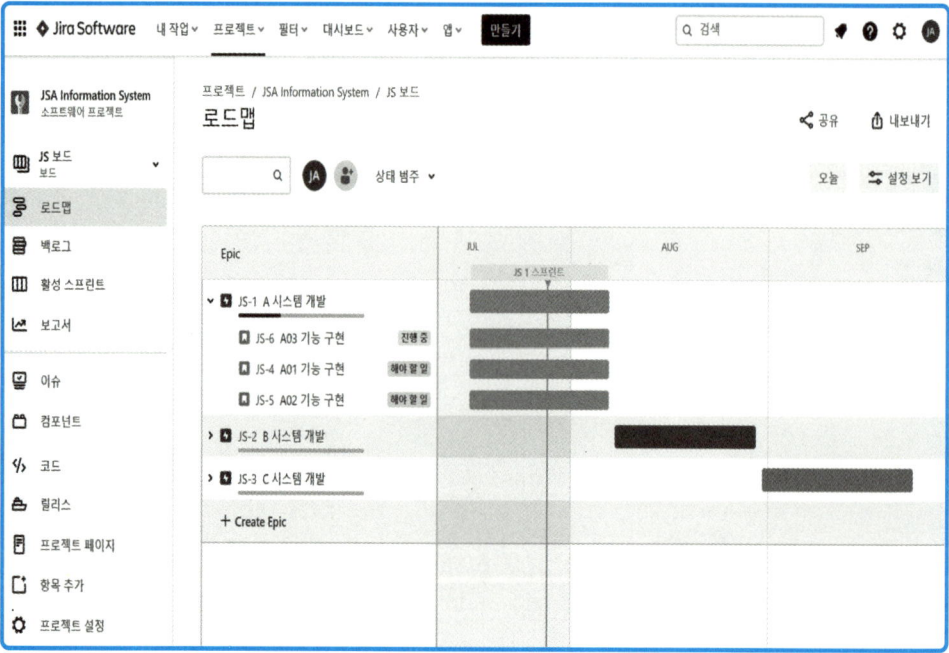

Chapter 7 JIRA 애자일 프로젝트

6 스프린트 완료

활성 스프린트 화면에서 완료된 이슈들은 [완료]로 이동 시킨다. 스프린트에서 모든 이슈가 완료되면 상단의 [스프린트 완료]를 선택한다.

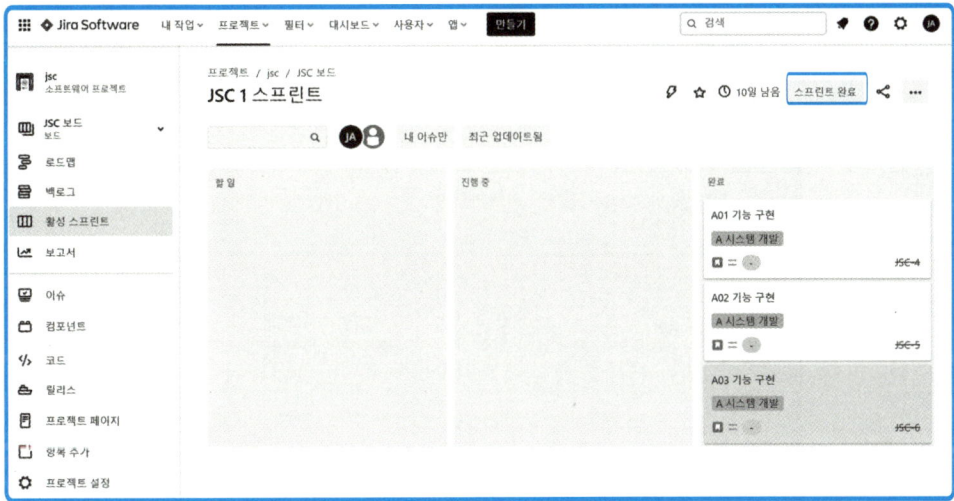

스프린트 완료에 대한 안내 창이 열린다. 안내 창 하단의 [완료]를 선택하면 미완료 된 이슈는 백로그로 다시 이동되어 후행 스프린트에 처리 될 수 있도록 해 준다.

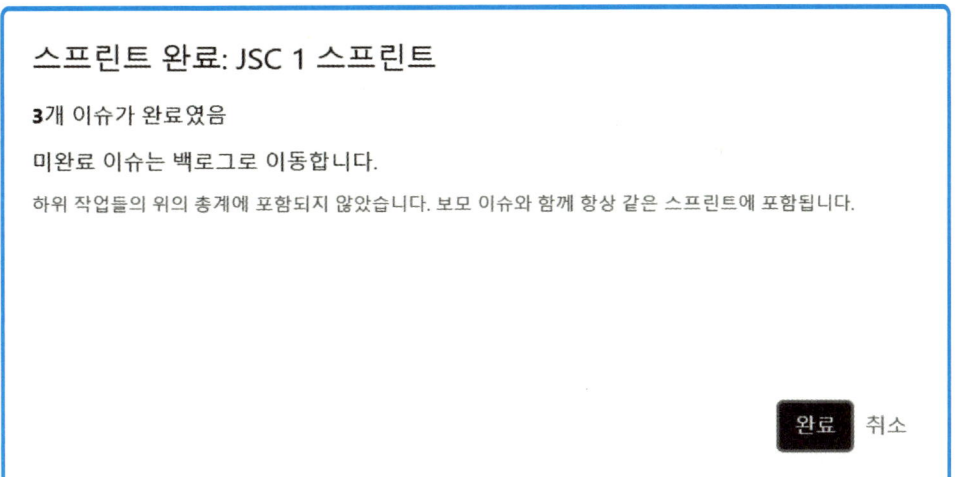

Jira Software는 프로젝트 관리에 유용한 다양한 보고서 서식 형태를 만들어 내보내 줄 수 있는 기능을 제공한다. 특히 번 다운 차트, 속도 차트는 다음 스프린트를 준비하고 계획하는 데 아주 유용한 기능을 제공한다.

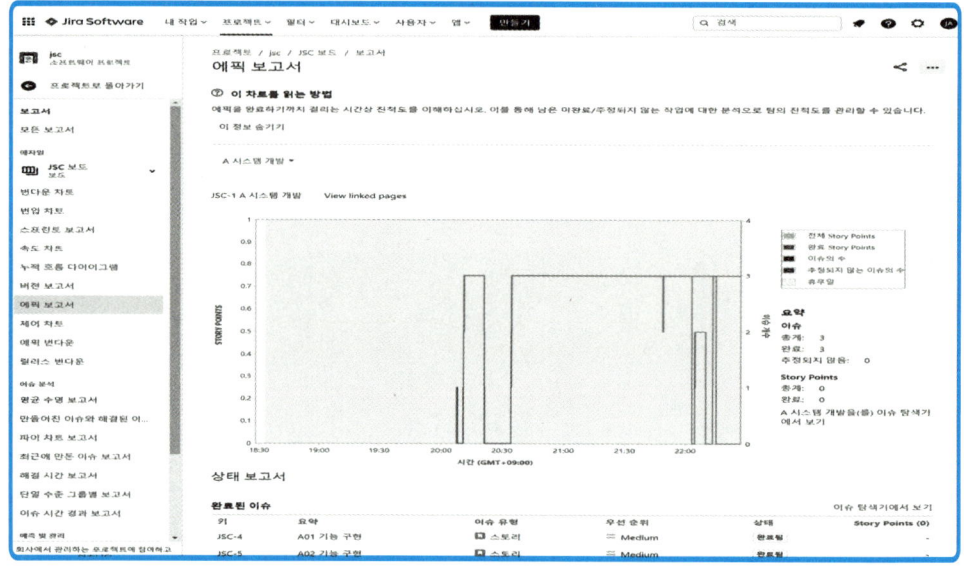

Chapter 7 JIRA 애자일 프로젝트

17. Jira Kanban Project 사용법

17-1. Jira Software 칸반 화면구성

Jira SoftWare 프로젝트의 주요화면 구성은 위 그림과 같다.

1. 보드 : 프로젝트 보드를 선택하는 기능을 제공한다.

2. 로드맵 : 이슈를 등록하고 Epic과 함께 시각화 시키는 기능을 제공한다.

3. 칸반 보드 : 현재 작업 중인 이슈의 진척 사항을 등록하고 시각화 시킨다.

4. 보고서 : 애자일 프로젝트를 관리하기 위한 다양한 시각적 보고서를 제공한다.

5. 이슈 : 프로젝트 이슈의 정보 표시와 관리 기능을 제공한다.

6. 프로젝트 설정 : 프로젝트의 설정 정보 표시와 관리 기능을 제공한다.

- 로드맵 화면

  이슈를 등록 및 표시하고 작업과 함께 시각화 시키는 기능을 제공한다.

- 칸반 보드 화면

  작업의 진행 상태를 가시화하는 기능을 제공한다.

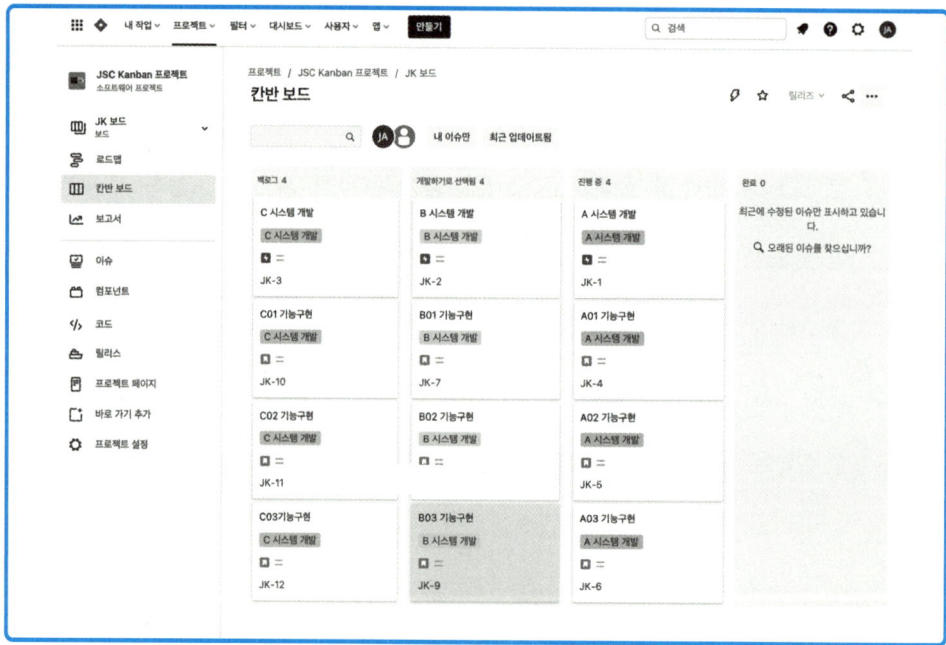

- 애자일 보고서 화면

  애자일 프로젝트를 관리하기 위한 다양한 시각적 보고서를 제공한다.

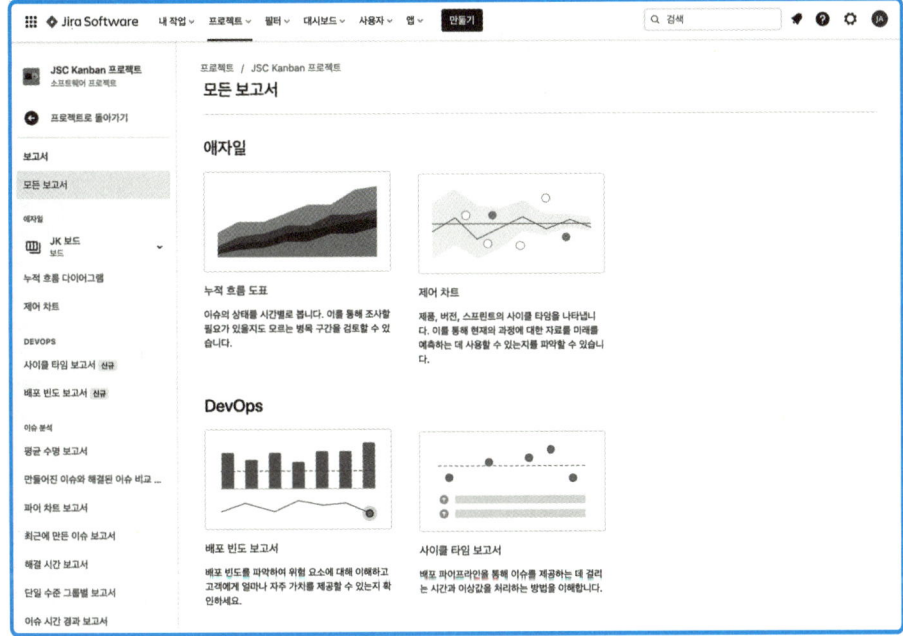

- 이슈 분석 보고서 화면

  애자일 프로젝트에서 이슈를 분석하기 위한 다양한 시각적 보고서를 제공한다.

- 이슈 화면

  프로젝트 이슈 정보 표시와 검색 및 관리 기능을 제공한다.

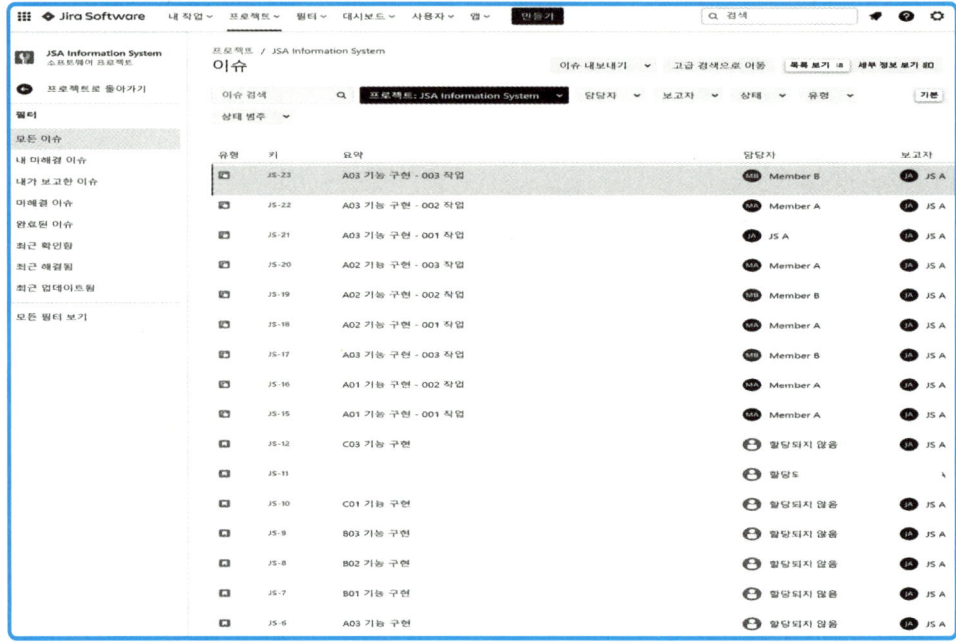

- 프로젝트 설정 화면

  프로젝트의 설정 정보 표시와 관리 기능을 제공한다.

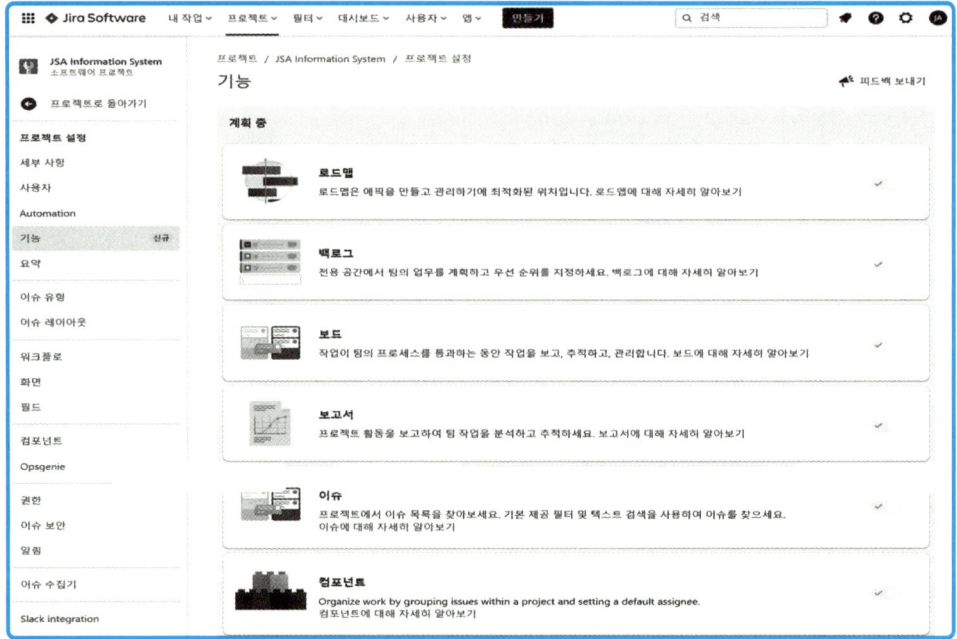

17-2. 이슈 (Issue)의 정의

Jira 에 나오는 "이슈"란 무엇일까?

Jira Scrum Project 사용법 [16-2. 이슈의 정의]에서 이슈에 대해 아래와 같이 설명하였다.

"이슈"란, 사람들의 관심 대상이 되어 이야기할 만한 재료나 소재, 다시 말해 "이야깃거리"를 말한다. Jira에서의 "이슈"는 애자일 프로젝트의 관심 대상을 말하며 "이슈"를 이슈 유형(Issue Type)으로 정리하면 Epic, 사용자 스토리, Task, Subtask, Bug가 있다.

Jira에서 애자일 프로젝트의 관심 대상인 "이슈"는 결론적으로 이야기하면 애자일에서 일반적으로 말하는 Backlog Item과 Backlog Item을 기술한 표현 이라 볼 수 있다.

이 설명에 추가하여 지금부터 Jira를 이해하기 위해 필요한 최소한의 애자일 및 칸반 용어를 하나씩 다시 한번 더 점검해 보자.

1. 애자일 방법론 : 신속 개발 방법론을 통칭하며 대표적인 방법론에는 스크럼, 칸반, XP, 린 소프트웨어 방법론이 있다.

2. 칸반 : 작업의 완전한 투명성과 원활한 의사소통을 유도하기 위한 칸반보드를 사용하여 작업을 시각화하고, 이를 통하여 진행 중인 작업의 원활한 흐름을 유도하여 작업 효율성을 극대화 하는 것을 목표로 하는 애자일 관리 방법이다.

3. 프로덕트 : 프로젝트에서 구현하고자 하는 목표 대상물

4. 백로그 : 이해관계자 요구사항 및 수행 해야할 작업의 목록

5. Epic : 구현해야 할 산출물, 기능, 서비스 중 WBS의 최상위 레벨이며 사용자 스토리의 집합체로 볼 수 있다.

6. 사용자 스토리 : 사용자의 세부 요구사항을 이야기 형태로 기술 한 것

7. Task : 프로젝트 팀이 수행 해야 할 작업

8. Subtask : Task 의 하위 레벨 작업

9. Bug : 결함 수정 항목

10. WIP : Work In Progress의 약어로 해당 단계에서 구현 작업 중인 이슈의 갯수

11. 데일리 스탠드업 미팅 : 팀이 매일 진행하는 스프린트 동기화를 위한 협업 회의

12. 아티벡트 : 칸반 프로세스 수행 산출물

13. Kaizen : 지속적 품질 개선 활동

14. Capacity : 처리 가능한 최대 작업량

15. Cadence : 예측 가능한 작업처리 루틴

16. Throughput : 완료된 작업량

17. Lead Time : 작업 요구가 도출된 시작 부터 작업 요구가 처리 완료되기까지 걸린 시간

18. Cycle Time : 실제 작업이 시작된 시작점 부터 작업이 완료 된 후, 완료점까지 걸린 시간

Chapter 7 JIRA 애자일 프로젝트

애자일 칸반 방법과 칸반 아티벡트 그리고 Jira Software의 상호 연관관계를 표현하면 아래와 같다.

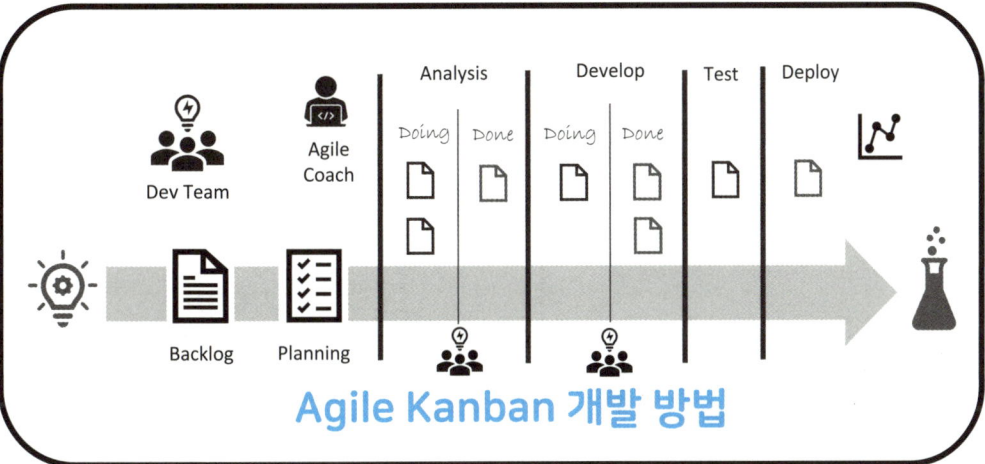

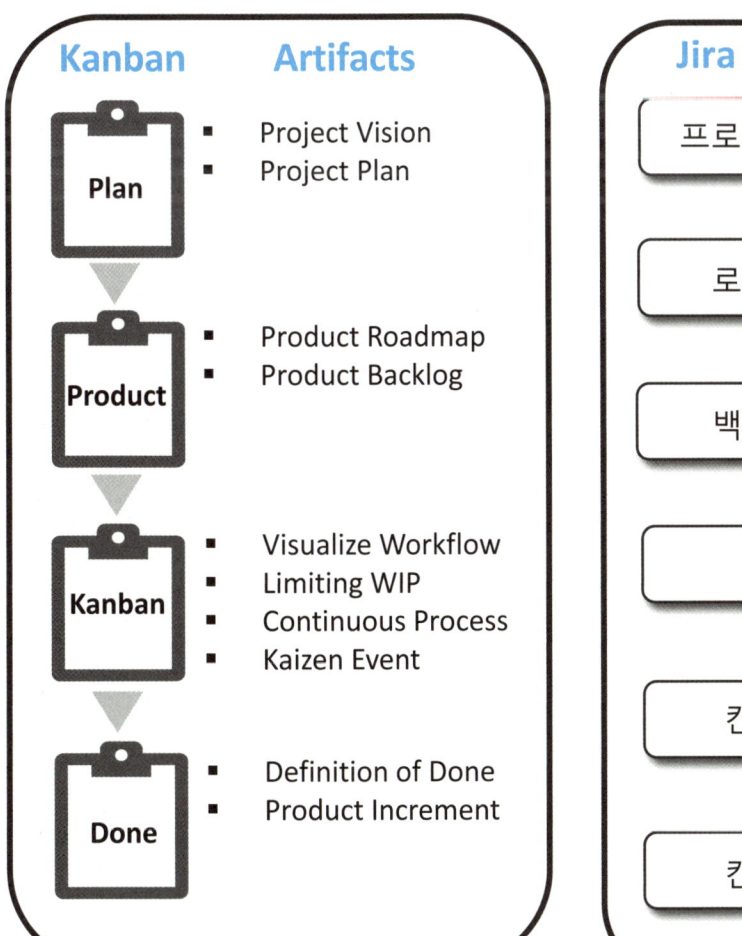

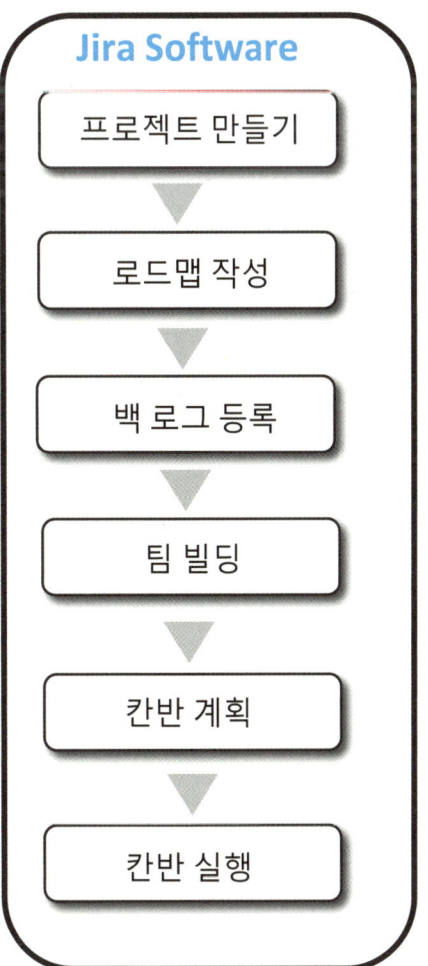

301

17-3. Jira Software 칸반 프로젝트 사용절차

Jira Software 칸반 프로젝트 사용절차는 아래 그림과 같은 순서로 진행된다.

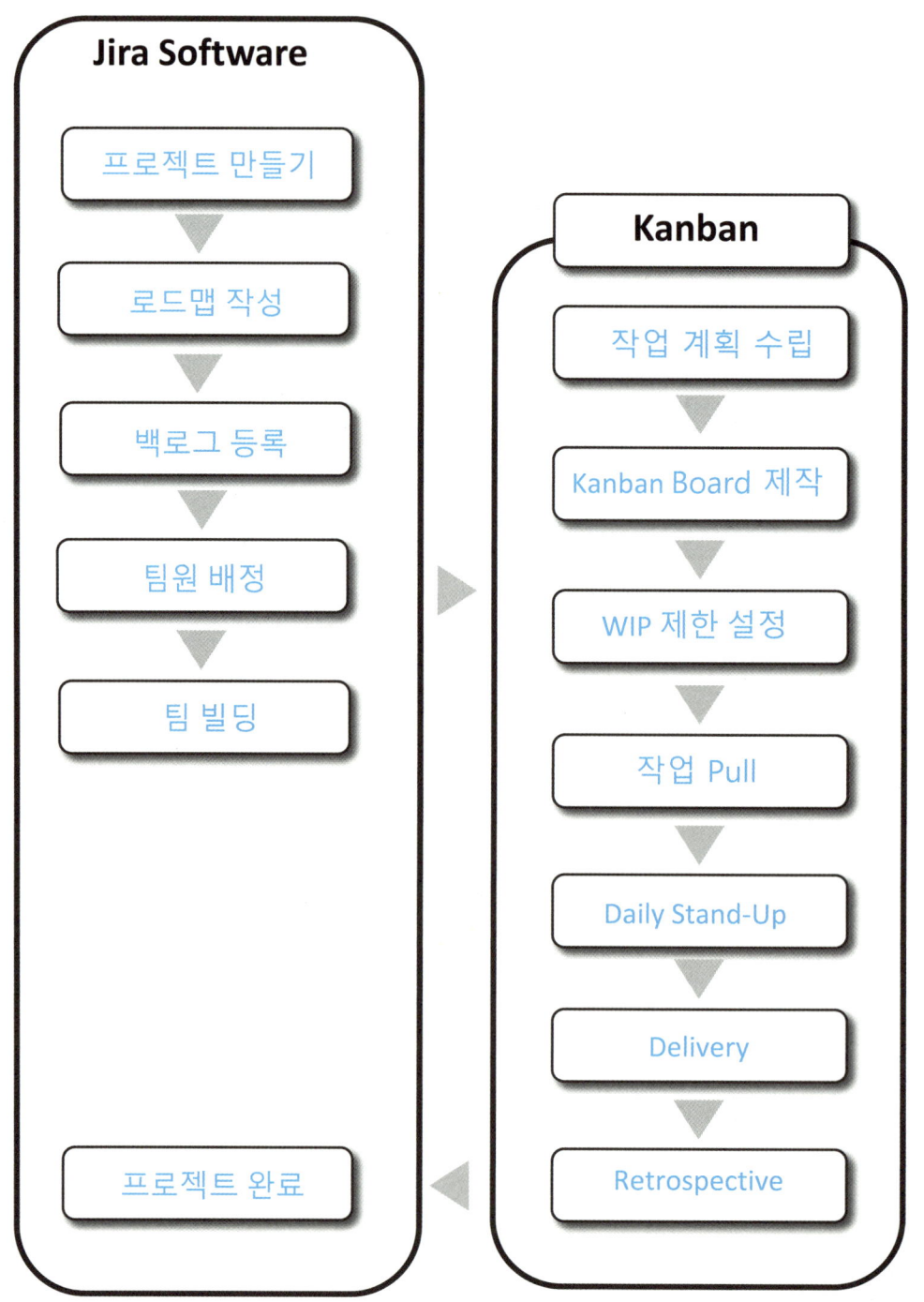

Chapter 7 JIRA 애자일 프로젝트

● 간단한 Jira Software 칸반 사용하기

초보 사용자들은 Jira로 프로젝트 관리하기가 매우 어렵고 거창한 작업이라고 생각하기 쉽다. 하지만 Jira Software 로 프로젝트를 관리하는 일은 아래와 같이 매우 쉽고 간단하다.

:: 칸반 프로젝트 관리 시 Jira Software 사용 절차 ::

① 프로젝트 만들기
② 로드맵 작성
③ 백로그 등록
④ 칸반보드 제작
⑤ 작업 수행

1 프로젝트 만들기

Jira Software 계정에 들어가 [프로젝트 > 프로젝트 만들기] 를 선택한다.

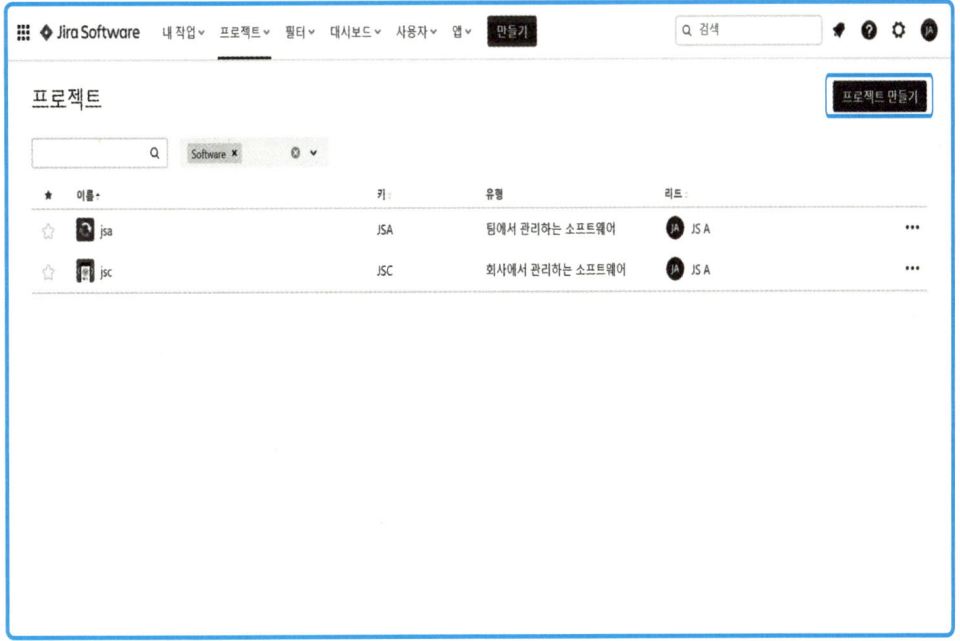

303

프로젝트 템플릿에서 [소프트웨어 개발 > 칸반]을 선택한다.

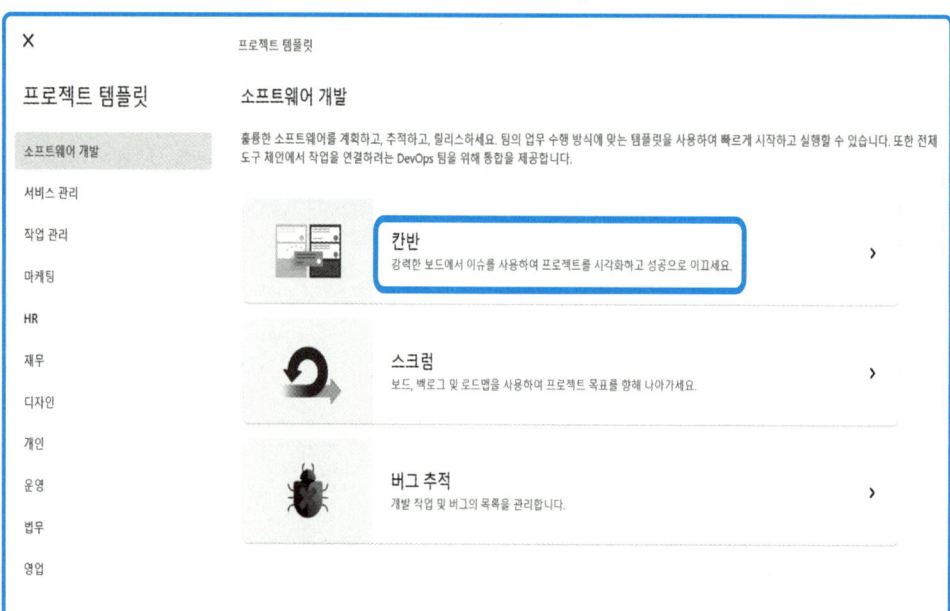

다음 화면에서 프로젝트 유형 선택을 [회사가 관리 하는 프로젝트 선택]으로 선택한 후 [프로젝트 명]을 입력하면 [키]가 자동 생성되면서 칸반 프로젝트가 만들어 진다.

Chapter 7 JIRA 애자일 프로젝트

2 로드맵 작성

좌측 메뉴에서 [로드맵]을 선택하면 이슈를 등록할 수 있는 화면이 나타난다.

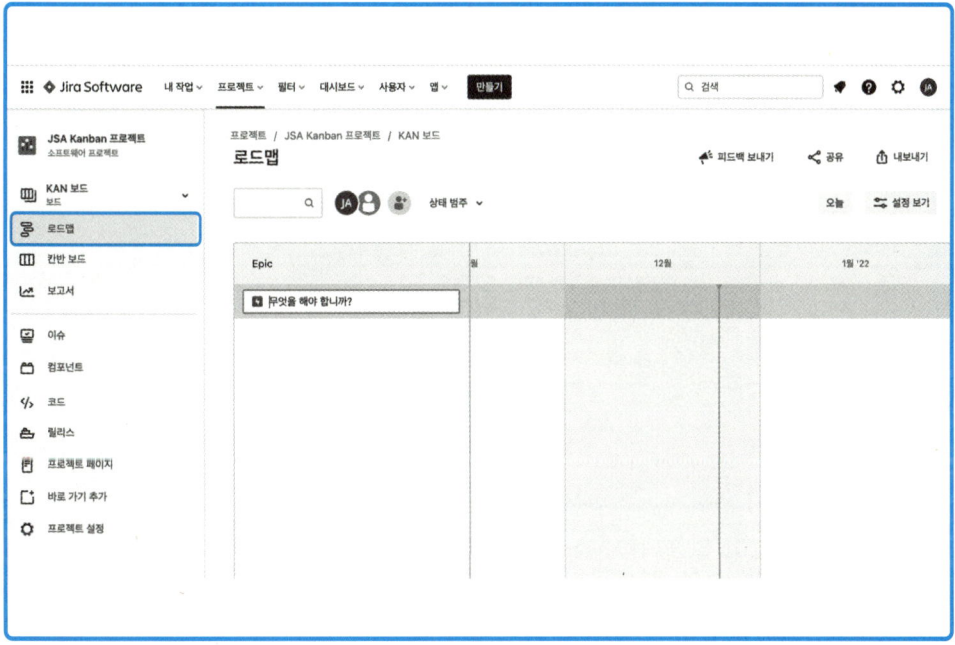

로드맵에 등록할 수 있는 이슈의 유형은 Epic, 작업, 스토리, 버그를 등록할 수 있다.

::Note::

이슈의 유형은 아래와 같다.
① Epic
② 작업
③ 스토리
④ 버그

305

로드맵에 Epic을 입력하면 순차적으로 등록되고 각 Epic에 이슈 번호가 나타난다.

아래 화면과 같이 일정 표시 화면에 마우스를 이동하면 Epic에 작업일정을 표시할 수 있다.

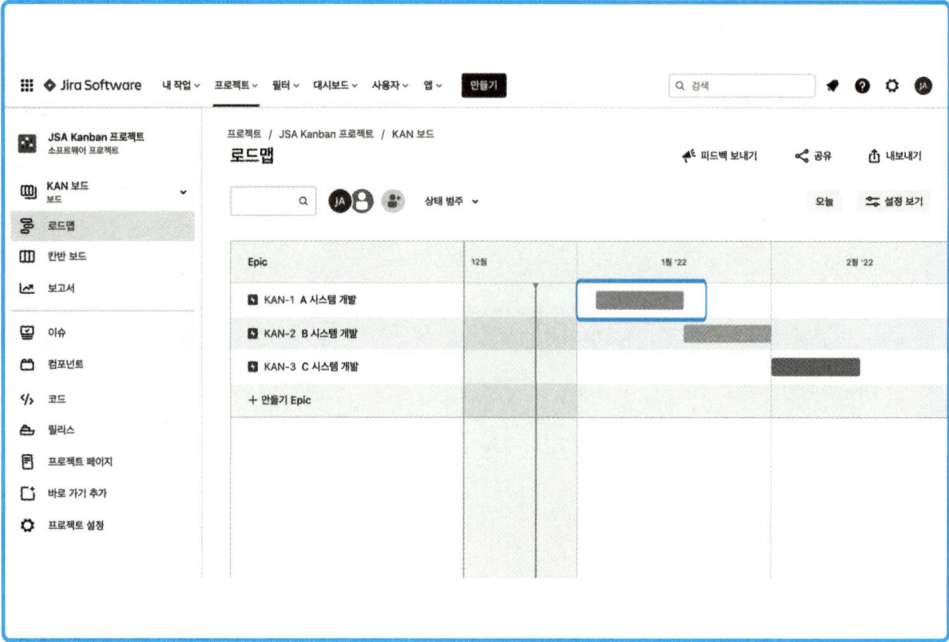

Chapter 7 JIRA 애자일 프로젝트

3 백로그 등록

로드맵에서 하위 이슈 메뉴를 클릭하면 백로그 이슈를 등록할 수 있는 화면이 나타난다.

아래와 같이 백로그로 등록할 수 있는 백로그 이슈는 Story, Bug, Task 세가지 종류가 있다.

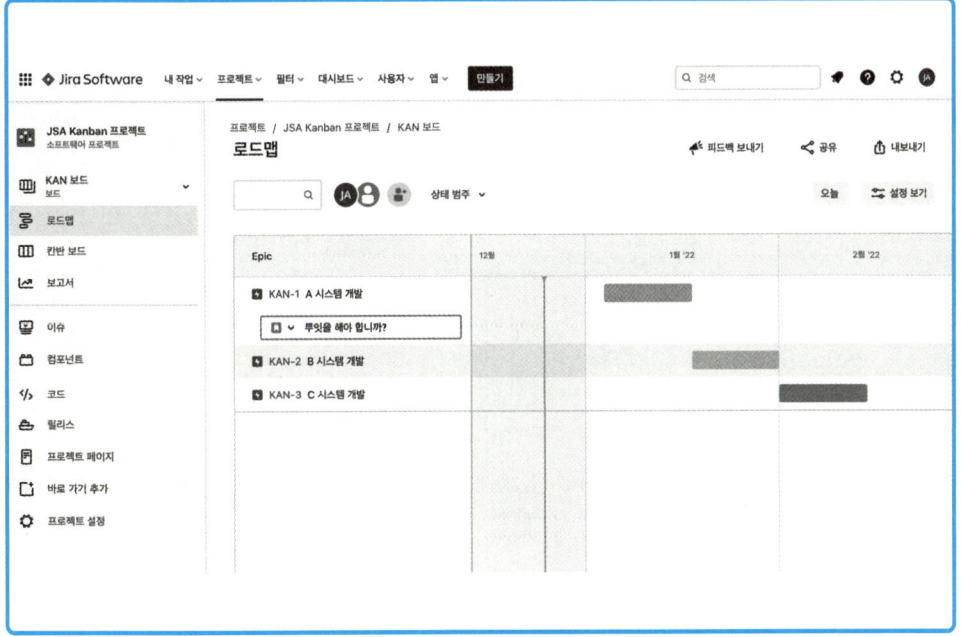

307

로드맵에 백로그 이슈를 순차적으로 등록한다. 백로그 이슈를 표현하는 방법은 프로젝트 초기에 프로젝트에 사용할 표준 절차 매뉴얼을 만들어 표기방식을 미리 정하는 것이 좋다.

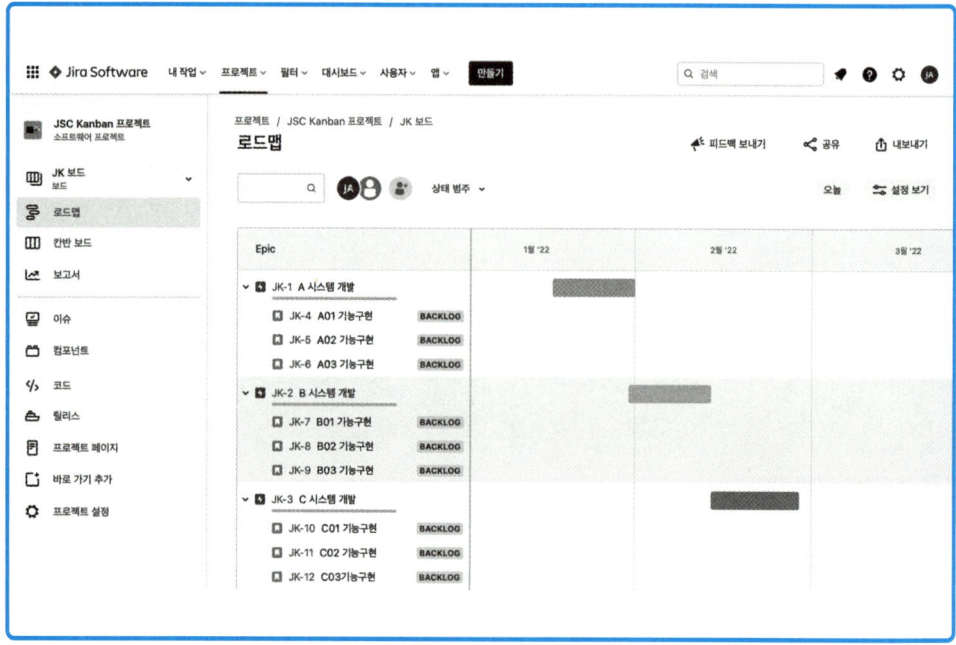

[백로그 이슈] 항목을 클릭하면 [이슈 정보] 창이 우측에 나타난다.

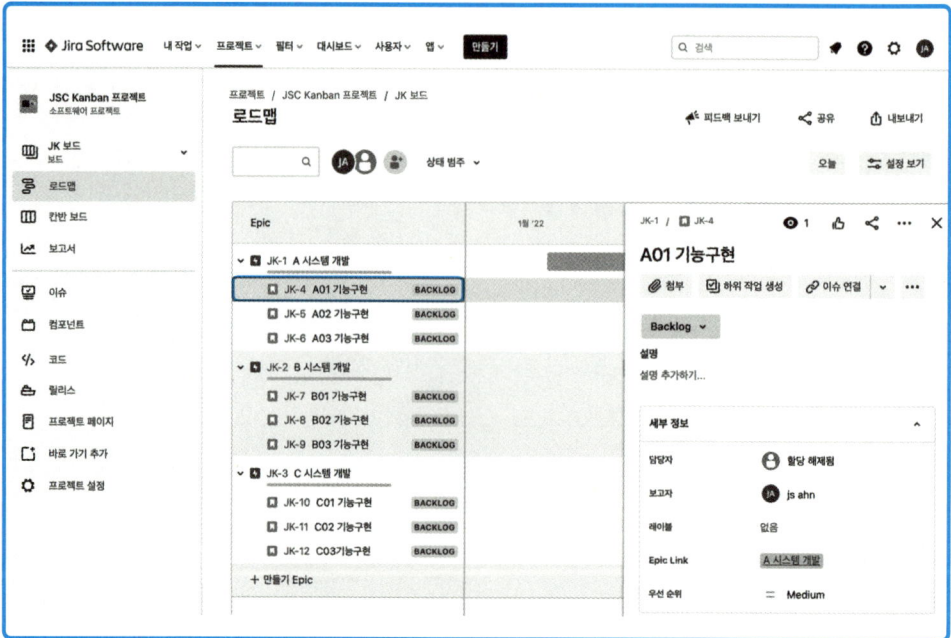

Chapter 7 JIRA 애자일 프로젝트

[이슈 정보] 창 하단에 [Epic Link] 를 보면 Link된 Epic 을 확인할 수 있으며 해당 이슈에 관련된 다양한 정보를 입력 및 확인할 수 있다.

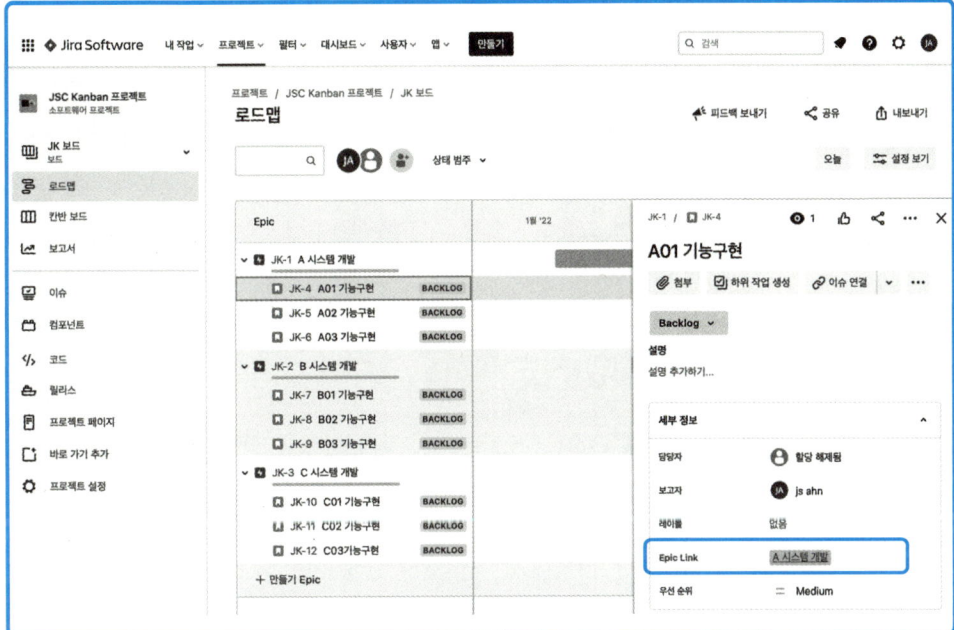

아래와 같이 백로그 이슈의 우선순위를 지정할 수 있다.

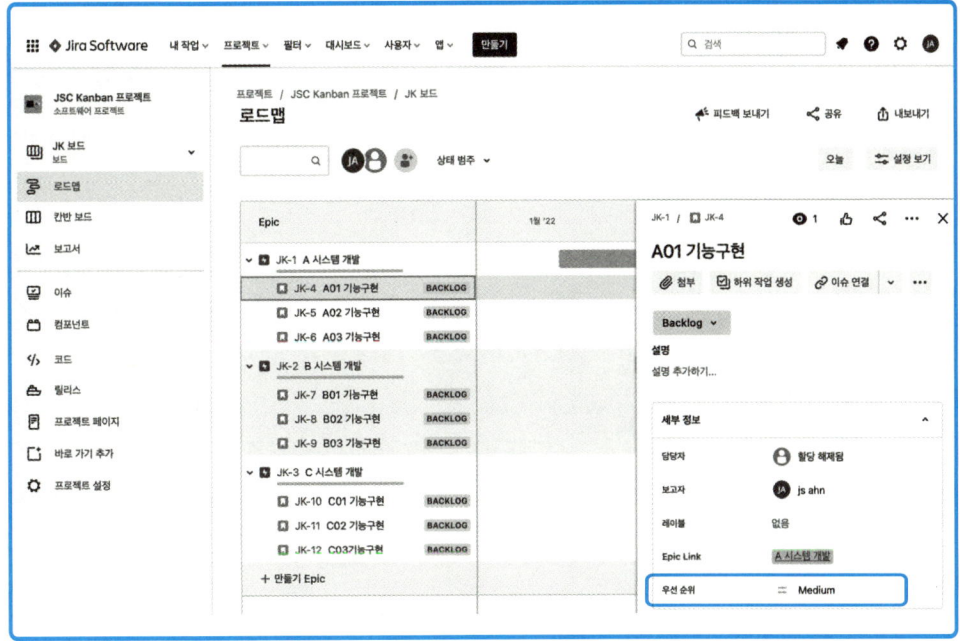

309

4 칸반보드 제작

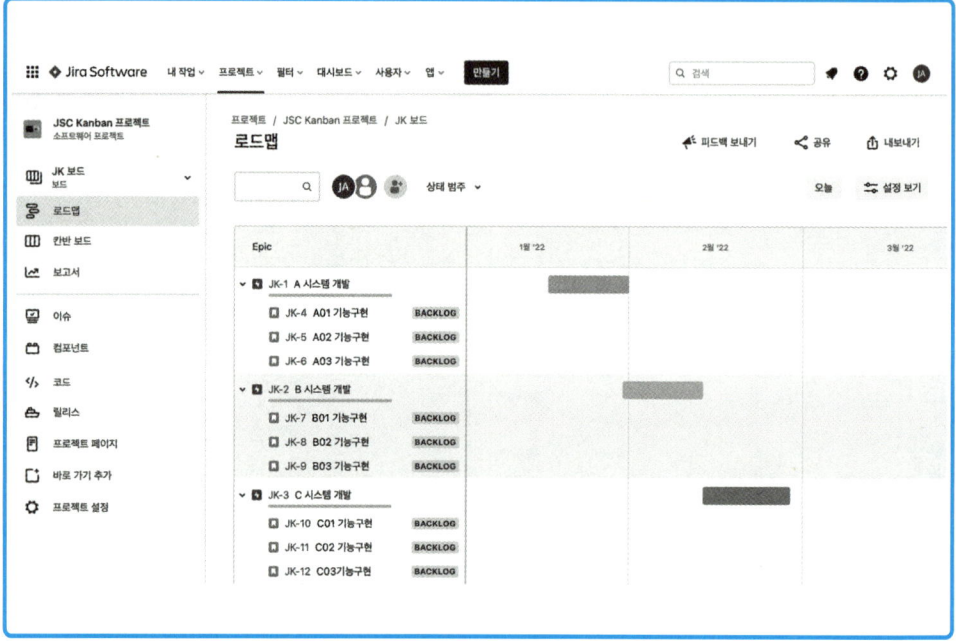

로드맵 화면으로 가서 보면 Epic과 백로그 이슈인 사용자 스토리가 작업 일정 정보와 함께 시각화되어 표시된다. 이제 칸반보드를 생성하기 위해 칸반보드 화면으로 이동한다. 칸반보드 화면에서 [···]를 선택한다.

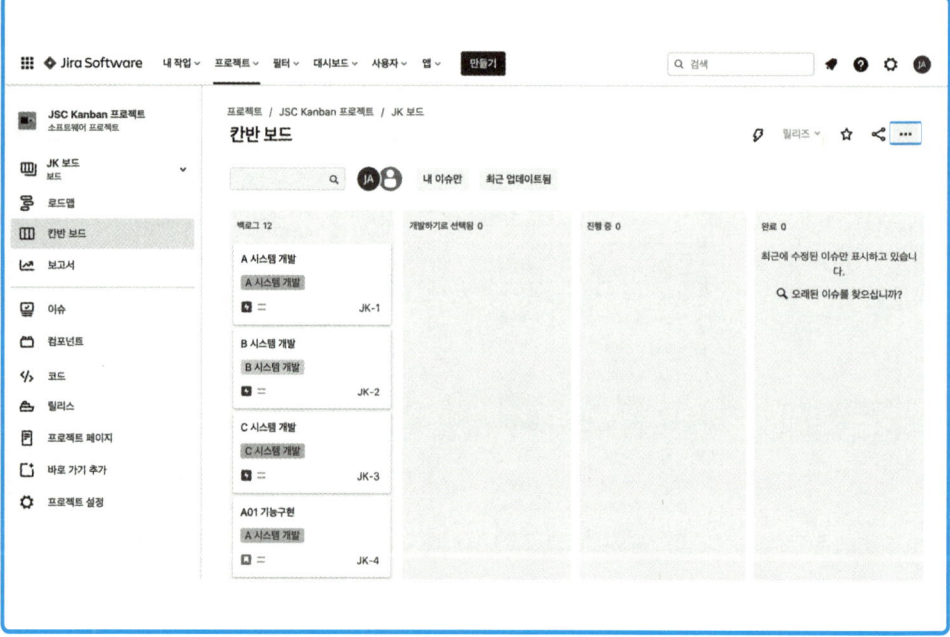

Chapter 7 JIRA 애자일 프로젝트

[---]를 선택하면 보드를 설정할 수 있는 창이 열린다. 이제 아래 메뉴 중
에 첫번째 메뉴인 [보드 설정]을 선택한다.

[보드 설정]을 선택하면 아래와 같은 보드설정 화면으로 이동한다.

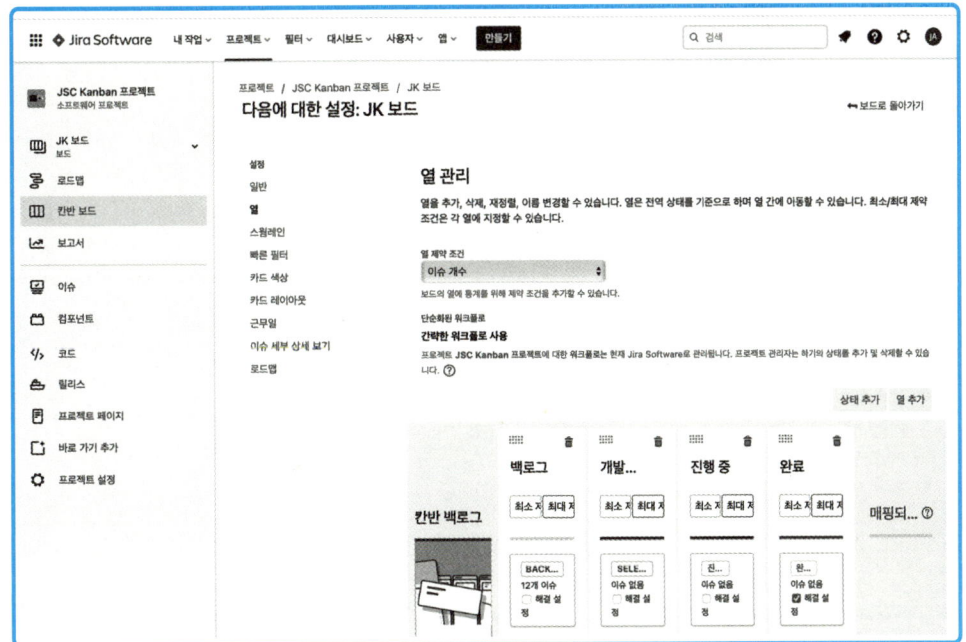

개별 보드의 WIP를 제한하기 위하여 개별 보드의 [최소제한 없음] [최대 제한 없음] 창에 제한을 원하는 최소 작업수와 최대 작업수를 입력한다.

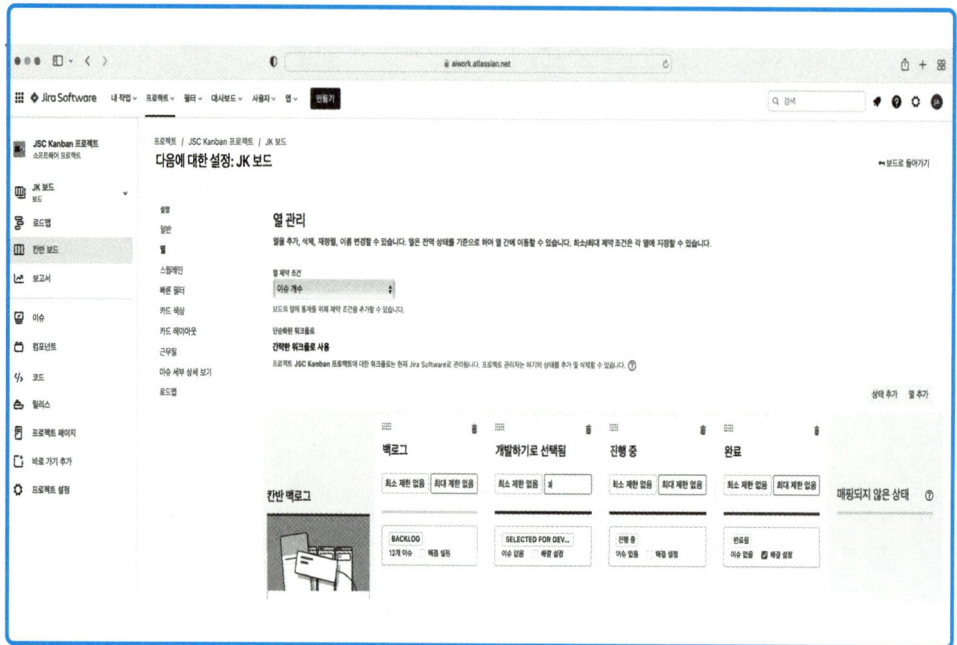

칸반보드 화면으로 이동해 보면 개별보드에 WIP제한이 표시된 것을 확인할 수 있다.

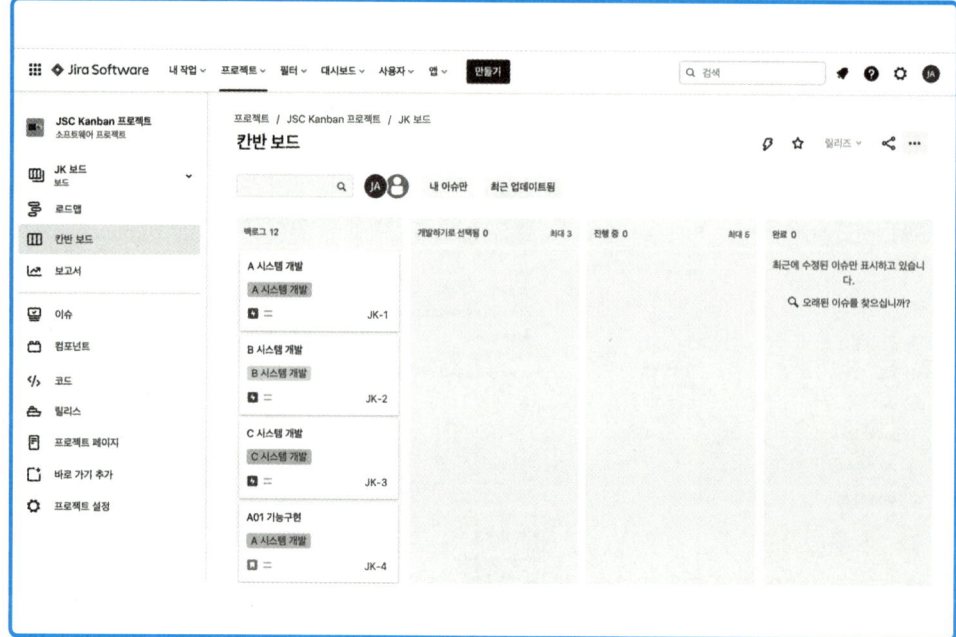

5 작업 수행

칸반보드 화면에서 현재 진행중인 이슈는 [진행 중]에 드래그해서 이동 시킨 후 로드맵 화면에 가서 보면 작업 진척 상황이 표시되어 있다.

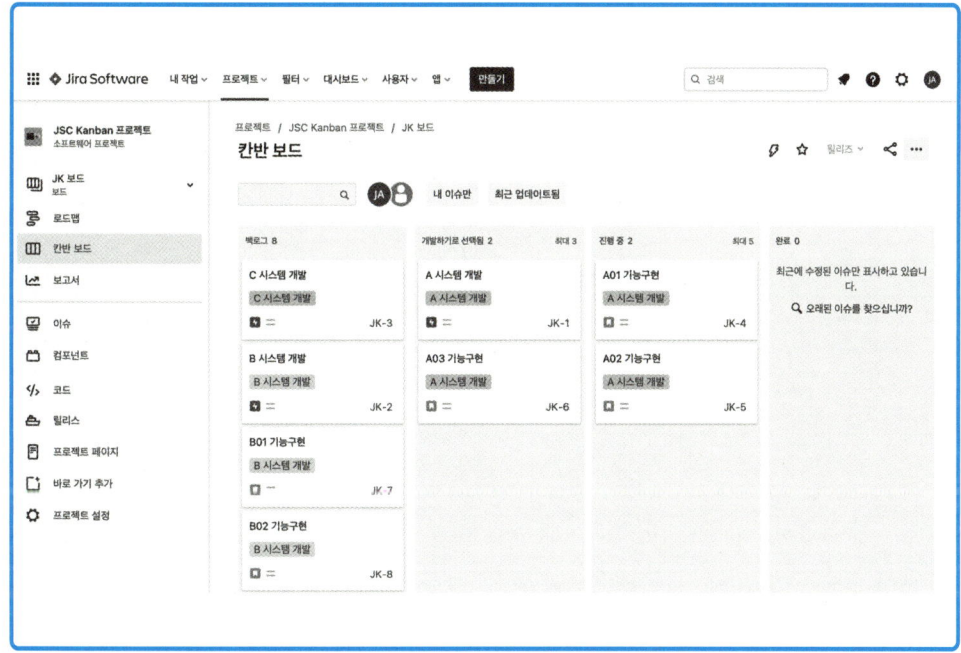

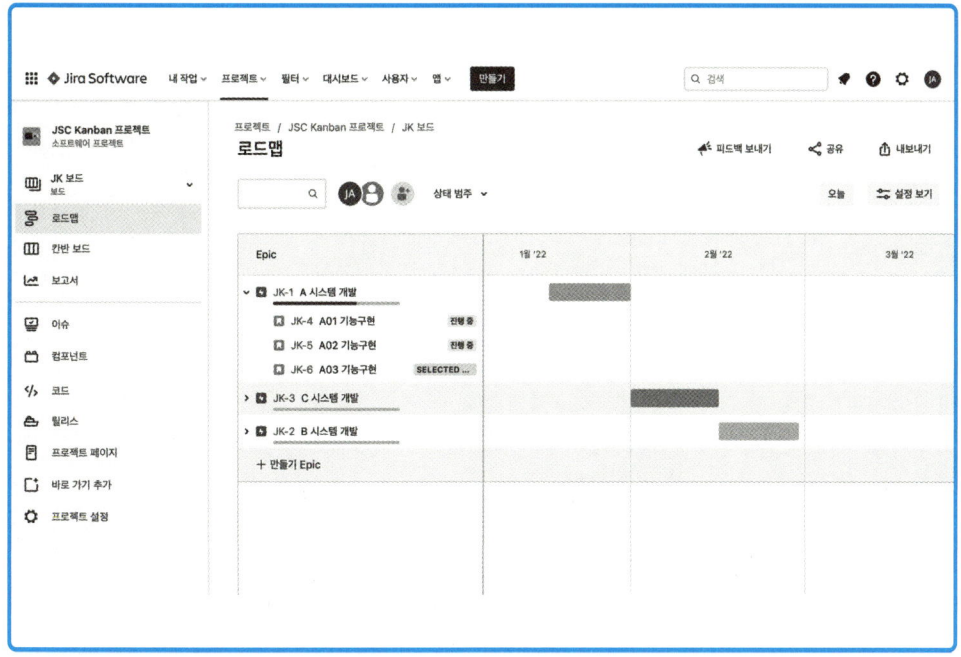

6 작업 완료

칸반 보드 화면에서 완료된 이슈들은 [완료]로 이동 시킨다.

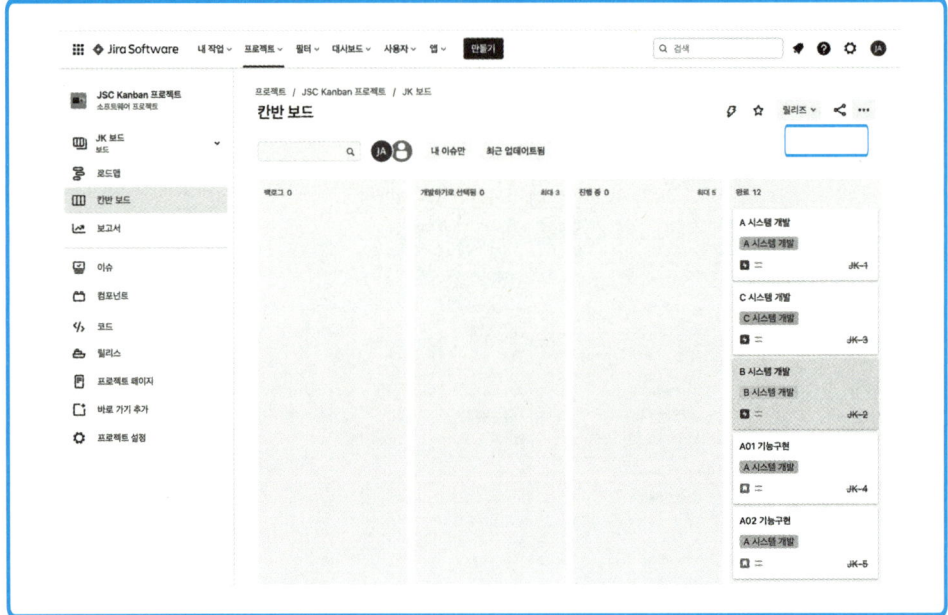

로드맵 화면으로 이동해 보면 모든 이슈가 완료 되었음을 확인할 수 있다.

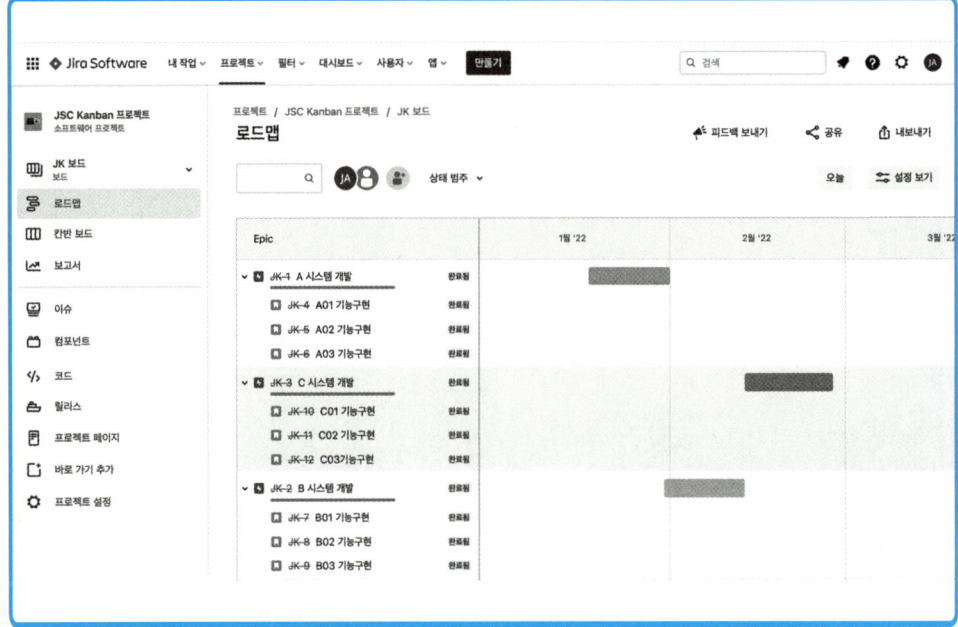

Jira Software는 프로젝트 관리에 유용한 다양한 보고서 서식 형태를 만들어 내보내 줄 수 있는 기능을 제공한다. 특히 번업 차트, 속도 차트는 다음 작업을 준비하고 계획하는 데 아주 유용한 기능을 제공한다.

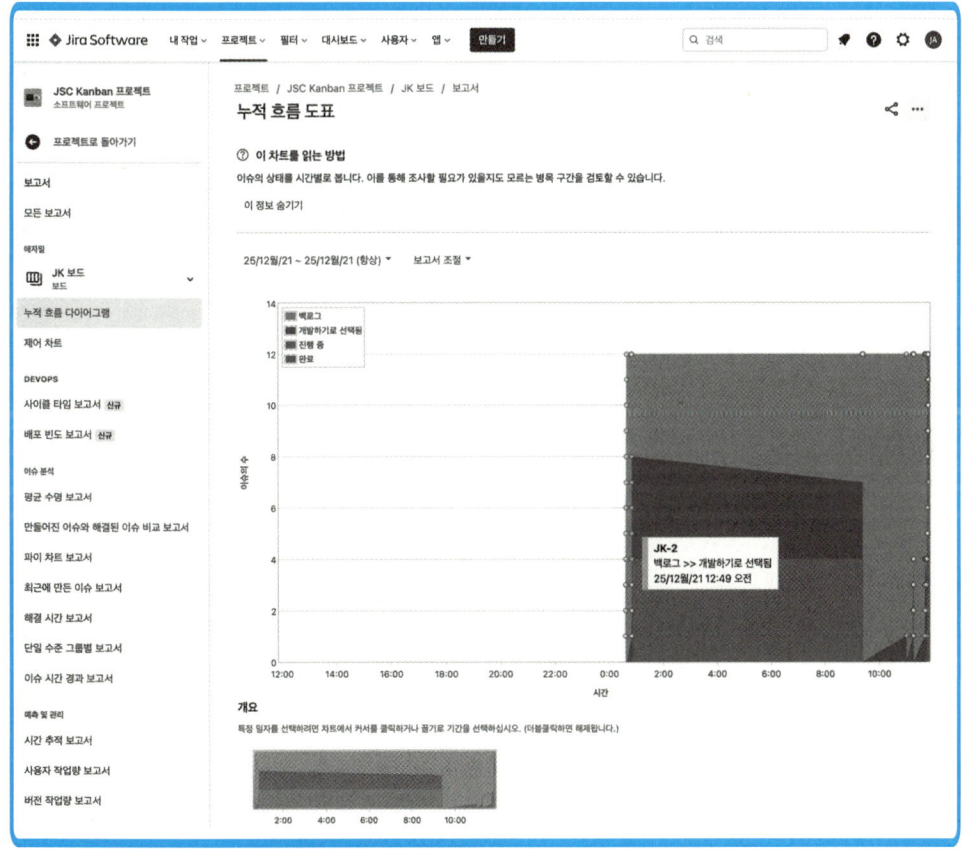

Summary

POINT 1 Jira Scrum Project 사용법
- Jira Software를 사용하여 스크럼 프로젝트를 관리하는 방법을 간단하게 정리하면 다음과 같이 수행 할 수 있다.
- 프로젝트 만들기 → 로드맵 작성 → 백로그 등록 → 스프린트 계획 → 스트린트 수행

POINT2 Jira Kanban Project 사용법
- Jira Software를 사용하여 칸반 프로젝트를 관리하는 방법을 간단하게 정리하면 다음과 같이 수행 할 수 있다.
- 프로젝트 만들기 → 로드맵 작성 → 백로그 등록 → 칸반보드 제작 → 작업 수행

Key Word
- 이슈
- 스프린트
- 칸반보드 제작
- WIP 제한
- 로드맵

Scrum
Master
Product
Owner
Sprint
Dev Team
Sprint
Dev Team
Backlog
Planning
Scrum Framework

Scrum Artifacts
Plan
Portfolio Plan
Product Vision
High Level
Product Backlog
Product
Product Roadmap
Product Backlog
Sprint
Sprint Plan
Sprint Backlog
Sprint Increment
Sprint Review
Sprint Retrospective
Done
Definition of Done
Product Increment

Jira Software
프로젝트 만들기
로드맵 작성
백로그 등록
팀 빌딩
스프린트 계획
스프린트 수행

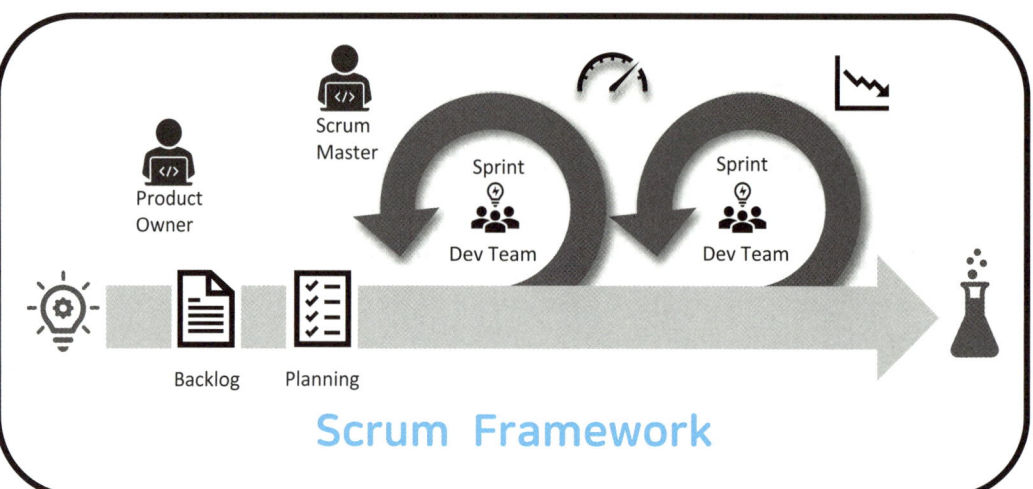

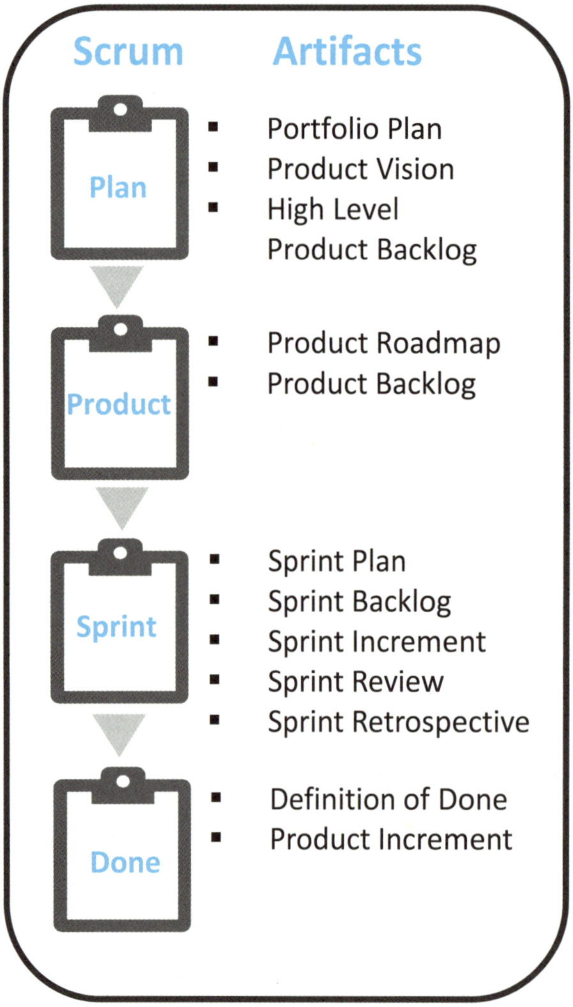

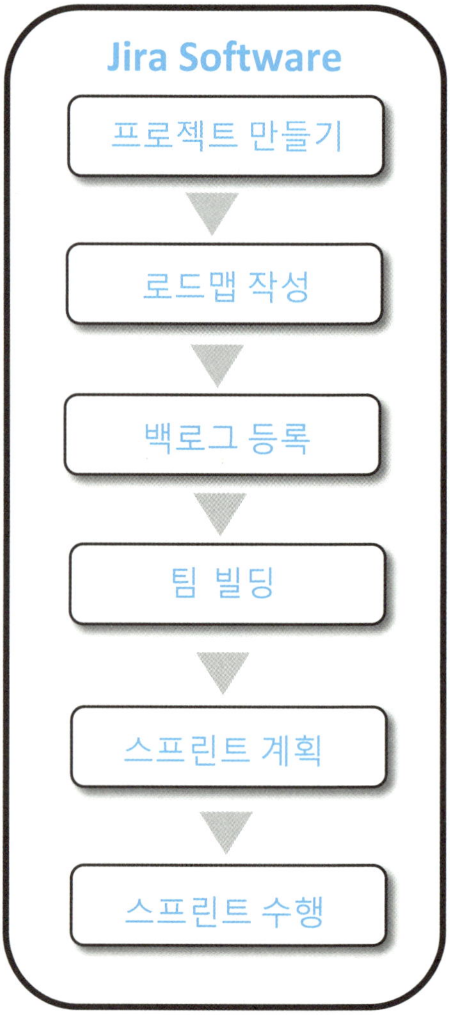

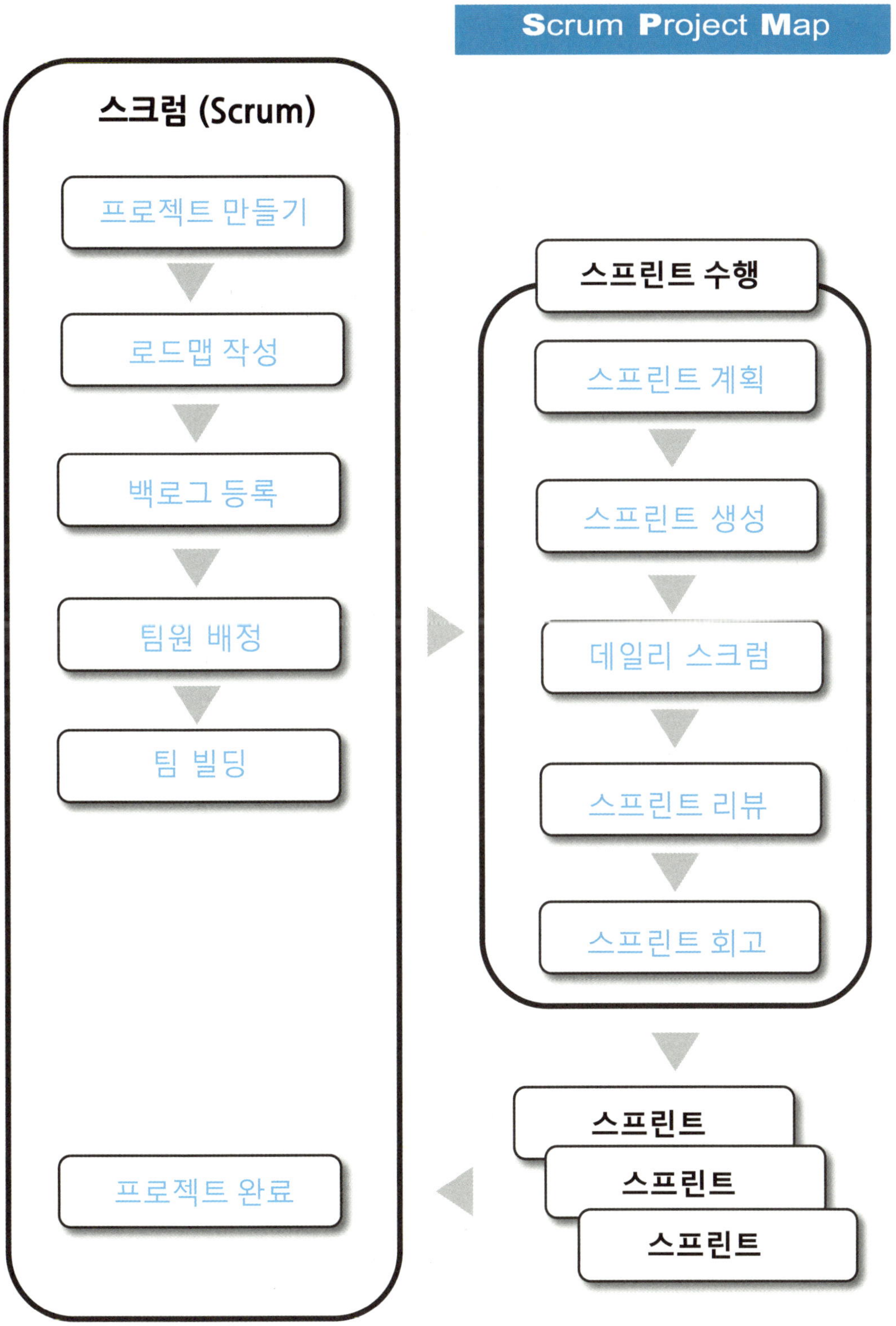

Scrum Project Map

스크럼 (Scrum)

- 프로젝트 만들기
- 로드맵 작성
- 백로그 등록
- 팀원 배정
- 팀 빌딩

스프린트 수행

- 스프린트 계획
- 스프린트 생성
- 데일리 스크럼
- 스프린트 리뷰
- 스프린트 회고

스프린트
스프린트
스프린트

프로젝트 완료

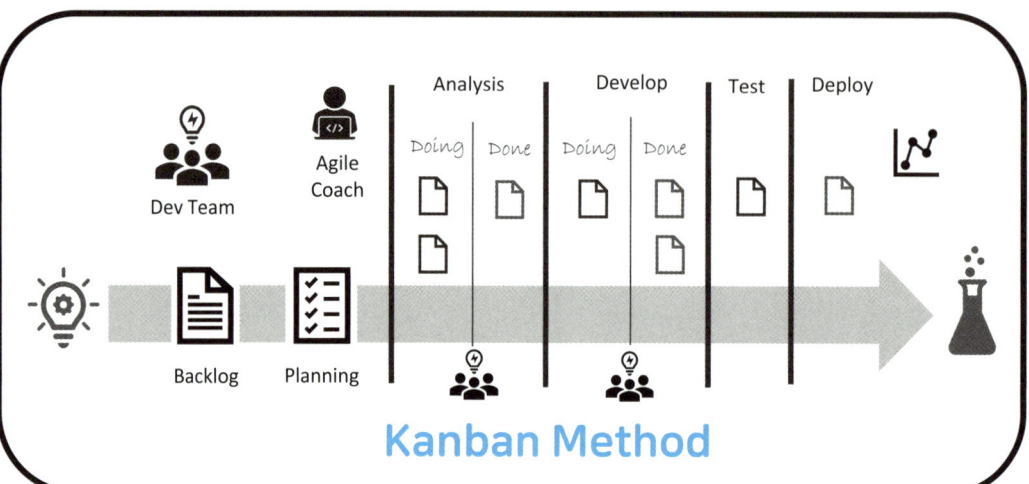

Kanban Method

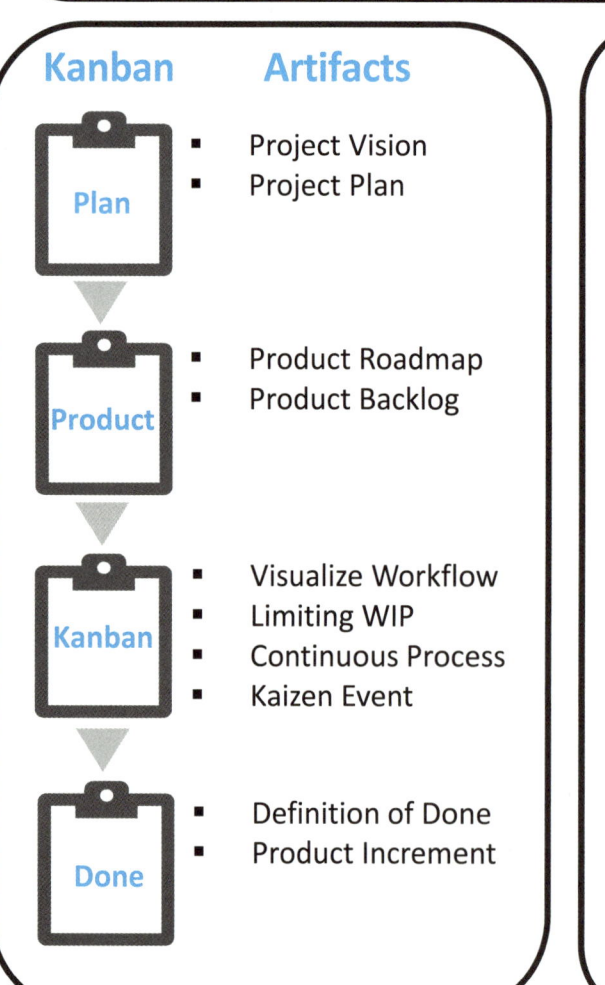

Kanban Artifacts

Plan
- Project Vision
- Project Plan

Product
- Product Roadmap
- Product Backlog

Kanban
- Visualize Workflow
- Limiting WIP
- Continuous Process
- Kaizen Event

Done
- Definition of Done
- Product Increment

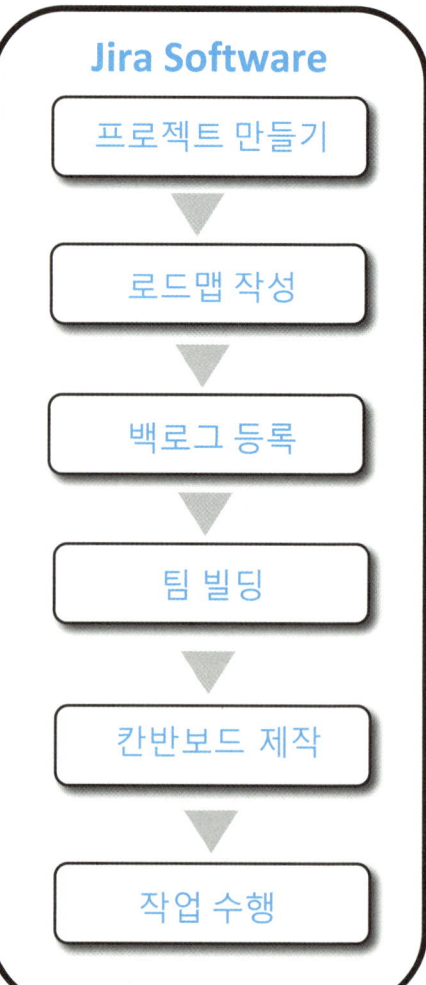

Jira Software

- 프로젝트 만들기
- 로드맵 작성
- 백로그 등록
- 팀 빌딩
- 칸반보드 제작
- 작업 수행

Kanban Project Map

칸반 (Kanban)

- 프로젝트 만들기
- 로드맵 작성
- 백로그 등록
- 팀원 배정
- 팀 빌딩
- 프로젝트 완료

Kanban 수행

- 작업 계획 수립
- Kanban Board 제작
- WIP 제한 설정
- 작업 Pull
- Daily Stand-Up
- Delivery
- Retrospective

찾아보기

< A >
Acquire Project Team 49
Activity Sequencing 57
Adaptation 147
Adaptive Approach 44
Agile 80
Appraisal cost 136
AUP(Agile Unified Process) 86

< B >
Backlog Grooming 126
Backlog Item 113
Baseline 53
Burn Down Chart 118

< C >
Cadence 131
Capacity 300
Co-location 134
Commitment 147
Commitment Point 210
Cost of conformance 136
Cost of non-conformance 136
Cost Of Quality 136
Cost performance index 65
Cost variance 65
Cumulative Flow Diagram 119
Cycle Time 141

< D >
DA(Disciplined Agile) 86
Daily Scrum 192
Daily Stand-Up Meeting 120
Define Activities 56
Definition of Done 123
Delivery Point 210
Develop Project Team 49
Develop Schedule 58
DSDM(Dynamic Software Development Method) 86

< E >
Earned value 65
Earned valued technique 64
Empiricism 147
Enterprise Solution 272
Epic 112, 173
Estimate at completion 65
Estimate to complete 65

< F >
Failure cost 136
FDD(Feature Driven Development) 86
Fishbowl Window 93
Functional Manager 33

< G >
Ground Rules 93, 133

< H >
High Level Product Backlog 175
Horizontal direction process structure 252
Hybrid Approach 45

< I >
Identify Stakeholders 47
Impact 70
Increment 124
Incremental Development 44
Inspection 62, 147
Issue 278
Issue Type 278
Iteration 125
Iterative Development 44

< J >

Jira Software 271

< K >

Kaizen Event 140
Kanban 86, 89, 206
Kanban Board 210
Kanban Method 206
Kick-off Meeting 95

< L >

Lead Time 141
Lean thinking 147
Less(Large Scale Scrum) 86

< M >

Manage Project Team 50
Manage Stakeholder Engagement 47
Minimum Viable Product 139
Monitoring Stakeholder 47
Motivation 48

< N >

NVEST 114

< O >

Openness 147
Operations Manager 34

< P >

Peer Review 62
Plan Human Resource Management 49
Plan Stakeholder Management 47
Planned value 65
Planning Poker 127
Portfolio Management 31
Portfolio Manager 34
Precedence Diagramming Method 57
Predictive Approach 43
Prevention cost 136
Probability 70
Problem 69
Product Backlog 113
Product Backlog 178
Product Roadmap 112
Program Management 29
Program Manager 34
Progressive Elaboration 23
Project Chapter 161
Project Environmental Factors 25
Project Governance 28
Project Life Cycle 42
Project Management Body of Knowledge 41
Project Management Institute 41
Project Management Office 33, 37
Project Manager 33
Project Organizational Process Assets 26
Project schedule network diagrams 58
Project scope statement 55
Product Vision 111
Pull System 98, 138, 208

< R >

Release 117
Retrospective 122
Review 62, 121
Risk 68
Risk register 75

< S >

SAFe(Scaled Agile Framework) 86
Schedule performance index 65
Schedule variance 65
Scrum 86, 87, 146
ScrumBan 86
Self-organizing Project Team 132
Servant Leader 94
Servant leadership 94
Software Life Cycle 117
SoS(Scrum of Scrum) 86 Sponsor 33
Sprint 129, 184
Sprint Plan 188
Sprint Retrospective 200
Sprint Review 197
Stakeholder 32
Story Point 115

< T >

Task 112, 173
Team building activities 51
Team Solution 272
Technical Debt 130
Temporary 22
Theme 112, 173
Three-point Estimates 135
Throughput 141
Toyota Production System 206
Transparency 147
Trend analysis 67
Tuckman 51

< U >

Unique 23
User Story 114, 173

< V >

Variance analysis 67
Velocity 128
Version 164
Vertical direction process structure 253

< W >

Waiting Time 141
Walk Through 62
War room
Waterfall Model 43
Water-Scrum-Fall 45
Work Breakdown Structure 55
Work In Progress 208
Work Package 55
Work Time 141
Workflow 211

< X >

XP(eXtreme Programming) 86

< ㄱ >
가상팀(virtual team) 93
경향 분석 67
기능 부서 관리자 33
기본 규칙 133
기성고 기법 64
기술적 부채 130

< ㄴ >
누적흐름도표 119

< ㄷ >
당김방식 138
대기열 제한 248
데일리 스크럼 192
데일리 스탠드업 미팅 120
도요타생산방식 86
동기 요인 100
동료검토 63
동일장소 배치 134

< ㄹ >
리뷰 121
린(Lean) 86
린(Lean) 스타트업 86
릴리즈 117

< ㅂ >
반복형 개발방식 44
발생확률 70
백로그 그루밍 126
버전 116
번 다운 차트 118, 194
비준수 비용 136
빌 웨이크 114

< ㅅ >
사용자 스토리 114
섬김형 리더쉽 94
소프트웨어 생명주기 117
속도 128
스크럼 146
스크럼 가이드 146
스크럼 보드 193
스크럼 아티팩트 279
스크럼 팀 148
스토리 점수 115
스폰서 33
스프린트 129, 184
스프린트 계획 188
스프린트 리뷰 197
스프린트 회고 200
실패 비용 136

< ㅇ >
애자일 80
애자일 코치 110
액티비티 순서배열 57
액티비티 정의 56
영향력 70
예방 비용 136
예측형 개발방식 43
완료의 정의 123
운영 관리자 34
워크스루 63
위험 등록부 75
이슈 278
이슈유형 278
이터레이션 125
이해관계자 32
이해관계자 관리 계획 47
이해관계자 모니터링 47
이해관계자 식별 47
이해관계자 참여 관리 47
인적 자원 관리 계획 49
일정 개발 58

< ㅈ >
자기조직화 팀 132
작업시간 141
작업흐름 211
적응형 개발방식 44
준수 비용 136
증분 124
증분형 개발방식 44

< ㅊ >
차이 분석 67
착수 회의 95

< ㅋ >
카이젠 이벤트 140
칸반 206
칸반 보드 210
칸반방법 206
케이던스 131

< ㅌ >
팀 빌딩 활동 51

< ㅊ >
차이 분석 67
착수 회의 95

< ㅋ >
카이젠 이벤트 140
칸반 206
칸반 보드 210
칸반방법 206
케이던스 131

< ㅌ >
팀 빌딩 활동 51

< ㅍ >
평가 비용 136
포트폴리오 관리 31
포트폴리오 관리자 34
폭포수 모델 43
품질 비용 136
프로그램 관리 29
프로그램 관리자 34
프로덕트 로드맵 112, 173
프로덕트 백로그 113, 178
프로덕트 비전 111, 162
프로젝트 20
프로젝트 거버넌스 28
프로젝트 관리 39
프로젝트 관리 계획수립 53
프로젝트 관리자 33
프로젝트 기준선 53
프로젝트 라이프사이클
프로젝트 범위 기술서 55
프로젝트 성과측정 64
프로젝트 스케줄 네트워크 다이어그램 58
프로젝트 위험 관리 68
프로젝트 이해관계자 관리 46
프로젝트 조직 자산 26
프로젝트 팀 개발 49
프로젝트 팀 관리 48, 50
프로젝트 팀 확보 49
프로젝트 헌장 161
프로젝트 환경 요인 25
플래닝 포커 127

< ㅎ >
혼합형 개발방식 45
회고 122

AGILE PROJECT
SCRUM KANBAN JIRA